protegi teu nome por amor

fotobiografia

© 2024, Lucinha Araujo
© 2024, Ramon Nunes Mello
© 2024, Editora WMF Martins Fontes Ltda./Viva Cazuza, para a presente edição.

conselho editorial
Lucinha Araujo
Fabiana Araujo
Flora Gil
Eveline Alves

coordenação geral
Flora Gil e Eveline Alves / *Gege Produções Artísticas*

organização
Lucinha Araujo e Ramon Nunes Mello

pesquisa e redação
Ramon Nunes Mello

edição
Eduardo Coelho

capa, projeto gráfico e edição de arte
Adriana Fernandes e Daniel Kondo

foto da capa
© Vik Muniz, 2015

foto abertura do miolo
© Flavio Colker, 1986

reprodução fotográfica de imagens
Henrique Alqualo

tratamento e colorização de imagens
Daniel Kondo

preparação de textos
Andressa Veronesi

revisão
Eduardo Coelho
Andressa Veronesi
Helena Bittencourt

auxiliares de pesquisa
Cristina Cazuza
Danielle Andrade
Vinicius Varella
Wagner Alonge Bonfim

assistente de pesquisa e licenciamento
Juliana Amorim

Dados Internacionais de Catalogação na Publicação (CIP)
(Câmara Brasileira do Livro, SP, Brasil)

Protegi teu nome por amor : fotobiografia /
    Lucinha Araujo & Ramon Nunes Mello, organização.
    –– São Paulo : Editora WMF Martins Fontes, 2024.

    ISBN 978-85-469-0636-9

    1. Cazuza, 1958-1990 – Obras ilustradas
2. Cantores - Brasil – Biografia I. Araujo, Lucinha. II. Mello, Ramon Nunes.

24-215183   CDD-780.092

Índices para catálogo sistemático:

1. Brasil : Cantores : Fotobiografia   780.092
Cibele Maria Dias – Bibliotecária – CRB-8/9427

Todos os direitos desta edição reservados à **Editora WMF Martins Fontes Ltda.**
Rua Prof. Laerte Ramos de Carvalho, 133 | 01325-030 | São Paulo/SP | Brasil
Tel. (11) 3293-8150 | info@wmfmartinsfontes.com.br | www.wmfmartinsfontes.com.br

Todos os esforços foram feitos
para localizar a origem das imagens e
dos fotógrafos que as produziram. Nem
sempre isso foi possível. A editora se
compromete a creditar os responsáveis,
caso se manifestem.

Todos os direitos reservados.
Este livro não pode ser reproduzido,
no todo ou em parte, armazenado em
sistemas eletrônicos recuperáveis nem
transmitido por nenhuma forma ou
meio eletrônico, mecânico ou outros,
sem a prévia autorização por escrito
do editor.

Impresso em agosto de 2024,
pela Ipsis Gráfica e Editora.

cazuza

protegi teu nome por amor

fotobiografia

Lucinha Araujo & Ramon Nunes Mello
organização

Viva Cazuza
2024

Espero que, no futuro,
não esqueçam do poeta que sou.
Que as pessoas não se esqueçam
de que, mesmo num mundo
eletrônico, o amor existe.
Existem o romance e a poesia.

Cazuza

apresentação Lucinha Araujo

Este livro é um ato de amor

Estou aprendendo a ser feliz. Tem que se educar.
Que nem você tem que aprender a ler, a escrever, tem que
aprender a ser feliz. Eu só vou parar no dia que eu morrer.
Cazuza, 1988 | *Cazuza: Só as mães são felizes* (1997)

Ainda guardo a frase de Cazuza, nos últimos meses de vida: "Mãe, aconteça o que acontecer, vou estar sempre junto de você.". Sim, Cazuza permanece junto de mim, e me esforço ferozmente para que ele se faça presente. Cazuza está presente!

Tive meu filho junto a mim por trinta e dois anos. Nesse tempo, partilhei com Cazuza seus momentos de alegria e de dor. Eu e João estivemos juntos dele até o fim. Já confessei publicamente que acertei em muitas coisas e errei em outras, como qualquer mãe. Já me culpei por não o ter compreendido melhor; hoje sei que fiz o melhor que pude. Minha vida ficou incompleta com a ausência de Cazuza, mas não me impediu de viver. Seus amigos se tornaram meus amigos, sua história e seu legado se tornaram motivação para lutar e sorrir. Sinto que eu e João fomos sobreviventes de um naufrágio, mas aprendemos muito. Cazuza está sempre ensinando, mesmo depois da partida.

Talvez, por sentir tão fortemente essa incompletude, continuo preservando a memória do meu filho. Aliás, sempre guardei o que estivesse relacionado a Cazuza, desde sempre. Colecionei suas roupas de bebê, seus cadernos escolares, suas fotos de família, amigos e trabalhos, além de seus primeiros rabiscos e poemas. Depois, quando ele ficou famoso por suas canções, arquivei, relacionado à sua carreira meteórica: fotos, cartazes, roupas, discos de ouro, matérias de jornais, críticas, violão, máquina de escrever, manuscritos... E é, justamente, todas essas relíquias que você tem em mãos.

Motivada a celebrar a vida e a obra de Cazuza, procurei Flora Gil, amiga querida de longa data, para que me ajudasse na missão de realizar esta homenagem. Dos encontros, surgiram a ideia de dois livros: uma fotobiografia e um livro de poemas. Divido essa tarefa de organizar a fotobiografia de Cazuza com o jovem poeta Ramon Nunes Mello, que me fez revisar a história do meu filho com leveza e amor. Criamos juntos o livro *Protegi teu nome por amor*, um caderno de imagens que registra a vida de Cazuza: o meu namoro com João e a minha gravidez, o nascimento de Cazuza e seus primeiros passos, a juventude rebelde e a trajetória de sucesso com o Barão Vermelho, o reconhecimento na carreira solo e a luta contra a aids.

Emocionante reviver cada etapa de um ser humano talentoso e corajoso, meu filho, que partiu mais cedo do que o esperado. O espírito inquieto e contestador fez de Cazuza o artista que conhecemos até hoje. Trinta e quatro anos após sua morte, meu filho permanece um artista respeitado, tocado e regravado, que conquista fãs que nem chegaram a conhecê-lo. Ele, como eu, era um exagerado. Meu amigo Caetano Veloso, ídolo e amigo de Cazuza, diz que eu sou "a verdadeira exagerada". Eu e Cazuza somos exagerados. Consequentemente, uma obra sobre a trajetória de Cazuza não poderia ser diferente: tinha de ser imensa, exagerada.

O tempo não diminuiu a dor, só fez a falta de Cazuza ainda mais presente. A perda de um filho, por ser antinatural, é brutal. Talvez por isso eu faça questão de ouvir suas músicas, rever suas fotos, saber de suas histórias por meio dos seus amigos.

Pensei que não sobreviveria, que a vida não teria mais sentido... Mas a própria vida surpreende, compreendi que apesar da ausência física, as ideias de Cazuza permanecem. Motivada por essa compreensão, criei a Sociedade Viva Cazuza, publico livros e participo de todos os tributos em homenagem ao meu filho.

1. Lucinha e Cazuza, em 1966: amor infinito. Sobre a foto, dedicatória de Cazuza e Lucinha a João Araujo: "Para o nosso paizinho querido com um beijo da mamãe e do Cazuza"

Este livro é um ato de amor e, ao mesmo tempo, um protesto contra a injustiça de perder meu filho. Guardo em mim o amor que senti quando descobri que estava grávida de Cazuza – todas as minhas células se preencheram de amor e me senti a mulher mais feliz do mundo. É munida por esse amor que compartilho com os amigos, admiradores e fãs de Cazuza esta obra definitiva, feita com muita dedicação e carinho. Para quem folhear estas páginas, desejo que (re)descubra Cazuza na intimidade, para além do mito, e sinta o seu amor e talento. Não é por ser o meu filho, mas Cazuza é gigante – e isso me enche de orgulho.

Viva Cazuza!

introdução Ramon Nunes Mello

Lembrança do poeta dançando no tempo

lembre-se de mim/ um vira-lata emocionado
Cazuza, "Lembre-se de mim"

O sonho de criar uma fotobiografia de Cazuza é de Lucinha Araujo, mãe do poeta. Eu me uni à ela com a intenção de ajudá-la a (re)contar essa história – um trabalho que muito me honra. Muito antes de Cazuza se tornar o artista que conhecemos, Lucinha já era uma exímia arquivista, sempre se colocou como guardiã da vida e da obra de Cazuza. Portanto, a criação e a organização desta fotobiografia, *Protegi teu nome por amor*, só foi possível graças à sua dedicação e amor por seu filho.

Em paralelo à organização do livro de poemas de Cazuza, *Meu lance é poesia*, mergulhei no arquivo do poeta, que reúne fotografias, originais, agendas, além de objetos pessoais. Ao longo de um ano, foram inúmeros encontros com Lucinha para identificar pessoas e lugares das fotos, créditos, e, também para melhor compreensão das histórias sobre Cazuza, contadas e recontadas por ela em livros e entrevistas ao longo dos anos de ausência. Escavar esses tesouros foi um processo intenso e emocionante, pois, a cada encontro, me deparava com descobertas sobre esse personagem complexo e encantador que é Cazuza. Tão emocionante quanto ler os textos de Gilberto Gil e Pedro Bial, que, respectivamente, assinam o prefácio e a quarta capa deste livro; ou ainda ouvir as histórias contadas em depoimentos amorosos por seus amigos e parceiros.

Em sua vida efêmera, o inquieto Cazuza buscou pelas artes: a poesia ainda na pré-adolescência, a fotografia e as artes visuais que estudou nos Estados Unidos, a paixão pelo teatro com a trupe de Perfeito Fortuna no Parque Lage e no Circo Voador, e, por fim, a música como revelação, no Barão Vermelho ou em sua carreira

solo. Foi nas artes que Cazuza se refugiou ao se deparar com uma doença incurável, seja escrevendo ou datilografando seus poemas no leito, fotografando a família no hospital ou gravando seus discos com a força que lhe restara. Ao adentrar as páginas deste livro, revela-se ao leitor das imagens, justamente, a personalidade de um artista com uma coragem incomum, apaixonado por todas as linguagens artísticas.

O livro está organizado em sequência cronológica, com o "Caderno de Imagens: 1950 a 1990", contemplando desde antes do nascimento de Cazuza, o início do relacionamento de Lucinha e João Araujo, até seu falecimento em decorrência de complicações de saúde ocasionadas pela aids.[1] Nos "Cadernos de imagens", divididos por décadas, é possível encontrar fotografias, as contextualizações dos períodos e depoimentos de pessoas relevantes na trajetória de Cazuza. Além de fotos do acervo pessoal do artista e de fotógrafos que registraram a época, há reproduções de matérias de jornais, a partir do *clipping* organizado por Lucinha Araujo na Sociedade Viva Cazuza.[2]

Ao final da edição, em "Apêndices", constam os créditos das imagens e dos poemas, assim como os créditos dos depoimentos – sejam eles colhidos especialmente para este livro ou pesquisados em outras publicações, como livros, catálogos e jornais, além dos créditos das matérias e dos artigos de imprensa. E, para ampliar a percepção sobre a trajetória de Cazuza antes e depois de sua morte, estão distribuídos ao longo do livro textos sobre o poeta escritos por João Araujo, Fernando Gabeira, Caio Fernando Abreu e Zuenir Ventura. Além de resenhas dos discos escritas por críticos na época

2. Cazuza aos 21 anos com sua Pentax: estudante de fotografia nos EUA, 1979

dos lançamentos, discografia, entrevistas, cronologia do hiv/aids e caderno de imagens de 1990 a 2024 – registrando os principais acontecimentos a partir da criação da Sociedade Viva Cazuza pela força e amor de Lucinha Araujo.

Não estranhe ao ler a sigla "hiv" grafada com letras minúsculas (grande é a poesia de Cazuza). Acompanho a posição adotada pelo escritor Herbert Daniel,[3] contemporâneo do poeta, a respeito da palavra "aids", quando ela era escrita com maiúsculas – reforço o argumento do autor em seu texto "O primeiro AZT a gente nunca esquece": "Uso a palavra em minúsculas para chamar a atenção para este significante que quer dizer muito mais do que a doença indicada com a sigla aids.".[4]

Segundo outro escritor, Marcelo Secron Bessa, no livro *Os perigosos: autobiografia e aids* (2002), Cazuza foi a cara e Herbert foi a voz da aids no Brasil, cada um ao seu modo colaborou para a luta contra a discriminação e o preconceito na história da epidemia. Pesquisador de literatura e hiv/aids, Secron Bessa é autor do conceito "epidemia discursiva", utilizado para se referir aos textos jornalísticos que reportavam a epidemia de aids de forma sensacionalista e preconceituosa, gerando uma narrativa discriminatória – como é o caso do fatídico episódio da reportagem de capa da revista *Veja*, publicada em 26 de abril de 1989, que revelou, de forma dramática e cruel, como as sociedades estão mergulhadas nos estigmas e preconceitos.

introdução Ramon Nunes Mello

Rever a história de Cazuza é compreender sua trajetória profissional, e também a sua importância na luta contra a aids no Brasil. Ao tornar pública sua sorologia positiva para hiv/aids, o poeta abriu uma brecha no tempo, permitindo que pudéssemos conversar sobre o assunto, sem medo ou vergonha. Sem dúvida, um ser humano gigante, pela forma digna que lidou com a doença e, sobretudo, com o descarado preconceito e discriminação da imprensa. Quando Cazuza foi infectado pelo hiv, pouco se sabia sobre a aids, que chegou a ser denominada de "peste gay". Além dele, morto em 1990, a doença levou inúmeros jovens artistas brasileiros, como o ator Lauro Corona, em 1989; o líder da banda Legião Urbana, Renato Russo, em 1996; e, no mesmo ano, o escritor, jornalista e dramaturgo Caio Fernando Abreu – todos amigos de Cazuza.

Passados trinta e quatro anos da morte do poeta, a convivência com o hiv foi transformada pela ciência com a implementação de testagens eficazes; a distribuição gratuita e universal de medicamentos antirretrovirais avançados; a difusão do conhecimento sobre I=I (Indetectável igual a Intransmissível); a disponibilização de profilaxias pós-exposição (PEP) e pré-exposição (PrEP); e a luta dos movimentos sociais – por exemplo, Sociedade Viva Cazuza, Grupo Pela Vidda, Grupo de Incentivo à Vida (GIV), Grupo de Apoio à Prevenção da aids (GAPA), Associação Brasileira Interdisciplinar de aids (ABIA), Agência de Notícias da aids, AHF Brasil, Fundo Positivo e Unaids –, que impulsionam, com o Governo Federal e por meio de instituições como a Fiocruz, as políticas públicas de combate ao preconceito e à discriminação, além do acesso universal aos medicamentos e de pesquisas de conhecimento científico.

Por fim, vale lembrar que a ideia deste livro surgiu após Lucinha Araujo e sua sobrinha Fabiana Araujo procurarem Flora Gil e sua produtora Eveline Alves,

na Gege Produções Artísticas, com a intenção de realizar um projeto editorial para comemorar os 66 anos de Cazuza. Elas, por sua vez, recorreram à expertise de um parceiro de longa data, o poeta e designer gráfico André Vallias, que contribuiu para a gênese do projeto e sugeriu meu nome para a organização deste trabalho e do livro *Meu lance é poesia*. Ao longo do processo de criação, juntaram-se ao projeto profissionais talentosos como Eduardo Coelho, Daniel Kondo, Adriana Fernandes, Juliana Amorim e Andressa Veronesi. Todos que, generosamente, se dedicaram a construir esta obra. Meu agradecimento a todos que colaboraram de forma direta e indireta para realização deste livro, principalmente aos fotógrafos que autorizaram e/ou cederam os direitos para lembrarmos do poeta dançando no tempo.

1   Nos anos 1980, auge da epidemia, cerca de dez milhões de pessoas estavam infectadas com o vírus da síndrome da imunodeficiência humana adquirida, segundo a Organização Mundial da Saúde (OMS). Há quarenta e três anos o hiv se espalhou pelo planeta, infectou sessenta milhões de pessoas e causou mais de trinta milhões de mortes. A estimativa, de acordo com o Ministério da Saúde, é que existam hoje no Brasil aproximadamente um milhão de pessoas vivendo com hiv (para o mundo todo, a estimativa é de 37 milhões), além de 150 mil brasileiros que têm o vírus e não sabem, pois não fazem o exame.

2   ONG criada pelos pais de Cazuza, Lucinha e João Araujo (1935-2013), após sua morte, em 7 de julho de 1990, com foco principal na assistência social e no cuidado de crianças e jovens vivendo com hiv/aids, por meio do emprego de recursos destinados à promoção de assistência à saúde, educação e lazer. Após trinta anos de serviços, a Viva Cazuza encerrou as atividades em dezembro de 2020.

3   Herbert Eustáquio de Carvalho, Herbert Daniel (1946-1992), foi um escritor, sociólogo, jornalista e ativista, um dos fundadores do Grupo Pela Vidda e da ABIA. Ele criou o conceito de "morte civil", referindo-se a "uma espécie de morte social antes da morte física – refletindo um tipo de preconceito existente até hoje".

4   O texto "O primeiro AZT a gente nunca esquece", de Herbert Daniel, foi publicado pela primeira vez no *Jornal do Brasil*, em 30 de setembro de 1990, e posteriormente no livro *Aids: dois olhares se cruzam numa noite suja – A terceira epidemia. Ensaios e tentativas, com Richard Parker*, pela Iglu Editora, em 1991.

prefácio Gilberto Gil

Cazuza vive e ficará vivo

Diante deste livro, a vida me concede agora a lembrança e a imagem de Cazuza; a vida que me põe defronte dele, a foto, e foca meu pensar sobre o dele viver passado; a vida que me assalta com o alarido colorido do Barão Vermelho. Dele. A vida. A vida dele é a mesma vida minha. É a mesma vida minha com ele em vida sem ele. Pode parecer que eu só esteja a pensar em mim a partir dele. Mas não. Estamos, sim, a pensar na vida: minha hoje, antes e depois de mim que é dele do mesmo modo, assim, agora e sempre... Vasculho minha memória, releio meus depoimentos sobre Cazuza. Ele está vivo.

Daí a importância da fotobiografia *Protegi teu nome por amor*, organizada por Lucinha Araujo e Ramon Nunes Mello, para demonstrar que ele vive, em nós. Trinta e quatro anos após a morte de Cazuza, se não fosse Lucinha ter a iniciativa de criar este livro, com auxílio do poeta Ramon, seriam outras pessoas, pelo mérito e pela força da presença de Cazuza no mundo. Mas como Lucinha está envolvida nesta história, tem o amor materno. O apreço que tem pelo talento do filho torna este projeto ainda mais especial. É uma benção o nascimento desta fotobiografia que reúne muito do esforço, da dedicação e do amor de Lucinha, a mãe de Cazuza. Um belíssimo trabalho de pesquisa envolvendo fotos, depoimentos, textos e, especialmente, a poesia de Cazuza.

Conheci Cazuza nos idos anos 1970, na praia, no Rio de Janeiro, mais precisamente nas "Dunas da Gal". Um menino saindo da adolescência. Ele, muito jovem, de sunguinha, magrinho, bonito. Cazuza era menino, muito menino mesmo, querendo a turma, querendo o brinquedo, junto com todo mundo, querendo a mãe e o pai, os irmãos. Todos tinham que ser um pouco irmãos. A gente acabou se interessando uns pelos outros, era uma turma que estava às tardes na praia de Ipanema e às noites, no Baixo Leblon. Nessa época, ele já despertava interesse em muita gente. Me lembro vividamente de Caetano falando de Cazuza: "Esse menino tem um talento enorme, uma poesia muito própria, faz canções belíssimas.".

Nesse contexto, de primeiros relacionamentos, acabei sabendo que ele era filho de João Araujo, que foi um homem importante na minha trajetória e que, depois, se tornou um homem relevante nas gravações de discos no Brasil, com a Som Livre. Por força desse contato, também vim a conhecer Lucinha Araujo, mulher de João, mãe de Cazuza. Nos tornamos amigos, essa amizade perdura até hoje, para depois do desaparecimento de Cazuza. Lucinha se mantém nossa grande amiga, minha, da Flora e de minha família, muito interessada em nosso trabalho, já fez várias viagens com a gente nas turnês pelo mundo. Lucinha é leonina, muito ciosa de sua presença no mundo, de personalidade muito forte, sempre teve uma noção do interesse que Cazuza tinha pela minha geração, pelo Caetano, pelo nosso trabalho na música brasileira.

Tenho grande admiração por Cazuza, pela sua rabugice, por uma exigência de afeto. Enxergo em Cazuza a imagem de rebelde impessoal. Sua música refletia isso. Essa coisa de querer todas as portas abertas, o tempo todo. Era comunitário, precisava de muita gente com ele, muitos amigos, muitas amigas. "O maior abandonado".

Eu sempre gostei muito de Cazuza como músico. Fazia uma música esquisita. Era uma composição muito própria, muito pessoal, muito desobediente aos cânones. A convite de Cacá Diegues, fizemos juntos "Um trem para as estrelas", para a trilha sonora do filme de mesmo nome, que conta a história de um saxofonista vivido por Guilherme Fontes. Cazuza propôs e escreveu vários versos, e sempre cantou essa música lindamente. Em 1988, eu e Cazuza cantamos juntos no show *Ideologia / O tempo não para*, no Teatro Castro Alves, na Bahia, e depois voltamos a nos reencontrar no palco do Canecão, no Rio de Janeiro. Um registro de uma amizade recíproca, com muita emoção.

3. Gil e Cazuza na temporada do show *Ideologia / O tempo não para*, no Teatro Castro Alves, na Bahia, em 1988: admiração e carinho entre as estrelas

De sua geração, que é posterior a minha e do Caetano, Cazuza é um dos maiores poetas: poeta-músico, poeta-letrista, cançonetista. O interesse dele pelos atos da juventude fez com que escrevesse canções memoráveis, extraordinárias – como "Bete Balanço", por exemplo, que eu adoro, trilha sonora de um dos filmes importantes da geração dele. Cazuza é muito especial pelo modo agudo com que se apresentou como poeta. Um poeta muito reverente, muito engajado, no sentido das dificuldades da vida social e política. E, além disso, revelou uma capacidade extraordinária de traduzir sua visão de mundo em canções simples e populares.

Ao abrir publicamente sua vivência com hiv/aids, Cazuza foi muito sincero e corajoso. Um homem, um artista, interessado em revelar sua individualidade de modo mais amplo possível. Não fazia sentido para ele o retraimento em relação à doença que, naquele momento, era um dos grandes flagelos da juventude no mundo todo. Cazuza ajudou muito no esclarecimento da sociedade a respeito do enfrentamento da aids e ao compromisso da medicina na busca do tratamento e da cura. Neste sentido mais profundo, Cazuza foi uma grande cobaia; os laboratórios da vida tiveram nele uma pessoa fundamental para o desenvolvimento do interesse da sociedade por um problema de saúde muito agudo. Cazuza foi gigante, tratou a situação com a galhardia que lhe era característica.

Se estivesse fisicamente entre nós, tenho a impressão de que estaria ativo como músico e poeta, que ele era. Uma pessoa vocacionada para intervenções profundas no campo da vida intelectual e cultural, estaria escrevendo livros e fazendo música. Como era muito inteligente e impetuoso, estaria criando coisas de muita relevância. Cazuza vive. Não adianta discutir nem insistir nem misti ou mitificar. Cazuza vive e ficará vivo. Vive no fato incontestе de que ele já não vive e já viveu. Porque, como qualquer um de nós, vivia antes de viver e seguirá vivendo depois de viver. Basta ouvir suas canções e/ou folhear estas páginas, cheias de vida.

4. Cazuza e seus pais na boate Hippopotamus, no Rio de Janeiro, década de 1980

*Ao João,
companheiro
de toda uma vida,
que chorou comigo
por esse filho
tão amado.*
Lucinha Araujo

*A todas as pessoas
que vivem hiv/aids,
e àquelas que
não sobreviveram
para contar
suas histórias.*
Ramon Nunes Mello

nasci no rio de janeiro
  fruto do amor verdadeiro
  de uma cristã e um cristão

  num apezinho maneiro
  cresci vendo tarcisio meira
  meu pai na televisão

  fui na infância um cordeiro
  até descobrir no banheiro
  que eu tava na contramão

  daí sartei fora sem freio
  me estrepo mas tô sempre inteiro
  e sou bem feliz, meu irmão!

5. Poema de Cazuza, 1981

caderno de imagens

1950-
-1990

anos 1950

Vi João (1935-2013) pela primeira vez em Vassouras, em 1951. Eu tinha 15 anos. Dois anos depois, no dia 15 de janeiro de 1953, nos reencontramos num jogo de vôlei. Fiquei tão apaixonada que passei o jogo todo olhando para ele. João tinha pernas lindas, eram tão bonitas que recebeu o apelido de "Marta Rocha". Eu o achava um deus Apolo. Na época, éramos adolescentes, e ele namorava uma moça de nome Zuleica. Eu havia terminado um relacionamento com Adriano Reys, que se tornou um ator conhecido. Na verdade, foi ele que terminou o namoro: estava insatisfeito com o rigor do meu pai, que não nos dava muita liberdade. Reencontrei João num baile da Manhã Dançante do Centro Vassourense, que acontecia após a missa das dez da manhã da Igreja Matriz. Naquela altura, sua namorada, Zuleica, estava gripada, não estava presente. Tínhamos um amigo em comum, Sérgio Orset, que me contou que ele estava a fim de me conhecer e resolveu nos apresentar. João me disse que havia terminado com a moça, mas não era verdade. João terminou a relação depois, com a minha pressão.

Foi assim, como um namoro de interior, romântico, que iniciamos nossa história. Estávamos perdidamente apaixonados. Tive que enfrentar a oposição da minha família, minha mãe desacreditava a nossa relação. Apesar do João já cursar pedagogia na PUC-Rio, minha mãe achava que ele era pouco para mim. Ela tinha na cabeça um marido ideal e perfeito. A situação piorou quando meu pai resolveu também rejeitar o namoro.

Após um ano de namoro, ele permitiu que João entrasse na minha casa, às terças, quintas e sábados. E ainda tínhamos de ficar à vista de meus pais, comportadinhos. Eu não aguentava, a gente arranjava um jeito de namorar. Ao lado de João, aprendi a quebrar as regras da minha família, desafiar meus pais e aquela educação rígida dos anos 1950.

O namoro durou cinco anos. Não conheci outro homem: João foi o homem da minha vida. Permaneci virgem até 1956, um ano antes do casamento. Transar antes do casamento foi um ato de grande rebeldia. Foi um grande conflito, eu chorava e prometia a Deus que não iria pecar nunca mais. Cazuza até brincava: "Mãe, você nunca transou com outro homem, pode ser considerada uma virgem!". Ele achava que eu era atraente e sexy, mas não tinha consciência, e que era justamente disso que vinha minha força. Talvez fosse mesmo.

Nos casamos em 1957, combinamos de dividir a vida e todas as despesas. Nessa época, ele trabalhava como divulgador na gravadora Odeon, e eu, como costureira. Minha mãe era costureira, herdei dela essa habilidade. Foi uma parente do João, dona Elvira, que me iniciou na profissão de costureira. Me orgulho muito dessa fase da minha vida. Nós fomos casados por cinquenta e seis anos, foram muitas histórias juntos.

Lucinha Araujo

6. Amor desde o primeiro encontro: João e Lucinha, com 17 e 15 anos, respectivamente. Se conheceram num jogo de vôlei, no dia 15 de janeiro de 1953. A foto foi tirada na fase inicial do relacionamento, durante as férias do casal na cidade de Vassouras, região Centro-Sul do estado do Rio de Janeiro

7. Lucinha e João no início do relacionamento, em Vassouras, 1954

8. Fotografia com declaração de amor de Lucinha a João, 3 de maio de 1954: "Amor, desculpe a 'pose', sabe? Mas este sorriso é para você, assim como todos os meus sorrisos, pois a alegria da minha vida é o meu João querido"

7.

8.

9.

10.

9. Os avós maternos de Cazuza: Alice da Costa Torres e Thomaz Portella da Silva, no dia do casamento, no Rio de Janeiro, 18 de outubro de 1930

10. Os avós paternos de Cazuza: Maria José Pontual Rangel e Agenor de Miranda Araujo, no dia do casamento, em Pernambuco, 29 de outubro de 1919

Os antepassados de Cazuza se encontraram em Vassouras, cidade fluminense localizada a 110 quilômetros do Rio de Janeiro.

Origem da sua família: Lucinha é fruto da união de Alice da Costa Torres (1908-1975) e Thomaz Portella da Silva (1907-1981), que se casaram em 18 de outubro de 1930. Alice e Thomaz tiveram três filhas: Clara Maria Fernandes, a Clarinha; Maria Lúcia da Silva, a Lucinha; e Maria Christina Torres Portella, a Querubim. Filha do meio, Lucinha nasceu em Vassouras, em 2 de agosto de 1936, no casarão de sua família, em frente à praça principal da cidade – onde hoje é o Centro Cultural Cazuza.

João é filho de Maria José Pontual Rangel (1898-1998) e Agenor de Miranda Araujo (1896-1954), casaram-se em 29 de outubro de 1919. Maria José e Agenor tiveram seis filhos, três homens e três mulheres: José Pereira de Araujo, o Zezinho; Agenor de Miranda Araujo Filho, o Baby; Maria Thereza Araujo Müller; Lúcia Bittencourt; Maria Antônia Costa; João Alfredo de Araujo. Filho caçula, João nasceu em 2 de julho de 1935, no Rio de Janeiro, no seio de uma família de migrantes nordestinos.

Árbol Genealógico

Abuelito
Agenor de miranda Araujo

Abuelita
maria José Rangel de Araujo

Padre
João Alfedo Rangel de Araujo

Hijo
Agenor de miranda Araujo neto.

Abuelito
Thomaz Portela da Silva.

Madre
maria Lúcia da Silva Araujo

Abuelita
Afree Tôrres da Silva

11. Árvore genealógica de Cazuza

12. Convite de casamento de Lucinha e João, com foto colada posteriormente. O casamento foi realizado no dia 17 de março de 1957, na Igreja Santa Margarida Maria, rua Frei Solano, nº 23, Lagoa Rodrigo de Freitas

13. Lucinha e João saindo da Igreja Santa Margarida Maria acompanhados das daminhas de honras, primas de Cazuza pelo lado paterno: Maria Aparecida, Maria Claudia e Maria Thereza, da esquerda para a direita

12.

13.

Meu pai, Thomaz, mudou-se para Vassouras aos 18 anos com a ideia de se curar de uma tuberculose. Anos depois, o pai de João, Agenor, mudou-se também para a cidade, pelo mesmo motivo. Ambos buscavam um clima melhor para o tratamento da doença. Quem diria que a tuberculose seria o motivo de duas famílias se encontrarem em Vassouras?

Lucinha Araujo

14. Lucinha nos primeiros meses de gravidez, na praia de Ipanema, 1957

15.

15. João e Lucinha, grávida, na praia de Ipanema, 1957.
À espera de um "cazuza"

Lucinha engravidou três meses após o casamento. Na época, após um breve período morando em um conjugado em Copacabana, João e Lucinha se mudaram para um apartamento na rua Prudente de Morais, em Ipanema, onde permaneceram por doze anos. Ela trabalhava como costureira e ele como divulgador da gravadora Copacabana, de propriedade do cunhado José Müller.

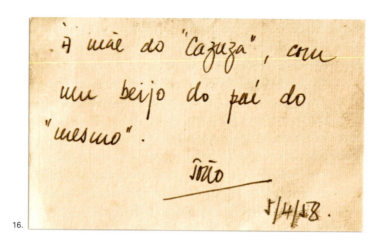

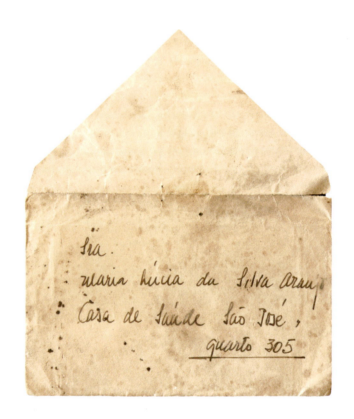

16. Bilhete de João a Lucinha um dia após o nascimento de Cazuza, 5 de abril de 1958: "À mãe do 'Cazuza', com um beijo do pai do 'mesmo'"

Numa Sexta-feira Santa, 4 de abril de 1958, às 21h15, nasceu na Casa de Saúde São José, no Rio de Janeiro, pesando 3,375 kg e medindo 51,5 cm, o primeiro e único filho do casal, Agenor de Miranda Araujo Neto, apelidado como Cazuza – "moleque" no Nordeste. O nascimento, de parto normal, foi acompanhado por João Araujo e sua mãe, Maria José. Cazuza nasceu saudável, com uma manchinha de nascença que foi sumindo com o tempo.

A minha música faz parte de uma história que começou quando o meu avô, dono de um engenho em Pernambuco, resolveu morar em cima do areal do Leblon. Ali nasceu meu pai, João Araujo, que se casou com uma moça linda, Lucinha, que cantava como um passarinho.

Cazuza

17.

JUSTIÇA DO DISTRITO FEDERAL
REGISTRO CIVIL DAS PESSOAS NATURAIS
5.ª CIRCUNSCRIÇÃO: LAGÔA E GÁVEA
RUA XAVIER DA SILVEIRA, 59 - A - SOBRADO
COPACABANA - RIO DE JANEIRO - D. F.

NASCIMENTO N.º 100.237

ANÍBAL MONTEIRO MACHADO, Oficial do Registro Civil das Pessôas Naturais
da 5.ª Circunscrição: Logôa e Gávea

CERTIFICO que a fls. 211 - do livro n.º 487 - do registro de nascimentos foi hoje registrado o assentamento de Agenor de Miranda Araujo Neto

nascido ao 5 - 4 - de abril de 1958 às 21 horas e .... minutos na Casa de Saude São José, do sexo masculino de côr branca filho de João Alfredo Rangel de Araujo e de Maria Lucia da Silva Araujo sendo avós paternos Agenor de Miranda Araujo e Maria José Rangel de Araujo, e maternos Thomaz Portella da Silva e Alice Torre Portella da Silva.

Foi declarante o pai dito, e avó materna e serviram de testemunhas Maria José Rangel de Araujo e Alice Torre Portella da Silva.

Observações: Regto ec t lei, 16.146, de 20-7-44.

Isento do sêlo ex-vi do Dec. n.º 4.857 de 9-11-1939, art. 31

O referido é verdade e dou fé.

FIRMA
TABELIÃO MARCIO BRAGA
Av. Pres. Antonio Carlos, 641-B

Rio de Janeiro, 10 de maio de 195.8

O OFICIAL.

Departamento de Imprensa Nacional — 19.428

17. João e Lucinha registraram Cazuza no cartório,
em Copacabana, no dia 10 de maio de 1958

18. Páginas do álbum de bebê de Cazuza, presenteado pela avó Alice e organizado por Lucinha no ano do nascimento do filho

19. Roupinha de batismo exposta no Centro Cultural Cazuza, em Vassouras. Cazuza foi batizado no dia 26 de abril de 1958, na Igreja Nossa Senhora da Paz, rua Visconde de Pirajá, nº 339, Ipanema. Os padrinhos: José Eugênio Müller Filho e Maria Thereza Araujo Müller

Pensamiento de los Padres: "Nosso filho querido: desejamos hoje para você o que todos os pais desejam. Que você se realize, escolhendo os seus próprios caminhos, seguindo a sua própria vontade. Importante é a pessoa ir se descobrindo e não nascer com o destino traçado. E que seja muito feliz…" O único filho do jovem casal herdou o nome do avô paterno, **Agenor**, mas o apelido "Cazuza" já existia antes mesmo do nascimento.

20.

21.

22.

20. Cazuza no carrinho de bebê, aos três meses, em Vassouras, com Lucinha e a prima Angela, filha da irmã de João Araujo, Maria Antônia

21 / 22. Cazuza no colo de João e Lucinha, em Nova Friburgo, região serrana do estado do Rio de Janeiro, 1958

23. Cazuza recebe o carinho do avô materno, Thomaz, em visita a Lucinha e João, Ipanema, 1958

24. O primeiro Carnaval de Cazuza, Vassouras, 1959

23.

....

LUGARES ONDE CAZUZA MOROU

1957-1958: Copacabana, RJ
Rua Henrique Oswald
Recém-casados, João e Lucinha moraram cerca de seis meses num quarto e sala, em Copacabana. Mudaram-se para Ipanema em busca de um apartamento melhor, após Lucinha descobrir que estava grávida de Cazuza, três meses depois do casamento.

1958-1970: Ipanema, RJ
Rua Prudente de Morais
João e Lucinha mudaram-se para um apartamento em Ipanema, permanecendo no imóvel por doze anos. Em 4 de abril de 1958, nasceu Cazuza, na Casa de Saúde São José, no bairro do Humaitá.

24.

25.

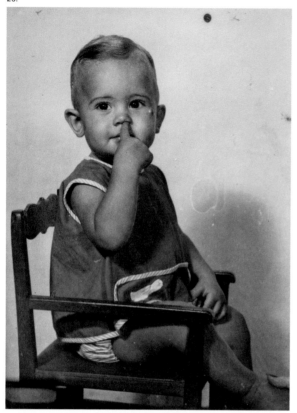
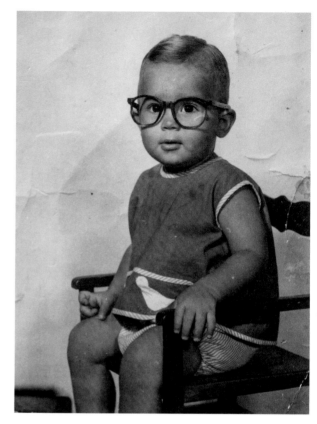
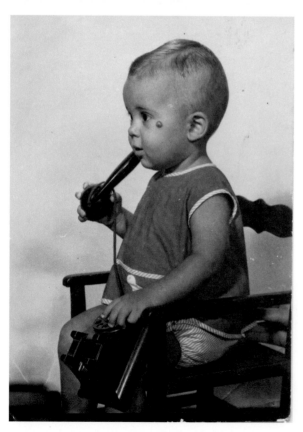
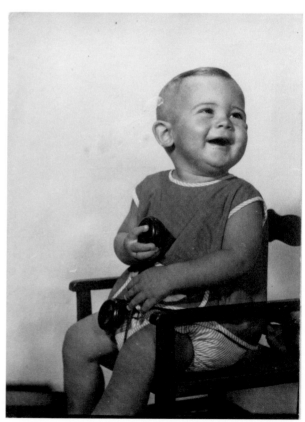

26.

27.

25. "Posando de star", na casa dos avós, em Vassouras, 1959

26. Cazuza em Vassouras com um aninho, em sua primeira folia de Carnaval, no colo de Lucinha, 1959

27. Roupas, objetos e brinquedos do bebê Cazuza, até hoje guardados por sua mãe

Sempre guardei o que estivesse
relacionado a Cazuza, desde sempre.
Colecionei suas roupas de bebê, seus
cadernos escolares, suas fotos de
família, amigos e trabalhos, além
de seus primeiros rabiscos, como os
poemas que revelariam mais tarde
o poeta gigante que permanece
com seus versos ecoando no tempo.
Depois, quando ele ficou famoso
por suas canções, arquivei tudo em
relação a sua carreira meteórica: fotos,
cartazes, roupas, discos de ouro,
matérias de jornais, críticas, violão,
máquina de escrever, manuscritos...

Lucinha Araujo

Aos três meses, Cazuza fez sua primeira viagem a Vassouras e, aos seis meses, seu segundo passeio para a serra de Nova Friburgo. Em seu álbum de bebê, Lucinha anotou as primeiras palavras de Cazuza:

"Mã mã mã (neném ainda não sabe que está chamando mamãe, pois diz isso a qualquer pessoa (18/11/1958), aidê, papá, babá, neném, dá, mamãe, papá bom!, ada, auau, vovô, vovó, auga, iinha, não (João), jogou!, tato, Nando, Aninha, papato... com um aninho e seis meses neném já se faz entender perfeitamente."

Mal sabiam os pais que o menino, regido por Áries, enquanto o céu ascendia em Sagitário e a Lua se posicionava em Libra, apresentava qualidades para a luta e a liberdade, com um espírito poético.

Um presságio.

28. Cazuza fotografado na casa dos avós, em Vassouras, 1959

anos
1960

29.

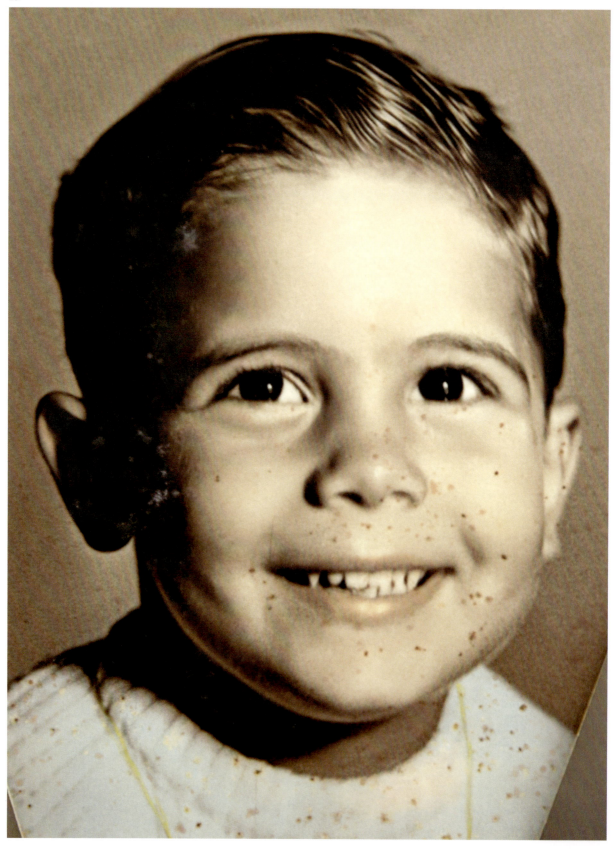

29. Cazuza aos dois anos: o sorriso de criança permaneceu durante toda a vida

30. Cazuza aos dois anos, posando com seus bichinhos de pelúcia no apartamento na rua Prudente de Morais, Ipanema, 1960

31. Cazuza aos dois anos em Vassouras

30.

31.

....
Apesar de Lucinha e João sonharem com uma família grande, o parto de Cazuza lesou o canal cervical de Lucinha, o que impediu outra gravidez.

32.

33.

34.

Nasci na esquina da Prudente de Morais com a Joana Angélica, a praia de Ipanema ainda tinha conchinhas, tinha água-viva que queimava a gente... Fui criado na praia.

Cazuza

32 / 33. Garoto de Ipanema: Cazuza aos dois anos, 1960

34. Cazuza aos quatro anos na praia de Ipanema, 1962

35. Quintal de casa: Lucinha e Cazuza, nas areias da praia de Ipanema, verão de 1965

36. Infância à beira-mar: Cazuza aos quatro anos em Ipanema, 1962

35.

36.

Fui uma mãe muito exigente, para o terror de Cazuza. Eu não permitia que ele deixasse sobrar comida no prato... Além de estudar diariamente, tirar boas notas e andar com as roupas limpinhas... Para a nossa sorte, e, principalmente a dele, quando completou três aninhos, a querida Cedália, uma mulher maravilhosa, chegou para ser babá de Cazuza. Ele amava a Cedália. E ela amava o Cazuza. Foi Cedália quem passou a protegê-lo de minha rigidez materna, de meus exageros. Ela ficou com nossa família até 1979, por treze anos, até se casar... Mas não fui apenas uma mãe chata, sei que fui muito amorosa, sempre fiz o melhor para ele. Íamos muito à praia, praticamente todos os dias. Enquanto eu costurava os vestidos das clientes, ele curtia a praia. Ainda tenho a lembrança de Cazuza correndo nas areias de Ipanema. E, até hoje, faço o meu melhor para ele, o amor é infinito.
Lucinha Araujo

Quando menino, achava minha mãe muito chata. Ela me botava de castigo o tempo todo. Era meu pai que me soltava e passava a mão na minha cabeça. Ela me enchia de porrada, principalmente por causa das notas escolares, e ele me acudia, um salvador. Para ele, essa atitude era fácil, porque procurava compensar sua ausência em casa com carinho.

Cazuza

37. Turma do Colégio Chapeuzinho Vermelho, 1962. Cazuza está sentado no chão, na primeira fila: é o segundo da esquerda para a direita, ao lado da placa. Em pé, está Pedro Bial: o quarto da esquerda para a direita, ao lado da professora

Costumam falar de utopia como um lugar no futuro, mas eu digo que utopia é a minha infância em Ipanema. A Ipanema em que eu e Cazuza nascemos era demais: a República de Ipanema, muito bem frequentada por grandes cabeças, que encontrávamos no bar, na praia... Aliás, eu encontrava muito o Cazuza na praia. A gente era muito bem nutrido culturalmente. Foi nessa Ipanema que estudamos juntos. Eu me lembro da minha mãe me acompanhar até a escola Chapeuzinho Vermelho e caminharmos em direção à rua Prudente de Morais, onde moravam João, Lucinha e Cazuza, no edifício Rio Nilo. Muitas vezes, após a aula, íamos brincar na Praça Nossa Senhora da Paz. Éramos bem crianças, tínhamos uns seis anos. Depois, fomos para o Santo Inácio, o grande colégio da época. Minha história escolar com Cazuza foi até a universidade... No Santo Inácio formamos uma trinca de amigos: Cazuza, Ricardo Quintana e eu. A gente tinha uma inteligência mais rebelde, ouvíamos coisas diferentes.

Gostávamos muito de ler, havia uma competição enorme entre nós para ver quem lia os livros mais barra-pesada. O Ricardo era o mais inteligente, muito cedo ele destrambelhou, era malucão. Cazuza era subversivo nos estudos, elegia umas matérias como História e Geografia – que, aliás, ele sabia mais do que o professor, desde o primário. Ele desenhava mapas detalhados, com informações caprichadas. Importante dizer que o poeta, fruto do grande leitor que era, já estava presente, mas ele não era de ficar mostrando o que escrevia. Eu me lembro que Cazuza também gostava de desenhar mulheres nuas, gostosérrimas e burlescas. Os colegas faziam filas para ganhar seus desenhos. Era um mundo muito rico, alimentado por uma forte imaginação. A gente tinha fascínio pelo que estava acontecendo no mundo, o que acontecia fora da escola. Éramos encantados pelo movimento hippie. Depois fomos estudar no Colégio Rio de Janeiro...

Pedro Bial

38 / 39. Desenhos de Cazuza, aos quatro anos, realizados no Colégio Chapeuzinho Vermelho, 1962

40. Página do caderno de exercícios de Cazuza, no Colégio Chapeuzinho Vermelho, 1963. Na escola, ele descobriu que se chamava Agenor e aprendeu a assinar seu nome

39.

41. Desenhos de Cazuza, aos cinco anos, no Colégio Chapeuzinho Vermelho, 1963: bandeira do Brasil, carro, palhaço e casa

42.

42 / 43. Outros desenhos de Cazuza, aos seis anos, no Colégio Chapeuzinho Vermelho, 1964: princesa e Pão de Açúcar

Entre os três e os seis anos de Cazuza, Lucinha e João tiveram de se preocupar com a saúde do filho: nesse período, ele teve caxumba, sarampo e catapora. Em 1962, aos quatro anos, foi matriculado na escolinha Chapeuzinho Vermelho, na rua Prudente de Morais, em Ipanema. Ele era um menino quieto, de poucos amigos, demorou a se enturmar quando chegou no jardim de infância. Sua primeira professora tinha o nome de sua mãe, Lucinha. Nos primeiros dias de aula, chorou muito; depois acostumou. Cazuza só entendeu que se chamava Agenor quando começou a estudar. Mas só assumiu seu nome de batismo na juventude, ao descobrir que o cantor e compositor Cartola se chamava "Angenor".

43.

53

Antes de eu nascer, já era Cazuza. Minha mãe tinha vergonha de me chamar, tão pequeno, de Agenor, nome do meu avô. Na escola eu nunca respondia à chamada. Não sabia que meu nome era Agenor. Meu avô morreu dois dias antes de eu nascer. Mas para mim ele é muito importante, uma figura presente.

Cazuza

44. Cazuza em Cabo Frio, em frente ao Gordine dos pais. No verso da foto, anotação de Lucinha e dedicatória de Cazuza, 1963

45. Cazuza no Carnaval de Vassouras, fantasiado de tirolês, 1963. Cazuza, ao centro; à sua esquerda, está Luís Roberto Barroso, atual ministro do Supremo Tribunal Federal

44.

Na década de 1960, apesar de ser um período de "grana curta", Lucinha Araujo não economizava para agradar o filho. Nessa fase da vida, comprava muitos brinquedos para Cazuza, especialmente carrinhos importados da marca Matchbox, que ele amava. No entanto, as brincadeiras eram incendiárias: ele pegava escondido a garrafa de álcool e se trancava no banheiro para simular acidentes com sua coleção de carros, causando explosão e fogo – para o desespero de sua mãe.

Nessa fase, Cazuza era fogo, literalmente, com seu comportamento. E não adiantava nada conversar, brigar, bater, castigar. Passado um tempo, lá estava ele aprontando novamente. Foi apenas uma amostra da rebeldia que iria apresentar ao longo de sua vida, sempre brincando com fogo.

Lucinha Araujo

46. Cazuza aos sete anos, com sua mãe, em refeição na Fazenda Inglesa, Petrópolis, 1965

47. Cazuza aos sete anos com Andréa, filha de Ari Almeida, amigo de futebol e pôquer de João Araujo, Corrêas, região serrana do Rio de Janeiro, 1965

48. Lucinha, João e Cazuza visitando a família do amigo Jorge Arthur Graça, conhecido pelo apelido de Sirica, Petrópolis, 1965

Durante anos, Cazuza foi o único neto homem da família da avó materna, Alice, que fazia todas as suas vontades. Passar férias na casa da avó significava fugir da educação rígida da mãe: não tomava banho na hora marcada e nem se alimentava com o que não gostava, especialmente legumes. Era café da manhã na cama, comidas gostosas e muito carinho. As brincadeiras de Cazuza e de seus primos incluíam "assaltar" a despensa e pegar biscoitos, além de construir cidades de barro no fundo do quintal – sonhava, nessa época, em ser arquiteto.

Cazuza aprontava, gostava de pregar peças na mamãe: ele encenava ferimentos e ataques epiléticos, e ela tomava cada susto! A relação de Cazuza e vovó Alice era de muito amor e cumplicidade. Ele foi muito mimado por mim e pelas avós, sem dúvida. Usava roupas da loja Bebê Conforto – uma loja chiquérrima da época –, ele estava sempre limpo, arrumadinho, bem-vestido. Mas, aos 12 anos, ficou cheio de vontades, deixou o cabelo crescer, prendia em um rabo de cavalo e adorava usar roupas rasgadas, velhas...

Lucinha Araujo

Aos sete anos, Cazuza começa a escrever poemas que mostrava à avó materna, Alice, com quem passava a maior parte do tempo. O primeiro neto de uma família de mulheres era muito paparicado, tudo que era proibido na casa dos pais era permitido na casa da "vó Lice". Ela foi uma das principais confidentes de Cazuza, com quem conviveu dos três aos 15 anos e para quem mostrava seus poemas.

Ela era uma mulher fantástica, muito louca, aberta, e deixou um grande buraco na minha vida quando morreu. Fiquei sozinho, sem um irmão para dividir comigo as alegrias e mágoas. Não tive coragem de me abrir com meus pais sobre minha vocação poética porque pensava que iam dar o contra. Então, com a minha avó, discutia versos, rimas. Ela foi a pessoa que mais influiu na minha infância e adolescência.

Cazuza

Aos seis anos, Cazuza prestou exame para o Colégio Santo Inácio. Fiz ele estudar com afinco no ano anterior, principalmente Português e Matemática. Fiquei ansiosa esperando pela prova. Eu estava louca para que fosse aprovado. Eram centenas de candidatos, ele passou em 50º lugar com nota 9,5. No dia do exame, estávamos num táxi, a caminho da escola, e fiz um teste de ditado de Português com ele. Catei um pedaço de papel na bolsa e Cazuza escreveu as palavras. Guardo esse papel até hoje. Na hora do exame, fiquei debaixo da janela da sala, anotando todas as palavras difíceis para conferir com meu filho depois. Ele passou, mas poderia ter tido um melhor desempenho.
Lucinha Araujo

49.

Aos seis anos, o pequeno Cazuza fez exame para o Colégio Santo Inácio, no Leblon, passando com 9,5 de média, aprovado entre os cinquenta dos oitocentos que se inscreveram no exame de seleção. Cazuza cresceu no bairro do Leblon e estudou no Colégio Santo Inácio até mudar para o Colégio Anglo-Americano, em 1973, aos 15 anos, para evitar reprovação.

49. Cazuza aos seis anos no primeiro dia de aula no Colégio Santo Inácio, março de 1964

50. A foto foi tirada quando Cazuza tinha sete anos, na Praça Nossa Senhora da Paz, Ipanema, espaço das brincadeiras na infância, 1965

50.

Eu sempre fui bem-comportado, até a adolescência. Tipo, o "neto preferido da vovó", sabe? Depois, pintou o lance da rebeldia... Rasgava roupa para andar rasgado, festa de Natal e eu em casa todo rasgado. Minha mãe desesperada...

Cazuza

51. Manuscrito do teste de ditado feito por Lucinha Araujo com Cazuza, no táxi

52. Cazuza aos sete anos no Colégio Santo Inácio, 1965. Ele é o quinto, na primeira fileira, da esquerda para a direita. Pedro Bial, na última fileira, é o segundo, da direita para a esquerda

53 / 54. Caderno e pasta escolar de Cazuza referentes ao Colégio Santo Inácio, 1965

55. Página do fichário escolar de Cazuza: treinando as vogais, 1964

Eu sempre considerei a vida escolar de Cazuza importante. Não por acaso, fazia as tarefas escolares com ele, além de organizar todo seu material. Sempre cuidei de tudo, com muito carinho. Imagine, eu mesma encapava seus cadernos escolares, de todas as matérias. Além de ter acompanhado suas notas e observações dos professores nas cadernetas escolares. E esse rigor acabou atormentando bastante meu filho. Quando Cazuza fez 12 anos, ao ingressar no 2º Ginásio, ele me afastou da vida escolar e seu rendimento caiu muitíssimo. Ele passou a mentir que tinha estudado para as provas e, depois, escondia os diários de classe e as cadernetas escolares.

Lucinha Araujo

56. Caderneta escolar de Cazuza do Colégio Santo Inácio, 1965

57. Boletim escolar de Cazuza do Colégio Santo Inácio, 1965

58. Redação de Cazuza de 3 de novembro de 1965, no Colégio Santo Inácio: "A vendedora de flores"

57.

56.

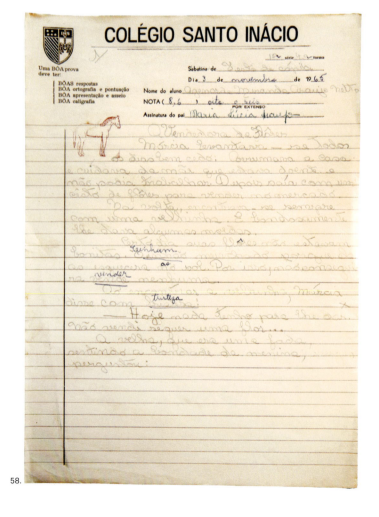

58.

Cazuza revoltou-se com o conservadorismo da escola jesuíta. Seu comportamento era cada vez mais indisciplinado, tirava notas baixas, rasgava os boletins, faltava às aulas e se metia em confusão com os colegas. Após sair do Santo Inácio, mudou-se diversas vezes de colégio: Anglo-Americano, Peixoto, Brasileiro de Almeida, e Rio de Janeiro.

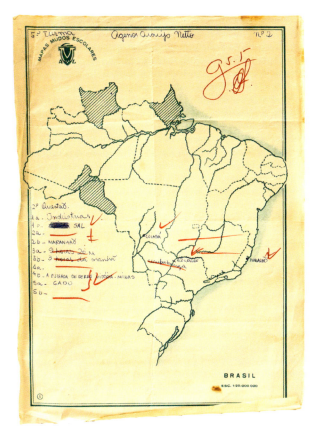
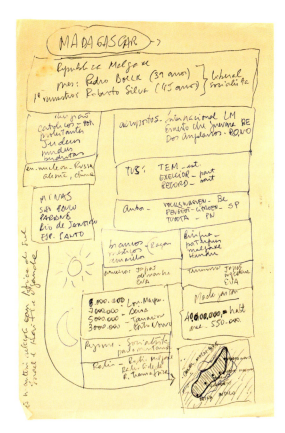
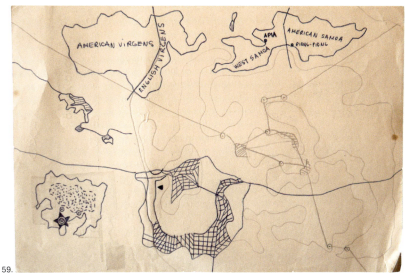

59.

59. Prova de Geografia e rascunho de mapas, 1965. Cazuza era fascinado por desenhar mapas, suas agendas e cadernos escolares são repletos deles

Cazuza ganhou de seus pais a sua primeira enciclopédia *Barsa* aos sete anos. Ele tirava boas notas nas redações escolares, mas seu interesse era mesmo História e Geografia. Tinha verdadeira paixão por mapas. Essa paixão prosseguiu na adolescência. Quando passou a ler romances, a leitura era acompanhada por um atlas para que pudesse localizar onde as cenas eram narradas. Apesar de conhecimento em Geografia, não era um bom aluno.

60.

61.

62.

60. Título de Príncipe, distinção concedida pelo Colégio Santo Inácio aos alunos pelo bom desempenho durante o ano letivo

61. Desenho de Cazuza aos seis anos, 1964

62. Lucinha e Cazuza, 1966

63. Desenho e cartinha de Cazuza para a mamãe, jurando ser obediente, 1964: "Eu serei obediente desde esse dia mãezinha do meu coração"

64. Cartinha de Cazuza ao Papai Noel, 1964: "Prometo ficar mais obediente e fazer um bom exame"

65. Convite para a apresentação de Cazuza na aula de música, no Dia das Mães do Colégio Santo Inácio, 1965

66. Cazuza participou de sua primeira comunhão, no Colégio Santo Inácio, no dia 17 de setembro de 1966

67. Cazuza aos oito anos com a vovó Alice em Vassouras: amor e poesia. Dos três aos 15 anos, Cazuza passou férias na casa da avó, que incentivava a escrita de poemas

66.

67.

68. Cazuza aos oito anos na casa da vovó Maria José, com os primos George Luis, Ana Lúcia, Angela, Beatriz e Luis Paulo, 1966

A residência da família da vovó Maria, em Vassouras, onde nasceu Lucinha Araujo, sedia o Centro Cultural Cazuza, desde 2018.

69. Em 1966, a avó paterna de Cazuza, Maria José, educadora e fundadora do Colégio de Vassouras, foi homenageada pela ONU por sua dedicação ao ensino. Na ocasião, Cazuza e os primos foram prestigiar a matriarca: da esquerda para a direita, Beatriz, Ana Lúcia, Cazuza, Luís Guilherme (Lig) e Angela

70. Cazuza aos oito anos no Carnaval de Vassouras, 1966

71. Cazuza aos nove anos no Country Club de Vassouras, 1967

72. Cazuza aos dez anos, Rio de Janeiro, 1968

Nos primeiros anos de casamento, eu e João passávamos o Carnaval em Vassouras. Eu levava Cazuza nas matinês infantis, na companhia de seus primos. E, à noite, caía na folia com João. Estávamos muito felizes e apaixonados construindo nossa família. Bons tempos.
Lucinha Araujo

73. Cazuza com seu pai, João Araujo, Vassouras, 1966

Meu pai se casou com uma moça linda, Lucinha Araujo, que se tornou importante no cenário musical e teve sua gravação da música "Peito vazio" (de Cartola e Elton Medeiros) incluída na trilha sonora das primeiras novelas de televisão. Gostava de vê-la cantando e penso que isso influiu muito no meu futuro. E meu pai transou disco e, quando eu era menino, tinha a casa cheia de artistas. [...] Eram cantores que chegavam e saíam o tempo todo. Conheci Elis Regina, os Novos Baianos, Jair Rodrigues, que gostava de brincar de me jogar para o alto, e outros cantores. Na nossa casa, se respirava música o tempo todo. Sempre fui tiete de todo o pessoal da MPB, Elis Regina sempre tava lá em casa. Eu acordava de noite para tomar água, e lá estavam na sala o Gil, o Caetano, a Gal, a música popular brasileira inteira me pegando no colo. Os Novos Baianos acampavam lá em casa, dormiam, iam comer, porque na época eram fodidos, não tinham onde ficar, e meu pai estava produzindo o primeiro disco deles. Só fui curtir rock, Janis Joplin, meus ídolos dos Rolling Stones, lá pelos 14 anos, quando dei uma pirada. Quando comecei a compor, acabei misturando tudo isso. Do menino passarinho com vontade de voar (Luiz Vieira) a Janis Joplin. Mas com uma diferença: a dor de cotovelo da MPB, mas dando a volta por cima.

Cazuza

Filho único, mimado e solitário, Cazuza se interessou pelos livros. Em pouco tempo, tornou-se um leitor voraz, curioso por enciclopédias. Passou a dedicar-se ao estudo do inglês, que, na adolescência, foi necessário em suas viagens pelo mundo. Em reuniões familiares, os parentes gostavam de fazer perguntas sobre temas diversos.

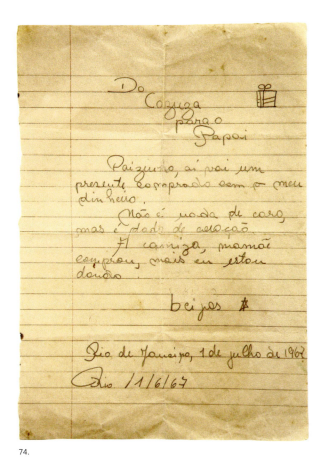

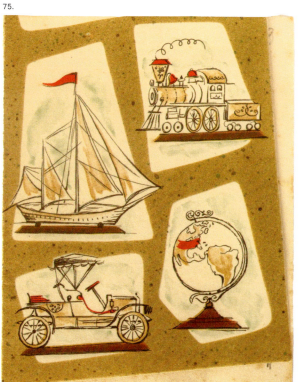

74 / 75 / 76. Cartinha e cartão de Cazuza a João Araujo no Dia dos Pais: "Um presente comprado com o meu dinheiro"

Cazuza nasceu no berço esplêndido da música popular brasileira. Como João trabalhava com a indústria do disco, em gravadora, nós convivíamos muito com os cantores que estavam despontando na época. Me lembro de uma foto antológica na qual João reuniu a geração de músicos e cantores da época na casa de Vinicius de Moraes. Sem dúvida, o Cazuza foi muito influenciado por convivência. Um privilégio!

Lucinha Araujo

77.

77. Icônica foto da reunião de artistas na cobertura de Vinicius de Moraes, na Gávea, no verão de 1967. Encontro organizado por João Araujo para incentivar os jovens cantores e compositores da época: Lenita Plocynska, Edu Lobo, Tom Jobim, Torquato Neto, Caetano Veloso, Capinam, Paulinho da Viola, Sidney Miller, Zé Ketti, Eumir Deodato, Olivia Hime, Helena Gastal, Luis Eça, João Araujo, Dori Caymmi, Chico Buarque, Francis Hime, Nelson Motta, Vinicius de Moraes, Dircinha Batista, Luiz Bonfá, Tuca, Braguinha, Jandira Negrão Lima, entre outros

Cazuza cresceu cercado de afeto familiar e também com o privilégio de conviver de perto com os maiores nomes da música popular brasileira, devido ao ambiente profissional dos pais. Era fã de Rita Lee, não perdia um show daquela que viria a se tornar sua amiga e parceira musical.

Lucinha costuma dizer que "Cazuza nasceu no berço esplêndido da Música Popular Brasileira". Não por acaso, pois o pai de Cazuza, João Araujo, fundou a gravadora das Organizações Globo, a Som Livre, em 1969, e, ao longo de sua carreira na indústria fonográfica, foi o responsável por lançar artistas como Caetano Veloso, Gilberto Gil, Ronnie Von, Djavan, Emílio Santiago, Rita Lee, Guilherme Arantes, Novos Baianos, Lulu Santos, Nara Leão e também sua esposa Lucinha Araujo e seu filho Cazuza. Deixou a gravadora depois de trinta e oito anos no comando.

78.

79.

80.

81.

78 / 79. Cazuza, menino do Rio, aos sete anos, em Ipanema e Copacabana, 1965

80 / 81. Cazuza aos nove anos, de bicicleta na rua Prudente de Morais, Ipanema, 1967

Cazuza gostava de cachorros, mas não gostava de cuidar. Então, eles acabavam indo morar na casa da minha mãe, Alice. Wanderley ficou com a Cida. Eu me lembro que quando Wanderley chegou estávamos de mudança para o apartamento da Prudente de Morais. Era Carnaval, Cazuza fantasiou o cachorro e levou para a Banda de Ipanema, mas acabou perdendo o animal. Em casa, ligamos a TV e lá estava Wanderley numa matéria do *Fantástico*. Logo depois, procurando o bicho na cidade, o encontramos na Praça Nossa Senhora da Paz.

Lucinha Araujo

82.

83.

Meu signo no horóscopo chinês é cachorro, eu sempre fui ligado em cachorro, desde criança. É uma companhia.

Cazuza

84.

82. Sunny, primeira cadela de Cazuza, ao lado da pequena Namy, cadela da tia Clarinha, no final dos anos 1960. Foram fotografados por Cazuza, que aparece na sombra da fotografia

83. Cazuza com Sunny, a cachorra que ganhou da vizinha, a jornalista Sandra Moreyra, na Prudente de Morais, Ipanema, 1967

84. Wanderley, ainda filhote, fotografado por Cazuza no apartamento dos pais em Ipanema

O primeiro cachorro de Cazuza foi uma vira-lata resgatada de um atropelamento, presente da jornalista Sandra Moreyra, vizinha de seus pais na época. Batizada de Sunny, a cachorrinha morreu em seus braços, apesar dos esforços de Lucinha para salvar o animal. Depois chegou Sunny II, que viveu oito anos no apartamento de seus pais, em Ipanema, e então levada para a casa da vovó Alice.

Em novembro de 1979, Cazuza ganhou um filhote de Sunny II, batizado Wanderley Cardoso – em homenagem ao cantor que tinha os olhos verdes como seu animal. O cãozinho fez uma "participação especial" na gravação da canção "Hot-dog" (J. Leiber/ M. Stoller) realizada por Leo Jaime, posteriormente incluída no álbum do amigo, *Direto do meu coração pro seu* (1988). Wanderley ficou com Cazuza por um tempo, depois foi morar com Cida, a cozinheira da família, que em todo aniversário de Cazuza levava o mascote para visitá-lo.

Depois do cão Wanderley, ganhou Mané, um weimaraner. Em 1988, Cazuza pediu um weimaraner a Lia Paiva Chaves, amiga da família que criava animais da raça. O fotógrafo Marcos Bonisson, que registrou o amigo ao longo da vida, fotografou Cazuza com seu último cachorro.

Quarta-feira

Que amar é
abanar o rabo/
(É abanar o rabo)/
Lamber e dar a pata.

(Cazuza/Zé Luis, 1986)

....

Entre 1964 e 1967, Cazuza conviveu muito com Zé Luis, amigo de infância que passava os dias na casa
do seu tio-avô, o cronista esportivo
Sandro Moreyra, que era vizinho de
porta dos pais de Cazuza. Zé Luis
viria a se tornar parceiro de Cazuza nas canções "Cúmplice" (1985),
"Quarta-feira" (1986) e "Obrigado
(por ter se mandado)" (1988).

85. João Araujo e os companheiros do Clube dos 30: Thiago de Mello, Paulo Mendes Campos, Luiz Carlos Barreto e Armando Nogueira

86. Recorte da crônica de Armando Nogueira no *Jornal do Brasil* sobre Cazuza e seu desinteresse pelo futebol. Intitulada "Na grande área", foi publicada em 1968

Quando eu tinha três anos, meu pai me deu uma bola. Eu peguei no colo e a ninei como uma boneca. Essa foi a primeira decepção que meu pai teve comigo.
Meu pai e minha mãe são as pessoas que mais amo no mundo, mas nem sempre entendem o que passa na minha cabeça.
Cazuza

Apaixonado por futebol, João Araujo foi um dos integrantes do Clube dos 30, em São Conrado, no Rio de Janeiro. Os jogadores levavam seus filhos para pegar gosto pelo esporte. Todo sábado João levava Cazuza ao futebol, mas, apesar do incentivo do pai, Cazuza não demonstrava o mínimo interesse. Aos 12 anos, acompanhava o pai apenas para dirigir seu carro ao redor do clube. Às vezes, convidava um amigo, como Pedro Bial, para um passeio.

Em sua carreira em gravadoras, João Araujo participou de todas as etapas da indústria do disco. Além da Copacabana, passou pela Odeon, Mocambo, Festa, Sinter, Philips, até fundar a Som Livre, em dezembro de 1969.

Na grande área
Armando Nogueira

Cazuza, de 10 anos, chegou da escola, participando ao pai uma novidade:
— Papai, estou jogando futebol, lá no colégio.
O pai, que sempre bateu sua bolinha razoàvelmente, ficou na maior alegria: nunca tinha confessado, mas o desinterêsse do filho por futebol era uma das pequenas tristezas de sua vida. Há alguns anos, êle andou tentando despertar no garôto o gôsto da pelada: no clube em que joga um racha semanal, chegou mesmo a levar Cazuza para o campo, ficava no gol e só para estimular, papava frangos tremendos nos chutes de Cazuza.
Nos últimos tempos, porém, Cazuza abandonou na garagem a bola e as chuteiras e nunca mais falara de futebol. Daí, a felicidade do pai ao ouvir do menino que estava jogando bola, agora oficialmente, no time do colégio.
— É no time do colégio, Cazuza?
— É sim senhor.
— No primeiro time, Cazuza?
— Não.
— Ah, é no segundo time, meu filho?
— Também não, papai.
— Não vai me dizer que te puseram no terceiro time. Terceiro time nem deve existir lá no colégio.
— Existe, sim, mas, eu não estou no terceiro time também não. Eu sou do Fusa.
— Fusa? Que diabo é isso, Cazuza?
— Fusa é o seguinte, papai: tem o primeiro time, o segundo time e o terceiro time. Aí, êles pegam a turma que sobra e misturam todo mundo. Isso é que é fusa.
— E você joga de quê nesse tal de fusa? — perguntou o pai, já inteiramente desanimado com o herdeiro de suas virtudes futebolísticas.
— Eu sou reserva do fusa, papai, sou reserva dessa, papai.

Jogo de futebol

Homens lindos. Pernas fortes. Amor.
Eu amo o *football*.
Um bando de gente correndo atrás.
De uma bola, branca.
Eu quero viver tudo agora, mesmo sendo ruim.
Por mim, o mundo que se foda.
Sou poeta. Sou o atleta da dor.
Jogo mal. Não sei jogar. Não sei fingir.
Vivo para atingir a morte. Tavinho Paes.
Vivo para atingir a morte. Distante. Longe. Futuro.
Maysa é o futuro. O futuro do amor como flor, como luz.

Amor que é amor, com bola no pé.
Eu não queria nada desta vida a não ser o poeta.
O poeta e as drogas.
E a alegria.
Perdão, Senhor.

(Cazuza, 1980)

87 / 88. Cartão e colagem de Cazuza para seu pai, João Araujo, 1968

Apesar de não corresponder às expectativas do pai João Araujo, quanto a sua relação com o futebol e escolhas de vida, a relação entre Cazuza e João era profundamente amorosa. Cazuza cultivou o hábito de deixar bilhetes carinhosos para os pais e amigos.

89. Cazuza aos dez anos com seu boneco Mug, 1968

90. Cazuza com a turma e professores do Colégio Santo Inácio, 1968

Em 1969, Cazuza e Pedro Bial, com 11 anos, estudavam na mesma turma, no Colégio Santo Inácio. O professor de Português passou uma lição: os estudantes deveriam entrevistar uma personalidade. João Araujo, pai de Cazuza, pediu que o poeta Vinicius de Moraes recebesse os meninos que iriam realizar a tarefa em dupla. Numa tarde de verão, Cazuza e Bial foram visitar Vinicius de Moraes em seu apartamento, na Gávea, e o poetinha recebeu os meninos na banheira, tomando um uísque.

89.
90.

91. Vinicius de Moraes, 1970. O poetinha tinha mania de ler e escrever dentro da banheira, colocava uma tábua sobre as bordas e sobre ela trabalhava: concedia entrevistas, recebia amigos e criava poemas e canções

91.

Na época do Santo Inácio, eu e Cazuza entrevistamos o poeta Vinicius de Moraes para um trabalho da escola. O Fabinho, Fabio Lima Duarte, também estava presente. Nós fomos de manhã na casa do Vinicius e ele nos recebeu na banheira, com seu uísque na mão. Ele gostou de nós porque conhecíamos a obra dele, vários poemas. Ficou o dia inteiro com a gente, e deu uísque para provarmos. Saímos de lá de porre! Acredito que foi o primeiro porre de nossas vidas. Tínhamos entre 11 e 13 anos, inesquecível essa estreia... Acho uma sacanagem ele ter morrido tão cedo, fico inconformado. Morreu aos 32 anos, um absurdo. Mas Cazuza está vivo. E continuará vivo enquanto sua poesia e sua memória estiverem presentes.

Pedro Bial

anos
1970

92. Cazuza aos 12 anos em foto de passaporte, 1970

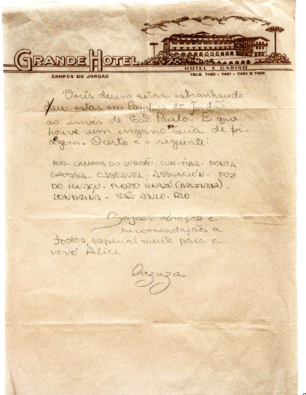

93. 94.

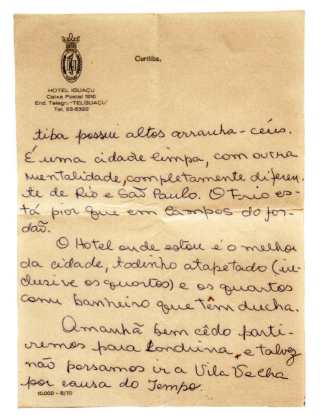
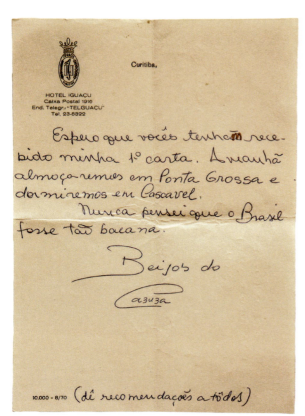

93 / 94 / 95 / 96. Cartas de Cazuza aos pais, sobre o roteiro da viagem ao Paraguai, 1970: "Vocês devem estar estranhando eu estar em Campos de Jordão ao invés de São Paulo. É que houve um engano no Guia de viagem. O certo é o seguinte: Rio – Campos do Jordão – Curitiba – Ponta Grossa – Cascavel – Assunción (Paraguai) – Foz do Iguaçu – Puerto Iguazú (Argentina) – Londrina – São Paulo – Rio. Beijos e abraços e recomendações a todos, especialmente para a vovó Alice. Cazuza"

Eu e Cazuza fomos ao Paraguai, de ônibus, numa
excursão do Colégio Santo Agostinho. Na verdade,
eu estudava no Agostinho e convidei Cazuza para ir
junto. Foi uma farra: era um grupo de uns 30 meninos;
dividimos os quartos de hotel com outros estudantes.
Eu tinha 14 e Cazuza, 12 anos. Éramos muito garotos.
Eu me lembro que tinha um professor chamado
Dellamare que incentivava a gente a fazer esportes.
Ele era muito legal. Nessa viagem descobri que acordar
o Cazuza era uma loucura, quando chamávamos para
levantar e fazer as atividades. Ele começava a xingar
tudo quanto é nome e voltava a dormir. Então chamamos
um padre para acordá-lo, mas ele não se fez de rogado,
xingou o padre e nós caímos na gargalhada. O padre
falou, com o sotaque espanhol: "Não vou mais acordar
o Cazuza, ele é muito desbocado.". A viagem durou
uns vinte dias e nós aprontávamos: fomos em cassinos,
bordéis, bares... Voltamos cheio de muambas falsificadas:
relógios, calças Lee, que era moda na época.
Eu fui assistir a estreia de Cazuza como ator de teatro.
Anos depois, já um poeta reconhecido, quando ele estava
apresentando o show *O tempo não para*, levei minhas
filhas para assisti-lo cantando. Foi muito emocionante:
Cazuza convidou as meninas, Ana Carolina e Maria
Eduarda, para subir no palco. Nós tínhamos carinho
e amizade, que permaneceu até o fim de sua vida.
Quando já estava doente, em 1988, eu entreguei a ele um
poema que minha filha mais velha havia escrito: Cazuza
me emocionou, dobrou o papel com os versos e colocou
no coração. Ele era muito sensível, sempre foi, desde
menino. Eu tenho forte emoção com Cazuza.
Eu, seu primo mais velho, que tia Lucinha queria que
fosse um exemplo, me vi como seu fã. Ele que foi meu
exemplo, meu ídolo. Cazuza viveu uma vida intensa.
Ele tinha uma visão ampla da vida e um amor imenso –
que o torturava, por isso os exageros

Luís Guilherme Araujo Müller (Lig)

97 / 98. João Araujo chamava Cazuza de "Zuza", além de brincar de chamá-lo, nesta carta, de "Paracambi" – em alusão ao hospício no Rio de Janeiro

98.

Em 1970, João Araujo viajou a trabalho para Cannes, França. Ao longo dessa viajem, escreveu bastante à esposa e ao filho.

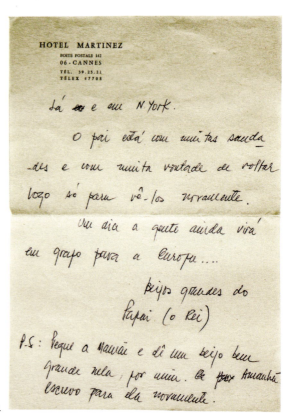
97.

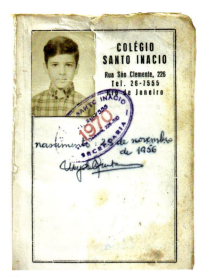

99.

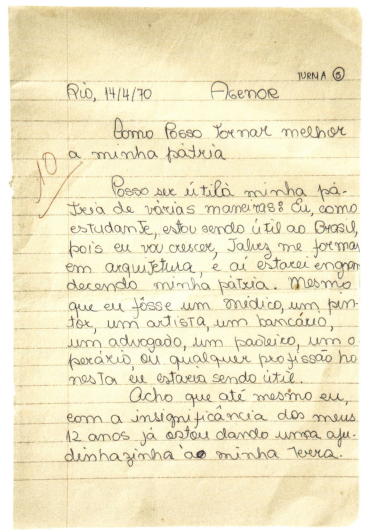

100.

101.

99. Caderneta escolar de Cazuza no Colégio Santo Inácio, 1970. Detalhe: a data de nascimento de Cazuza está errada: o correto é 4 de abril de 1958

100. Boletim escolar: o rendimento na escola começa a cair à medida que aumenta sua rebeldia

101. Redação escolar de Cazuza, escrita em 14 de abril de 1970, quando ele tinha 12 anos de idade: "[...] talvez me formar em arquitetura, e aí estarei engrandecendo minha pátria. Mesmo que eu fosse um médico, um pintor, um artista, um bancário, um advogado, um padeiro, um operário ou qualquer profissão honesta, eu estaria sendo útil"

....

Aos 12 anos, por causa do corpo magro e dos cabelos compridos, calça rasgada, a avó Alice o chamava de "Ney Matogrosso". A rebeldia não estava somente na forma de se apresentar fisicamente, mas principalmente em seu comportamento: seu rendimento escolar caiu bastante e as advertências em suas cadernetas eram constantes.

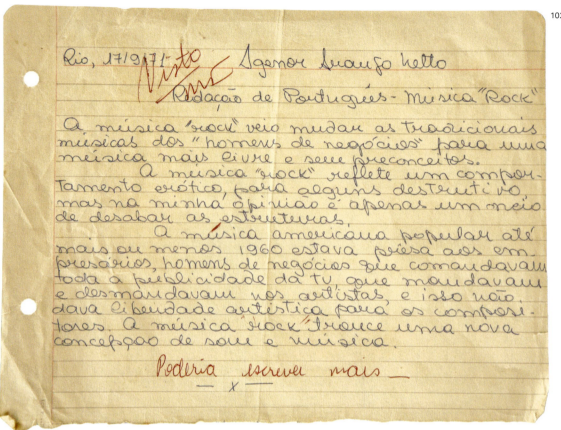

102. Redação escolar escrita em 17 de setembro de 1971, quando tinha 13 anos: "A música 'rock' veio mudar as tradicionais músicas dos 'homens de negócios' para uma música mais livre e sem preconceitos [...] A música 'rock' trouxe uma nova concepção de som e música"

A partir dos 12 anos, Cazuza ficou muito rebelde. E os conflitos se tornaram mais intensos. Eu perguntava sobre a escola, como tinha ido nas provas. Ele respondia que "não sabia". Rasgava as provas, matava aulas. Em algumas provas ia bem, mas na maioria das matérias estava péssimo. Não estudava. Ele não foi expulso do Santo Inácio, como costumava dizer nas entrevistas quando já estava famoso. Ele repetiu de ano, o que não era permitido, então tivemos que trocá-lo de colégio.

E foi assim, ladeira abaixo nos estudos. Transferimos ele de escola diversas vezes: Anglo-Americano, Peixoto, Rio de Janeiro... Aos 20 anos tive que convencê-lo a fazer supletivo no Curso Pinheiro Guimarães, para que pudesse concluir o 2º grau. Nesse período, em 1970, mudamos para o Leblon, Cazuza passou a aprontar ainda mais no Baixo Leblon. Eu passava noites insones preocupada. Ele estava malcriado, já tinha caído na vida, e eu não queria admitir.

Lucinha Araujo

103.

104.

103. Cazuza aos 13 anos, leitor voraz desde menino, posando em sua primeira matéria de revista, 1971

104. Bilhete de Cazuza a Lucinha, com anotação de João Araujo: "e do pai também"

LUGARES ONDE CAZUZA MOROU

1970-1976: Leblon, RJ
Rua Rita Ludolf
Cazuza morou com os pais por seis anos no apartamento do Leblon, esquina com a rua Ataulfo de Paiva, onde ficava a Drogaria Piauí. O adolescente passa a frequentar o Baixo Leblon, tornando-se figura conhecida nos bares e restaurantes, como Real Astoria, Diagonal e Pizzaria Guanabara.

1975: Londres e Paris
Acompanhado do primo Paulinho Müller, Cazuza viajou para Londres e Paris, morou dois meses em cada país. Nessa viagem, conheceu a música de Led Zeppelin, Lou Reed, Rolling Stones e Janis Joplin.

1976: Gávea, RJ
Praça Santos Dumont
Cazuza tinha 18 anos quando morou sozinho nesse apartamento, pelo período de um ano. Foi quando foi aprovado para o curso de Comunicação nas Faculdades Integradas Hélio Alonso – FACHA, após o pai lhe prometer um carro de presente, mas abandonou o curso.

1976-1982: Lagoa, RJ
Rua Tabatinguera
João e Lucinha mudaram-se do Leblon após comprarem o primeiro apartamento na Lagoa. Tinham como vizinhos Marina Lima e Janete Clair. Cazuza morou um curto período com os pais, entre idas e vindas – até decidir viajar para fora do país.

1979: Oakland, Califórnia
Em abril de 1979, Cazuza viajou para os Estados Unidos para estudar Fotografia e Artes Plásticas na Universidade da Califórnia, em Oakland, onde morou por sete meses.

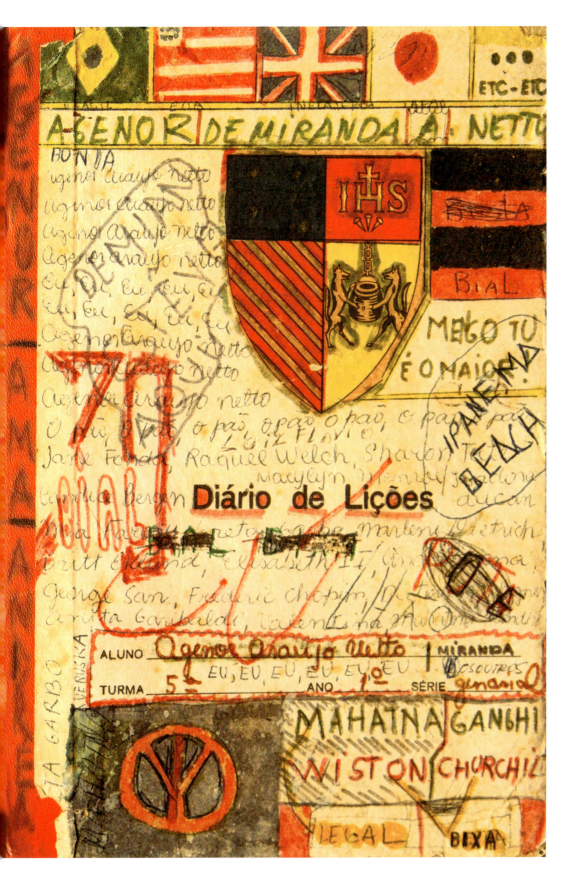

105. Agenda escolar do adolescente Cazuza, Agenor de Miranda Araujo Neto, 1971, quando cursava o 1º ano ginasial

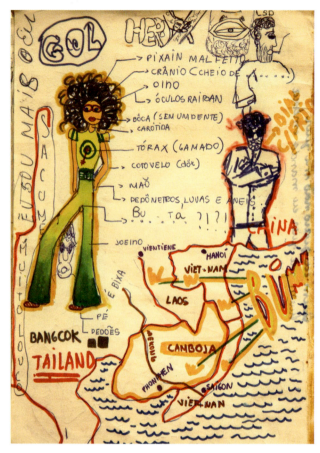

106. Páginas da agenda escolar de Cazuza: criatividade intensa. Personagens, histórias e desenhos de mapas – mania que se estendeu ao longo da infância e adolescência

107. Em 1971, Cazuza desenhou seu túmulo no "Cemitério do Caju", marcando a morte em 1975, aos 17 anos

107.

Na adolescência, apesar da rebeldia, Cazuza foi bastante mimado pelos pais: recebia uma mesada generosa, além de reforços financeiros quando necessitava. Nessa fase, costumava passar férias na casa dos avós e passear com os amigos mais próximos, como Ricardo Quintana. Aprendeu a dirigir aos 12 anos: Lucinha permitia que o filho pegasse o carro sem que tivesse carteira de habilitação. Por conta das drogas, Cazuza era detido por policiais e seus pais eram extorquidos para que fosse liberado e não fosse fichado como usuário de drogas.

108. Cazuza aos 12 anos no sítio do amigo Ricardo Quintana, em Rio Bonito, interior do estado do Rio de Janeiro

109. Cazuza aos 13 anos segurando a prima Fabi, filha de Maria Christina, irmã de Lucinha

Fui irresponsável ao permitir que Cazuza dirigisse o meu carro sem habilitação. O João era completamente contra, eu fazia isso escondida dele. Perdi a conta de quantas vezes Cazuza bateu meu carro. Ele era apaixonado por carros, desde criança. Quando eu e João nos casamos, nosso primeiro carro foi um Dauphine, depois compramos um Gordini. Lembro de Cazuza dizendo que era um carro fraco, que eu deveria ter um Fusca. Ele fez isso com todos os carros, era um inferno. Estava sempre insatisfeito!

Lucinha Araujo

110.   111.   112.

110 / 111 / 112. Anotações de advertências na caderneta do Colégio Santo Inácio, resistência à formação católica: "Advertido por não ter até hoje a Bíblia"

113.

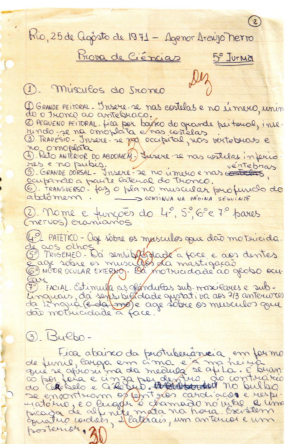

114.

113. Caderneta escolar de Cazuza: faltas e notas baixas

114. Prova de Ciências realizada no dia 25 de agosto de 1971: uma das poucas matérias em que Cazuza tirava boas notas, apesar da fase de rebeldia

115. Cazuza com a turma e os professores do Colégio Santo Inácio, cursando o que conhecemos hoje como Ensino Fundamental II, 1972. Cazuza está em pé, o primeiro da esquerda, atrás dos professores

Nos divertimos muito nessa fase, fizemos muita farra. Várias vezes, no fim da noite, aparecia um violãozinho e ficávamos cantando blues até às cinco da manhã. Lembro que numa dessas noites, cantando no meio da rua, nos atiraram ovos na cabeça. Eram os moradores indignados dos apartamentos! Era uma fase de descobertas, fazíamos muitas farras. Tocávamos violão, cantávamos, líamos poesia.

Pedro Bial

De 1970 a 1976 Cazuza morou com os pais no apartamento do Baixo Leblon, na rua Rita Ludolf, esquina com a rua Ataulfo de Paiva. Desde pequeno, apresentou-se transgressor. No entanto, a rebeldia cresceu na adolescência, embora sua mãe quisesse que ele fosse o filho perfeito. A partir de 1972, aos 14 anos, a relação com os pais chegou ao limite do insuportável. Se antes Cazuza apresentava-se como um menino tranquilo, agora se colocava como um adolescente agressivo que fazia de tudo para chocar sua família: dormia sem hora para acordar, parou de estudar, tomava porres homéricos. Aos 15 anos, Lucinha descobriu que ele estava fumando maconha e bebendo álcool. As primeiras pistas apareceram quando Cazuza e alguns amigos deram uma festa no apartamento do Leblon, a empregada encontrou comprimidos e restos de cigarros espalhados no chão. Depois desse episódio, Lucinha passou a encontrar maconha em casa com frequência entre os pertences de Cazuza. Nessa época, ele já desafiava a autoridade da mãe, escondendo as cadernetas escolares, boletins com notas baixas e advertências. No final do primeiro ano ginasial, ficou de recuperação em três matérias. Com medo da reação da mãe, foi buscar abrigo no escritório do pai, na Som Livre.

Em plena ditadura, a gente fazia coisas muito loucas mesmo – saíamos na rua viajando de ácido, uma época fechada, anos 1970, quando ninguém falava nada. E éramos presos: éramos uma ameaça... A gente só andava em tribo, para nos protegermos da polícia, inclusive. Porque era uma época em que a gente apanhava da polícia por qualquer coisa. Tinha blitz para pegar filhinho de papai com baseado no bolso...

Cazuza

Minhas influências literárias são completamente loucas. Nunca tive método de ler isso ou aquilo. Lia tudo de uma vez misturando Kerouac com Nelson Rodrigues, William Blake com Augusto dos Anjos, Ginsberg com Cassandra Rios, Rimbaud com Fernando Pessoa. Adorava seguir Carlos Drummond de Andrade em seus passeios por Copacabana. Eu me sentia importante acompanhando os passos daquele Poeta Maior pelas ruas à tarde. Mas meu livro de cabeceira foi sempre *A descoberta do mundo*, de Clarice Lispector. Adoro acordar e abri-lo em qualquer página. Para mim, sempre funciona mais que o *I Ching*. As minhas letras têm muito desses "bruxos" todos.

Cazuza

116.

116. *Flâuner:* O poeta Carlos Drummond de Andrade passeando pelas ruas do Rio de Janeiro, 1982

Aos 14 anos, o adolescente Cazuza tinha a mania de seguir os passos do poeta Carlos Drummond de Andrade nas proximidades da rua Conselheiro Lafaiete, em Copacabana, no Rio de Janeiro, onde morava o poeta mineiro.

117. Cazuza aos 14 anos no aeroporto Santos Dumont, embarcando pela primeira vez para a Europa, em viagem com sua mãe, Lucinha, 1972

A descoberta que Cazuza usava drogas caiu como uma bomba em nossas vidas, minha e do João. Foi em 1973, um escândalo. Ele começou a fumar maconha na adolescência, fiquei em choque. A empregada lá de casa sentiu cheiro de maconha e me contou. Fui vasculhar as coisas dele e encontrei um embrulho de jornal amassado. Abri, cheirei, não tive dúvidas: era maconha! Fiz aquela droga sumir da minha casa jogando tudo no vaso sanitário, dei descarga. Cazuza ainda teve a ousadia de me dizer: "Você tem ideia do que você fez? Maconha de primeira. Jogou meu dinheiro fora!" As cenas se repetiam. Era sempre a mesma coisa, eu encontrava drogas, jogava tudo fora, brigava, chorava, tentava conversar... Mas da maconha Cazuza passou a usar drogas mais pesadas. E só descobri porque li uma carta que ele escreveu da Bahia para uma amiga que ia encontrá-lo. Ele dizia: "Vai afiando as narinas que o pó aqui é ótimo e de bom preço".

Lucinha Araujo

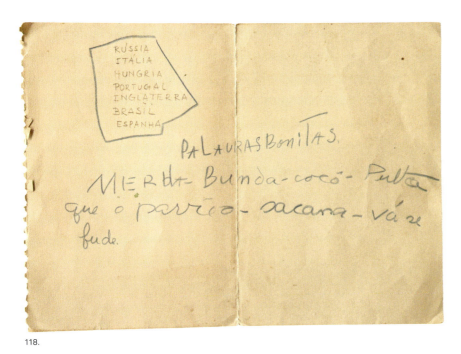

118. Página de caderno de Cazuza com anotações de "palavras bonitas", 1973. Nessa fase, aos 15 anos, Lucinha chegou a passar pimenta na boca de Cazuza para que ele não falasse mais palavrões. Ao alto, à esquerda, um pequeno mapa com os nomes de países

Eu não o tinha como filho de patrão, sabe? Ele era uma pessoa assim... Como gente minha. Passei a amar Caju demais, pelo modo como ele me tratava. Ele chegava para mim e falava assim: "Pô, neguinha, você é uma pessoa simpática, se arruma tão bem... Por que você não arruma uma escola, vai estudar?" Eu falava: "Não tô nessa, não tô pensando nisso. Eu quero mesmo é me casar..." E ele: "Que coisa mais careta! Que casar o quê?! Para com isso, negócio de casamento, isso já era!" Ele me ensinou muita coisa... Fez muito a minha cabeça.

Teresa Batista da Silva

119. "Amigos de Cazuza falam sobre ele": Teresa Batista da Silva no especial "Ideologia", produzido e exibido pela TV Brasil na década de 1990

120.

Teresa Batista cansada de guerra perde prá você, hein, meu bééééemm! um conselho: divide o teu dia assim: de manhã, pensa no vida, de noite em putaria, pofque pensar em putaria 24 hs é foda!

Nesses momentos de seriedade depois de escovar os dentes, vê se se situa e vai aprender a escrever, em véz de ficar mandando os outros escreverem cartas por você, ô Maria Mole! Pede pra mamãe te pagar uma alfabetizações, não vai custar nada ele te dar uma mão.

Poffue as patroas são muito boazinhas e simpáticos mas na hora que a empregada quer sair de tarde pra estudar ficam na maior branco, espero que a D. Úrsia esteja de cabeça fria e te dê força. É inconcebível uma pessoa não saber escrever, vê se bota isso na cabeça. E eu sei que você se sabe escrever mais ou menos, não é de todo analfabeta, não vai ser difícil. Quanto a sacanagem vai firme, quanto mais melhor. Sabia que existe uma tese de que repressão sexual dá cancer

Em outras palavras, se você tá com tesão e fica segurando, reprimindo, as células do corpo vai ficando doentes, bicho, pode crer! Dá esse recadinho pra Cida, prá ela se situar mais.

Por aqui tá tudo joia, já mandei as notícias pela carta da Cida, pede pra ela deixar você ler. Tô torcendo pra você agarrar seu homem, ou então vários, tanto faz.

abraços

Cazuza

120. Carta de Cazuza escrita na década de 1970 a Teresa Batista, funcionária da família Araujo por mais de vinte anos

121.

122.

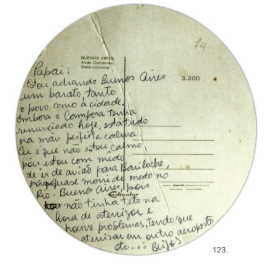
123.

Em 1974, Cazuza viajou com a mãe Lucinha e a avó Alice para a Argentina. O passeio por Buenos Aires foi a última viagem da confidente e amiga de Cazuza, "vó Lice", que faleceu no ano seguinte.

121. Cazuza cercado por amigos em viagem à Bariloche, 1973

122 / 123. Cartões-postais escritos por Cazuza enviados a João durante viagem para a Argentina com Lucinha: "Como é, tem curtido muito sem a gente aí? [...] Ps. Mamãe está impossível, anda dando uma sorte com os argentinos! (Pensam que sou irmão dela, e ela não desmente)"

124.

124. Cazuza aos 15 anos com sua câmera super 8: "Câmera na mão e ideias na cabeça"

125. Frames do filme super 8 de Cazuza no Rio de Janeiro e em Vassouras, 1973. Nos dois primeiros quadros, Cazuza no píer em Ipanema; nos outros quadros, com Lucinha em Vassouras, com a cadela Sunny e Rita (filha de Antonia) e, por fim, em visita às avós Maria José e Alice (respectivamente, à esquerda e à direita do neto)

....

O adolescente ganhou a filmadora, na época uma raridade no Brasil, de presente do pai, João Araujo. Cazuza mostra interesse na criação, gostava de escrever roteiros e dirigir os primos. As férias em Vassouras eram pura diversão.

125.

Jornalista, ator de teatro. Nada deu certo. Eu me lembro de que tinha muita consciência do momento barra-pesadíssimo que estávamos vivendo. Lia e discutia muito com meu pai. Aliás, política era a única coisa na qual a gente se afinava. O resto era só briga. Meu pai e minha mãe queriam me superproteger, sou filho único, e eu batalhava pela minha independência. Foi depois dessas brigas com meu pai que fugi de casa.

Cazuza

A relação de Cazuza com seu pai, João Araujo, foi tão intensa quanto complicada. Apesar das diferenças, João amou imensamente o filho. Sem dúvida, o nascimento de Cazuza foi um grande acontecimento na vida de João e Lucinha, fruto de muito amor. Assim como a sua passagem meteórica pela Terra. A viagem à Bahia, antes de acontecer, rendeu uma briga séria entre Cazuza e seu pai, saíram no tapa – para o desespero de Lucinha. O resultado foi Cazuza saindo de casa, prometendo não voltar. Lucinha tinha notícias dele pelo amigo Ricardo Quintana, mas o retorno teve de ser intermediado pelo padrinho José Müller, casado com a irmã de João, Thereza. Cazuza voltou para a casa dos pais afirmando que seria temporário, pois buscaria um emprego para se sustentar.

126.

126. Cazuza abraça a sua avó paterna, Maria José, ao lado do pai, João Araujo, em Vassouras, maio de 1974

127.

128.

129.

127. Cazuza e Lucinha na casa dos avós, com familiares, em Vassouras, 1974

128. Cazuza com a cadela Sunny, no quintal dos avós, em Vassouras, 1974, acompanhado das primas Fabi (à direita), Maria Alice (à esquerda), e Rita (ao fundo), filha de Antonia, empregada da família durante anos

129. Detalhe do túmulo de Alice da Costa Torres, a vovó Alice, em Vassouras, com o poema de Cazuza em placa de bronze

Os outros avós de Cazuza, Thomaz Portella da Silva, Maria José Pontual Rangel e Agenor de Miranda Araujo (1896-1954), também estão enterrados no Cemitério Nossa Senhora da Conceição, em Vassouras. O cemitério é famoso por abrigar a "Flor de Carne", uma espécie de coloração vermelha escura e com forte cheiro que brota sempre próximo do Dia de Finados. A misteriosa flor nasce no túmulo do Monsenhor Rios, a quem é creditada uma série de milagres registrados nos ex-votos oferendados ao redor do túmulo.

130.

130. Cazuza em sua fase hippie, em Ipanema, 1975: cabelos compridos, jeans, sandália japonesa e ideias libertárias

131. Cazuza e Goga em Ipanema, 1975: amor que se transformou em amizade de vida inteira. Maria da Glória Pato Gonçalves, a Goga, foi sua primeira namorada. Goga e Rita Matos foram casadas por vinte anos, entre 1978 e 1998. O poema "Rita", cujo título recebeu o nome da amiga, faz referência ao casal

Conheci o sexo aos 15 anos. Meus amigos todos há muito já transavam mulheres e eu ficava preocupado com o lado romântico da coisa. Por isso, nunca procurei prostitutas como eles e só conseguia um relacionamento se a parceira fosse minha namorada.
A primeira foi uma mais velha e me deu grandes lições de sexo. De cara tirei diploma. Aí saí dali e contei tudo ao meu pai.

Cazuza

Rita

[*à Rita Matos*]

Você seduziu
A chave da minha vida
E eu te vi inteira
Besteira é ciúme costumeiro
Pode levar o meu passado
Pode nadar na beira
Do escracho que eu esqueci
Querida Ceci
índia na Esgueira
O teu maior amor
Foi a minha
Mais linda besteira
Te amo

(Cazuza, 1988)

131.

Conheci Cazuza em Itaipava num sítio da família do Caco Perdigão, em 1973. Eles estavam hospedados com uma banda de rock. Cazuza tinha 15 e eu 20 anos, me apaixonei pelo ser dele. Eu o chamava de "sopa de letrinha", por causa da língua presa. Era uma época que rolava um baseado e ficávamos curtindo juntos. Rolou um namoro curto, durou um ano. Depois ele namorou a Andrea, uma gêmea que morava no Leblon. Então, nos tornamos grandes amigos, mas o amor permaneceu. Logo comecei a namorar a Rita... Cazuza era livre, se relacionava com quem desejava. Mais adiante estive junto, quando ele adoeceu. Chegamos a passar um *réveillon* juntos. Mas era outra fase, ele lutava para viver, ficava muito calado. Cazuza tinha muita esperança na vida. Sinto muita falta dele. Era muito carinhoso comigo, além de ser alegre, inteligente e, acima de tudo, um amigo. Grande defensor dos amigos, não tinha nenhum tipo de preconceito.

Goga

A primeira vez que Cazuza foi à Bahia, em 1978, foi visitar a Goga e eu, que havíamos mudado para lá. Depois, quando voltamos a morar no Rio, nos víamos com mais frequência. Íamos muito à praia e fazíamos passeio na lancha dele, nas Ilhas Cagarras. Cazuza ficou com certo ciúme quando comecei a me relacionar com a Goga, escreveu até um poema sobre essa situação. Nós tínhamos uma amizade bonita, uma sintonia. Tenho até hoje um amor profundo por ele. Quando já estava doente, lembro que fomos passar o Natal de 1988 com ele. Tenho a sensação que foi viajar e que irá voltar a qualquer momento. Cazuza nos deixou uma obra maravilhosa e é isso o que vale.

Rita Matos

Essa canção é um retrato de Cazuza, de uma época. Gravei algum tempo depois de sua partida, nos anos 1990. Imagine: quando nos conhecemos, tínhamos uns vinte e poucos anos... Eu me lembro da primeira vez que o vi, chegando na Gafieira Elite, no Centro do Rio. A Lucinha falava muito do filho dela, foi uma sintonia imediata.

Sandra de Sá

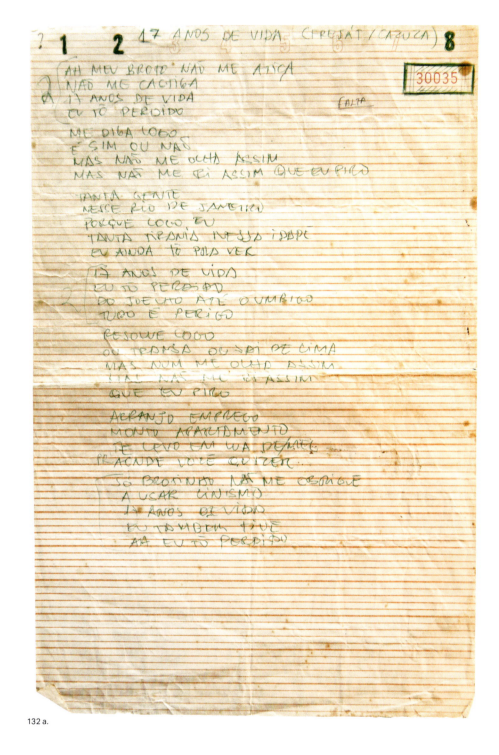

132 a.

A primeira gravação da canção "17 anos" foi realizada pela cantora Sandra de Sá, que conheceu Cazuza no início dos anos 1980, por intermédio da atriz Fafy Siqueira. Sandra de Sá até hoje grava as canções do amigo.

132 a/b. Originais de Cazuza: "17 anos" (Cazuza, 1975/ Roberto Frejat, 1983) e, na página seguinte, "Poema" (Cazuza, 1975/Roberto Frejat, 1998), 1975 – dedicado à avó paterna, Maria José

109

Poema

~~eu hoje acordei com muito medo~~
~~e me lembrei de um tempo~~

eu hoje tive um pesadelo. (wonderful)
e levantei atento, a tempo
eu ~~????~~ acordei com ~~?????~~ medo.
e procurei no escuro.
alguem com o seu carinho.
e lembrei de um tempo...

porque o passado me traz uma lembrança.
de um tempo que eu era uma criança.
e o medo era MOTIVO de choro.
desculpa pra um abraço, um consolo.

hoje eu acordei com medo
mas não chorei, nem reclamei abrigo.
do escuro eu via o infinito
sem presente, passado ou futuro
senti um abraço forte, e já não era medo
era uma coisa que ficou em mim
e que não tem fim.

derrepente a gente vê que perdeu
ou está perdendo alguma coisa
morna e enferma que vou
ficando no carinho que é
escuro e frio mas tambem
bonito porque é iluminado
pela beleza do que aconteceu
a minutos ou anos atras.

Caguza — 1975
p/ Vovó Maria

"Poema" foi escrito por Cazuza aos 17 anos, em 1975, para a avó Maria José Pontual Rangel. Tempos depois, musicado por Roberto Frejat, a pedido de Lucinha Araujo, se tornou um hit na voz de Ney Matogrosso.

É emocionante cantar um poema de Cazuza escrito na adolescência, a poesia dele tem muita força. Os versos de Cazuza não envelhecem. Em todos os lugares em que passo, na hora em que começo a cantar, as pessoas levantam, choram... Não sei explicar. É uma conexão direta. E não é somente esse poema, mas muitos outros que permanecem atuais: "Brasil", "Pro dia nascer feliz", "Faz parte do meu show"...

Ney Matogrosso

A minha sogra, Maria José, avó paterna de Cazuza, viveu cem anos. Ela cobrava um poema sempre que encontrava Cazuza, dizendo: "Não espere eu morrer para fazer uma poesia para mim, faça enquanto estou viva!" Certo dia, ela me disse que Cazuza havia feito uma poesia para ela, mas que ela não mostraria a ninguém. O tempo passou. Quando Cazuza morreu, resolvi juntar tudo que fosse relacionado à sua obra e, então, solicitei o poema. Ela me respondeu que "o poema era um presente de Cazuza, não poderia simplesmente dar". Após oito anos da morte de Cazuza, Maria José faleceu, então as filhas dela me perguntaram o que eu queria de lembrança da matriarca. Pedi o que ela tivesse do Cazuza, além de uns LPs que ele havia autografado. Recebi uma caixinha que guardava um papel dobrado: era o manuscrito de "Poema". Ao ler o poema inédito, enviei para o jornal *O Globo* publicar, depois pedi que Frejat musicasse os versos para Ney Matogrosso cantar. Nos últimos anos, a canção viralizou entre os mais jovens nas redes sociais por causa do Dia dos Avós. É emocionante a força da poesia de Cazuza!

Lucinha Araujo

133.

Quando eu era garoto, queria ser um grande arquiteto e só me interessava em ficar fazendo mapinhas da cidade, traçando ruas e desenhando edifícios. Essa mania acabou quando resolvi fazer vestibular e percebi que não dava para Matemática. Como fazia mapas, fazia poesia às escondidas de meus pais, porque era um romântico, um cara cheio de dores de cotovelo.

Cazuza

133 / 134 / 135. Cazuza aos 17 anos na sua primeira viagem à Europa, 1975/1976: Londres, Paris e Amsterdã no roteiro do jovem poeta. Na foto da página seguinte, Cazuza na Place des Vosges, Paris

134.

135.

A viagem foi uma loucura, pois Cazuza já era incontrolável, ao contrário de Paulinho, que mesmo muito jovem já era responsável. Com medo de avião, Cazuza tomou um porre. Desceu no aeroporto de Heathrow bêbado e perdeu o passaporte.

Lucinha Araujo

Em 1975, aos 17 anos, Cazuza fez uma longa viagem ao exterior com Paulinho Müller, filho de amigos de seus pais. Foram para a Inglaterra estudar inglês e conheceram Paris e Amsterdã. Foi uma viagem importante para a formação cultural de Cazuza. Além de conhecer *pubs*, assistiu a muitos filmes, peças de teatro, e comprou discos.

136.

137.

136. Paulinho Müller em Paris, fotografado por Cazuza

137. Cazuza a caminho de Amsterdã, fotografado por Paulinho Müller

Fomos, eu e Cazuza, para Londres aperfeiçoar o inglês. Éramos muito jovens, nossos pais eram grandes amigos. Lembro que a primeira coisa que o Cazuza fez ao chegar em Londres foi perder os documentos e dinheiro no aeroporto. Depois voltamos lá, encontraram tudo e nos devolveram. Nós íamos ao cinema todos os dias, foi uma viagem cultural. Toda semana comprávamos a *Time Out* e escolhíamos as peças de teatro e os filmes que queríamos assistir. Assistimos a grandes musicais: *Hair*, *Jesus Christ Superstar*... Shows do Elton John no começo da carreira. Cazuza me levou para assistir ao show da banda de rock britânica The Who. Chegamos a ir para Paris num final de semana. Depois fomos para Amsterdã de carro, curtir a cidade, conhecer toda aquela liberdade. Também fomos à Escócia de trem... Além de ter ido à Suíça para encontrar o tio João em Megève. Foi uma viagem importante para nós dois. Depois cada um seguiu seu caminho: Cazuza foi para a carreira artística e eu fui estudar medicina. Nos reencontramos em meados dos anos 1980, quando ele já estava doente e eu atuava como médico. O amor é imenso, um irmão que fez parte da minha vida.

Paulinho Müller

> Aos 14 anos, passei umas férias em Londres, com um primo mais ajuizado. E foi uma abertura. Passei a ouvir Janis Joplin o dia inteiro. Quando comecei a compor, acabei misturando tudo isso. Quando eu vi a Janis Joplin cantando, foi uma coisa toda nova na minha vida, uma grande mudança...
> *Cazuza*

> Foi nos anos 70 que Cazuza começou a curtir o trabalho de Jimi Hendrix, Mick Jagger, e Janis Joplin – ela foi uma grande paixão musical, que levou Cazuza a redescobrir o blues. Outra paixão foi a Billie Holiday. Ele leu a autobiografia da Billie, *Lady Sings the Blues*, devorou o livro. E amava rock, blues. E também dor de cotovelo, era apaixonado por Lupicínio Rodrigues.
> *Lucinha Araujo*

138. Janis Joplin no Copacabana Palace, Rio de Janeiro, durante visita ao Brasil, fevereiro de 1970. Cazuza tinha Janis como uma referência: identificava-se com a música, a liberdade e a rebeldia da cantora. Em seu apartamento, tinha um pôster de Janis Joplin e outro de Jimi Hendrix – referências fundamentais em sua formação

139. Cazuza em seu apartamento, na Praça do Jockey, onde mantinha na sala um enorme pôster de Jimi Hendrix

Em 1986, em entrevista realizada por Teresa Cristina Rodrigues para a TV Manchete, Cazuza aparece sorridente, sem camisa, em frente ao pôster de Jimi Hendrix, falando sobre seu processo de criação: "Ontem não fui ao Baixo Leblon, não. Eu fiquei escrevendo, trabalho de madrugada. Eu só tenho inspiração de madrugada. Normalmente escrevo de madrugada, sob efeito de alguns uísques, e de manhã eu copidesco o que escrevi". Em determinado momento, a repórter pergunta: "Jimi Hendrix está ali. Quem é ele para você?" Cazuza responde: "Quando eu o vi tocando guitarra, e a Janis cantando... Que é mais ou menos parecida a distorção da guitarra dele com a distorção da voz da Janis. Então, é uma coisa superdiferente da época. Me deu uma ideia de liberdade, de raio, de libertação... Depois que ouvi ele tocar guitarra e a Janis Joplin cantar, eu achei que podia tudo também. Podia também ser um raio de energia, podia ser contra tudo. Enfim, que eu podia ser uma pessoa do jeito que eu sonhava. [...] Eles são os verdadeiros exagerados".

140.

141.

140 / 141. Cazuza aproveita a viagem a Londres para estudar inglês e ir ao cinema, uma das suas grandes paixões: "O que eu e o Paulinho temos badalado não tem sido fácil. Vamos ao cinema todo dia (já vi *Barry Lyndon*, do Kubrick, *Tommy*, *O último tango*) e hoje fomos ver *A Dog Day Afternoon* [*Um dia de cão*], um filme com o Al Pacino sobre um assalto, genial", 19 de janeiro de 1976

142 / 143.

142 / 143. Carta de Cazuza ao chegar em Londres pela primeira vez, aos 17 anos, com o primo Paulinho Müller. A viagem que fez sua cabeça: "Já me ambientei com a vidinha aqui em Londres, ontem fui à National Gallery, vi quadros maravilhoso de Lautrec, Picasso, Renoir, Rembrandt, Van Gogh, Rubens, Pissarro e outros que não lembro agora. Eu e o Paulinho já compramos ingressos para dois shows de rock e temos vistos filmes maravilhosos, que nunca passarão no Brasil"

144. *Sunflowers Print*, de Vincent Van Gogh, c. 1888, The National Gallery, Londres

145. *Fox Hill, Upper Norwood*, de Camille Pissarro, 1870, The National Gallery, Londres

144.

145.

119

Rio, 21/1/76

Querido filho,

É muito angustiada que escrevo para você neste momento. Acabo de falar com a Maryse no telefone, e ela acaba de receber a 2ª carta do Paulinho, enquanto que nós somente temos aquele lacônico cartão dizendo que está até em pensar separado dele.

Sinceramente não entendo o que está acontecendo! Que história é esta de pensões separadas, sala de aula separada, se vocês viajaram juntos para minha (nossa) tranquilidade?

Espero ansiosamente notícias detalhadas porque este desencontro todo, o que custa para você escrever uma carta para minha tranquilidade? francamente, estou decepcionada com você. Desconfio que está repetindo aquela do reveillon — ficou na casa da sua tia e se mandou para outro lugar sem nosso conhecimento.

Calculo que esta história toda já estava nos seus planos, e estou boquiaberta com a sua falta de consideração comigo.

Aguarde um telefonema meu, assim que eu conseguir.

O endereço da Patrícia é:

<u>29 mastter Street   London W3</u>

Beijos

Mamãe

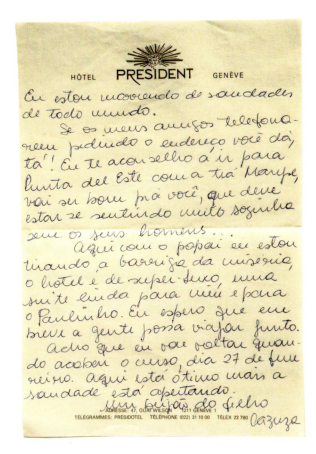

147.

146. Carta de Lucinha a Cazuza sobre o intercâmbio em Londres: "Sinceramente não entendo o que está acontecendo! Que história é essa de pensões separadas, sala de aula separada, se vocês viajaram juntos para minha (nossa) tranquilidade?", 21 de janeiro de 1976

147. Cazuza escreve de Genebra, onde foi esquiar, contando sobre a vida em Londres: "A comida na Inglaterra é horrível, exceto no Spaghetti House…", 1º de fevereiro de 1976

148.

Aos 17 anos comecei a descobrir que meus poemas podiam ser letras de músicas, mas só assumi isso aos 23, quando entrei para o Barão Vermelho. Além disso, procurei conhecer tudo sobre o teatro, pois sabia que era um veículo pra me tornar cantor. Fui falar com o Perfeito Fortuna, do Circo Voador, pra entrar no seu curso de teatro. Comecei, então, a ensaiar a peça do curso, *Paraquedas do coração*. Cheguei a me empolgar no dia da estreia, quando o Leo Jaime, que também estava na peça, me falou que conhecia um grupo musical que estava se formando e procurando um vocalista. Era um tal de Barão Vermelho. Fui no dia seguinte ao encontro deles e minha história começou.

Cazuza

148. Cartão-postal de Cazuza enviado a Lucinha sobre a vivência em Londres: "A cidade é linda, parece um brinquedo", anunciando a viagem de trem para Amsterdã

149. Carta de Lucinha a Cazuza sobre o intercâmbio em Londres: "Estou embasbacada, mas não surpresa com a sua performance com o dinheiro...", 5 de fevereiro de 1976

150. Cazuza aos 18 anos, 1976

151 / 152. Cazuza e Lucinha no seu aniversário de 18 anos, no apartamento da rua Tabatinguera, na Lagoa, 1976. Cazuza e seu primo, companheiro de viagens, Paulinho Müller

153. Cazuza em casa com os pais e a amiga da família, Maryse Müller, mãe do Paulinho, 1976

154.

Com a energia em ebulição, Cazuza frequentou a Frenetic Dancin'Days Discotheque, fundada em agosto de 1976, no Shopping da Gávea, pelo jornalista e produtor musical Nelson Motta. Além do jovem Cazuza, o lugar era frequentado por artistas como Glauber Rocha, Cacá Diegues, Maria Bethânia e Sônia Braga. Foi na sua pista que nasceram As Frenéticas, que Cazuza curtiu com os amigos adolescentes.

154. A famosa discoteca Frenetic Dancin'Days no Shopping da Gávea, década de 1970

A primeira lembrança que tenho de Cazuza é de um pouco mais que adolescente, animadíssimo, bebendo, dançando e falando alto: um dos frequentadores emblemáticos da Frenetic Dancin'Days, em meados dos anos 1970, a primeira discoteca brasileira. O Dancin acabou após três meses de festa ininterrupta e Cazuza seguiu. [...] Poucos terão, como Cazuza, vivido, aprendido e ensinado tanto de si para a vida – em forma de total e vertiginosa entrega às grandezas e às misérias da condição humana – e para a arte – em que transformou o que viveu tão intensamente em talento, coragem e determinação. Entre delícias e sustos, gargalhadas e sobressaltos, foi um privilégio conviver com ele e testemunhar a construção sólida do grande poeta que adivinhei no adolescente que enlouquecia na pista do Frenetic Dancin'Days.

Nelson Motta

155 / 156 / 157 / 158. Carteira de Habilitação, Certificado de Alistamento Militar e Certificado de Dispensa de Incorporação, 1976

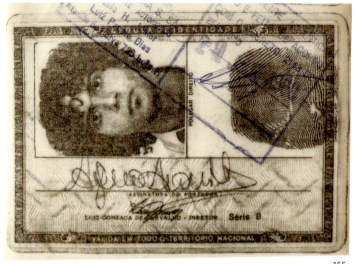

155.

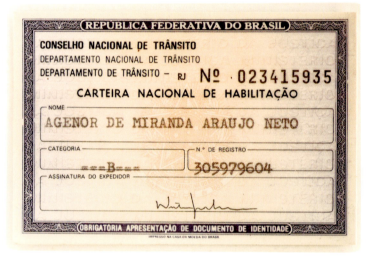

156.

Eu tinha feito vestibular para Comunicação porque meu pai tinha me prometido um carro. Sempre fui trabalhar de carro... Bom, então fiz vestibular, passei, e desisti lá pela terceira semana. Aí falei para meu pai que não tava a fim de estudar, e ele falou: "Então vem trabalhar comigo". Fui pra Som Livre. Trabalhei lá dois anos. O Lulu Santos também estava fazendo produção. Eu selecionava repertório. Mandavam milhares de fitas de gente nova e eu ouvia. De cem, tirava uma boa, que mandava pro Guto Graça Mello. Eu fazia comunicados internos, textos de releases do Jorge Ben, do Moraes Moreira. Uma vez teve um show de um conjunto, nem me lembro qual, que eles puseram meu texto na porta do teatro. Fiquei encantado.

Cazuza

Cazuza dirigia muito antes de ter carteira de motorista, mas quando completou 18 anos tirou a habilitação e passou a planejar viagens com os amigos no seu carro, um Fiat 147. Nas escadarias da Escola de Artes Visuais do Parque Lage, no Jardim Botânico, o amigo e fotógrafo Marcos Bonisson aceitou o convite de Cazuza para ir de carro até Ouro Preto, junto com a amiga Carla Mourão. A viagem gerou a série *A Presença Vermelha*, em que Cazuza surge na paisagem com um cobertor vermelho.

Em 1978, pedimos ao Durval Ferreira, diretor da RGE, do grupo Sigla, uma oportunidade para o nosso filho. Então, Cazuza foi convidado a trabalhar como divulgador de artistas. Nessa época, a Sandra de Sá gravava com eles... Cazuza adorava ela, se tornaram amigos, depois se tornou padrinho do filho dela. O trabalho tinha validade e ele não gostava. Logo depois, ele saiu e resolveu que ia estudar fora do país.

Lucinha Araujo

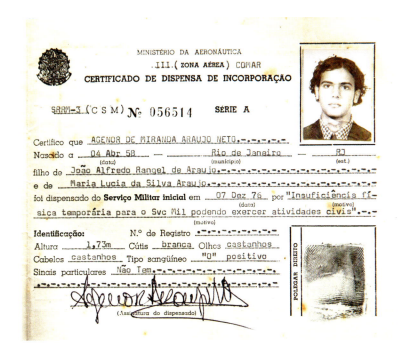

157.

Rumo à profissionalização: Aos 18 anos, Cazuza tira os documentos de Identidade, Carteira de Habilitação e Certificado de Dispensa Militar. E, aos 20 anos, tira a Carteira de Trabalho e começa a trabalhar na Som Livre com seu pai, João Araujo, presidente da empresa. O incentivo dos pais para Cazuza trabalhar foi uma forma de tentar afastá-lo das drogas.

158.

Conheci o Cazuza na praia, à noite, com a "tchurma": Goga, Torquato de Mendonça, Tavinho Paes...
Isso foi muito antes do Cazuza ser o Cazuza. Foi uma viagem inesperada, eu e Cazuza estávamos no Parque Lage, onde eu fazia um curso, quando ele veio com essa ideia.
Fomos do Rio para Minas Gerais, Ouro Preto: eu, ele e Carlinha no famoso Fiat 147. Foi num feriado de Semana Santa, uma viagem linda de cinco dias. A Lucinha tinha mandado para Cazuza um cobertor supermacio, uma lã especial de cor magenta. E nós adoramos.
Quando paramos no acostamento, começamos a brincar e a fazer as fotos, que intitulei de imediato de "A Presença Vermelha".
Esse trabalho surgiu como uma brincadeira com a cor vermelha, mas tinha uma alusão àquele momento histórico político: o vermelho perseguido pela ditadura militar. Depois fui criando outros sentidos: a lascívia, a pulsão de vida, no *on the road* que criamos.

Marcos Bonisson

159. Cazuza e Carla Mourão em viagem a Ouro Preto com Marcos Bonisson

160. Cazuza e o seu cobertor vermelho: a brincadeira que se transformou num ensaio do artista e amigo Marcos Bonisson

159.

160.

161.

162.

161. Xicão Alves, Marcos Bonisson e Carla Mourão fotografados por Cazuza durante viagem a Lumiar, em Nova Friburgo, 1976

162. Cazuza (apoiado na ponte), Valeska Pollo (à esquerda), Carla Mourão e Xicão Alves (à direita) fazendo trilha na floresta em Lumiar, 1976

163.

163. "A Presença Vermelha" (1976-1977) in *Espectra*, Marcos Bonisson (Piscina Pública, 2022)

164. Cazuza e Ricardo Quintana, o Kiki D'Orsay, colega do Santo Inácio, na cobertura de Lucinha e João, 1978

165. Na piscina com amigos, 1978: Cazuza no colo de Moniquinha, sua vizinha no Leblon, Xicão, de óculos, Eliane Brito empurrando Ricardo Quintana

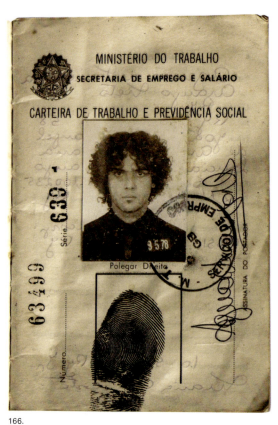

166.

166 / 167. Carteira de Trabalho de Cazuza. Em 1978, conseguiu seu primeiro emprego com carteira assinada, na Som Livre, onde seu pai era presidente. Trabalhou como assessor de divulgação

Cazuza ingressou nas Faculdades Integradas Hélio Alonso – FACHA em 1978. Abandonou o curso de Comunicação rapidamente para trabalhar com o pai na gravadora Som Livre. Mudou-se algum tempo depois para São Francisco. Lá teve contato com a literatura *beat*, sendo altamente influenciado por ela.

167.

Meus pais foram muito compreensivos quando comecei a dizer em entrevistas que era bissexual. Só achavam que eu estava exagerando, me expondo, mas esse é o papel deles. Se há alguma coisa errada, é comigo. Procuro as respostas através da vida. Quando ficar velhinho e morrer, ninguém vai mais lembrar desse meu lado. Só a música vai ficar. É só isso que o público vai levar do Cazuza.

Cazuza

168.

168. Cazuza e Ney Matogrosso no famoso baile de Carnaval no Morro da Urca, organizado por Guilherme Araújo, 1978

Cazuza conheceu Ney Matogrosso por volta de 1978/1979, quando batia ponto no Baixo Leblon e na praia de Ipanema. Depois, Yara Neiva, amiga em comum, aproximou os dois, levando Cazuza à casa de Ney.

Conheci Cazuza na praia de Ipanema, por intermédio de Yara Neiva. Ele andava pra todo lado com uma câmera fotográfica pendurada no pescoço, dizia que trabalhava na Som Livre. Mas eu sabia que ele não seria fotógrafo. Às vezes, no meu carro, cantávamos juntos Cartola e Lupicínio Rodrigues. Era um jovem bonito, malucão, com os cabelos encaracolados. Cazuza era lindo, encantador. Foi paixão arrebatadora, um amor maior que o namoro, que durou apenas três meses. Fiquei com o Cazuza até o finzinho. Ia até a casa dele e ficava massageando o pé... Cazuza foi o grande poeta do rock no Brasil, sem dúvida; apaixonado pela vida. Ele amava Cartola, Fernando Pessoa, Clarice Lispector, Rimbaud, Kerouac, os poetas *beats*... Tinha um referencial forte, talvez tenha sido o músico com o pensamento mais claro e crítico da década de 1980, que, de fato, colocava o dedo na ferida. Se Cazuza tivesse vivo, com certeza, ainda estaria contestando esse Brasil hipócrita.

Ney Matogrosso

169. Cazuza com Gil Lopes e
Carmela Forsin no Carnaval,
no Morro da Urca, 1978

170.

171.

170. Arthur Rimbaud, poeta francês

171. Fernando Pessoa, poeta português

Descobri que Cazuza era bissexual em 1976, quando ele tinha completado 18 anos. Eu li um poema que ele escreveu para um amigo. Foi um momento tão forte quanto o de descobrir que ele usava drogas. Eu tinha a sensação de que meu coração tinha parado, fiquei sem chão. Resolvi perguntar diretamente a ele se era gay. Ele respondeu com muita calma: "Sou bissexual. Transo homens e mulheres". Depois tentei conversar com o João, mas ele se recusou a tocar no assunto. Era difícil para ele, um machão, admitir que tinha um filho bissexual. A minha vida estava completamente de ponta-cabeça. Foi muito difícil pra mim aceitar a opção sexual do meu filho. Eu soube muito pouco dos relacionamentos dele. Talvez tenha tido mais informações de seus amores heterossexuais; de seus amores masculinos, soube pouco. De perto, conheci apenas o Serginho Dias Maciel e o Ney Matogrosso... O Ney foi uma relação de três meses que durou a vida inteira, foram muito amigos. E o Serginho foi quem ficou mais tempo com meu filho. Revendo a história de Cazuza, penso que lidei bem com suas paixões, principalmente se levarmos em conta que fui uma mãe possessiva. Eu sempre tratei com carinho quem gostava do meu filho, ao mesmo tempo que odiava quem ousou fazer mal a ele. Mas Cazuza não abria muito sua vida íntima comigo, ele sabia colocar limites. Eu também me sentia constrangida, então era um assunto que ele dividia com os amigos, não comigo. Eu soube de um amor na vida do meu filho quando ele tinha 17 anos, de uma menina que ele estava apaixonado. Tempos depois ele me disse que, na época, eles decidiram abortar um filho de uma gravidez inesperada. Lamento até hoje, como eu gostaria de ter tido um neto de Cazuza.

Lucinha Araujo

CINEAC TRIANON

procurando um lugar ao sol?
todas xxxxx essas pessoas
que ✗são jogadas na sociedade
e que aprenderam desde criança
que a farsa dá grana
aonde será que elas estão indo?
te olhando assim de repente eu pensei:
Quem é o mais covarde,
o médico alienado
ou o louco consciente da enfermaria nº 6 do Tchecov,
lembra?
aquele romance que eu li e te (pedi) pra ler também
mas você não leu porque não teve saco
será que há uma saída?
eu me respondo sempre
que talvez não hoje
que talvez seja por isso que as pessoas
brinquem de cabra cega o tempo todo,
porque xxx são inteligentes e
sabem que não há
saída.
Um dia no meio dessa loucura toda
eu encontrei uma pessoa que tinha
uns olhos claros
que conversava sempre olhando o chão,
numa timidês
e ingenuidade parecida com a dos pássaros
que dificilmente nos encaram.
"O amor é o ridículo da vida"
porque nós procuramos sempre procuramos nele
uma pureza que é impossível/conseguir
se você já a perdeu.
A vida obriga as pessoas mais sensíveis
a perderem a ingenuidade
mas uma vaga idéia de paraíso
nos persegue como borboletas
que só vivem 24 horas.
Essa impressão
de que você está me olhando,
que secretamente me quer,
Essa loucura tá me acabando!
         ***
eu nasci numa sexta feira santa,
era noite.
Eu me debati durante nove horas e nasci.
Isso é uma verdade.

letras maiúsculas

172. Datiloscrito do poema inédito "Cineac Trianon"

Quando chegava na Fazenda Inglesa, Cazuza gostava de ir para o chalé, perto da cachoeira. Quando dava fome, ligava para a sede, falava com a Leda, funcionária da família, pedia para preparar um almoço para todos. Era uma festa! Todos os amigos reunidos em volta da mesa até de madrugada. Ele me pedia para cozinhar um fettuccine na madruga... Lembro que ele colocava as garrafas de Veuve Clicquot na geladeira, esquecia, e estouravam... Eu chamava a atenção dele! Foram os melhores anos de nossas vidas, da juventude transviada. A "tchurma" era muito unida: Ricardo Quintana (o "Kiki D'Orsay"), Eliane Brito, Tavinho Paes, Torquato de Mendonça (o "Thor"), Carla Mourão (a "Carla Brooke"), Xicão Alves, Rosebaby, Papa Léguas (o "Papinha"), Celma da Silva (a "Pselma"), Toninho (irmão da Eliane Brito), Lilian Santos, Dario... Depois chegou a Patricia Casé, o pessoal do teatro. Cazuza gostava de ir pra praia e viajar com os amigos para Petrópolis, Itaipava, Mauá... Aos 15 anos ele já era cabeça feita, fazia muita loucura.

Goga

Cazuza tinha prazer em reunir os amigos na casa dos pais na região serrana do Rio de Janeiro, em Petrópolis, a Fazenda Inglesa: banhos de cachoeira e de piscina, trilhas na floresta, cantorias no violão, conversas, saraus e jogos nas madrugadas. O encontro foi batizado pelo próprio Cazuza de "Cineac Trianon", que se tornou título de um de seus poemas: "O amor é o ridículo da vida/ porque nós sempre procuramos nele/ a pureza que é impossível/ conseguir/ se você já perdeu".

Nossa amizade surgiu na praia da Joatinga, no Rio de Janeiro, no final de 1977.

Foi amizade à primeira vista. Cazuza me convidou para tomar banho de piscina com amigos na cobertura dos pais, na Lagoa. Nos aproximamos e nos tornamos muito amigos, até o final de sua vida. Ele era apaixonado por Janis Joplin, não parava de falar dela. Além de ter me apresentado Dalva de Oliveira, outra paixão que ele não parava de cantarolar. A gente curtia Rita Lee, chegamos a ir num show na New York City Discotheque, em Ipanema, com o Kiki. Também fomos juntos a um show da Rita em São Paulo, com ingressos que o pai dele, João Araujo, conseguiu para ele e os amigos. Viajamos no Fiat 147 do Cazuza com o carro cheio. Ele amava viajar com os amigos, fomos muito à Fazenda Inglesa, casa de sua família em Petrópolis, e também para Itaipava, Lumiar de Cima, Mauá... Bons tempos, fazíamos trilhas, tomávamos banho de cachoeira. Isso foi antes dele ficar famoso. Ele levava o violão, sempre tocava alguma canção que ainda estava trabalhando. Cazuza tinha o dom de transformar as experiências do dia a dia em poesia.

Xicão Alves

173. Cazuza, Ricardo Quintana
(Kiki) e Xicão em festa de Rita Lee
na New York City Discotheque,
em Ipanema, 1978

174. Rita Lee, década de 1970. Cazuza se tornou amigo e parceiro de sua ídola de adolescência

Cazuza sempre conviveu com grandes nomes da MPB, mas tinha Gal, Rita Lee, Gil e Caetano como ídolos. Ele ia para as dunas em Ipanema e ficava observando os baianos de longe, tamanha admiração. Ele afirmava que, musicalmente, foram eles que "fizeram sua cabeça". Ele herdou de mim e João a paixão pela música. Lembro que eu ouvia Dalva de Oliveira, Cartola, Noel Rosa, Dolores Duran, Lupicínio Rodrigues… E Cazuza ficava ao meu lado escutando. Mais adiante, nas entrevistas de sua carreira, ele reverencia esses cantores.

Lucinha Araujo

175 / 176. Dalva de Oliveira e Dolores Duran, referências musicais de Cazuza

177.

177. Angela Ro Ro, na década de 1980. Cazuza admirava a cantora pela liberdade e irreverência: os dois "exagerados" tornaram-se amigos

178. Cazuza e os amigos em viagem ao Nordeste: praia e transe

178.

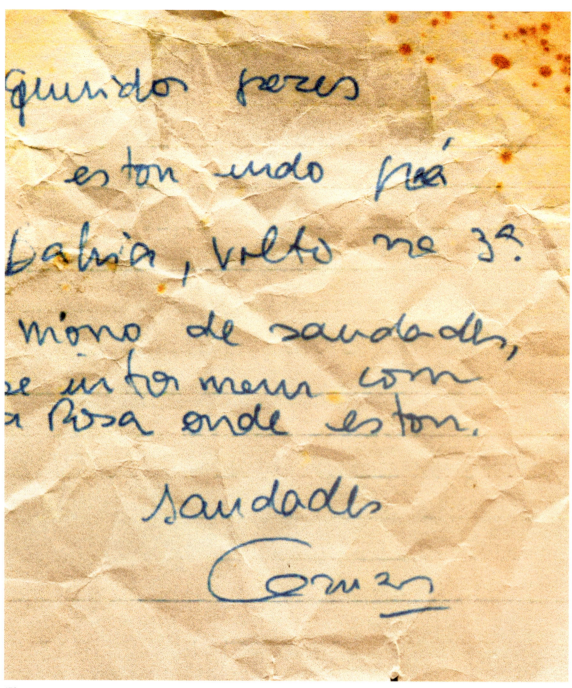

179.

179. "O meu amor foi embora/ E só deixou pra mim/ Um bilhetinho todo azul/ Com seus garranchos", Cazuza, "Bilhetinho azul"

Cazuza entra numa fase hippie, viaja com amigos para Arraial d'Ajuda, na Bahia, durante o Carnaval de 1978. O passeio pelo Nordeste também rendeu, posteriormente, a canção "Bilhetinho azul", que impressionou Caetano quando ouviu Cazuza cantando pela primeira vez.

Bilhetinho Azul

Hoje eu acordei com sono
Sem vontade de acordar
O meu amor foi embora
E só deixou pra mim
Um bilhetinho todo azul
Com seus garranchos
Que dizia assim:
"Xuxu, vou me mandar
É, eu vou pra Bahia
Talvez volte qualquer dia
O certo é que eu tô vivendo
Tô tentando
Nosso amor foi um engano"

Hoje acordei com sono
Sem vontade de acordar
Como pode alguém ser tão demente
Porra-louca, inconsequente
E ainda amar?
Ver o amor
Feito um abraço curto pra não sufocar?
Ver o amor
Como um abraço curto pra não sufocar?

(Cazuza/Roberto Frejat, 1982)

Fiquei deslumbrado, não sabia que ele poderia virar um cantor e compositor. Conheço o pai de Cazuza, João Araujo, há muitos anos. Foi através dele que fiz meu primeiro disco com Gal, *Domingo*. Mas conheci o Cazuza através do [produtor musical] Guilherme Araújo, no Baixo Leblon, à noite [...]. Fiquei impressionado com a potência poética do Cazuza e a intensidade com que ele cantava aquelas letras tão cruelmente bonitas.

Caetano Veloso

Em 1982, Caetano Veloso estava em São Paulo, passeando de carro com Patricia Casé, quando ouviu uma fita com "Bilhetinho azul" e ficou extremamente emocionado com a gravação em voz e violão, impressionando-se com a potência poética com que Cazuza cantava os versos.

Eu me lembro que ele voltou dos EUA e trouxe uns discos de blues, que eu já ouvia muito. A gente se encontrava e fazia audição de Mama Thornton, John Lee Hooker, Howlin' Wolf, Jack Dupree, o melhor da música negra americana. Assim, descobri que tinha facilidade para fazer blues e criamos a canção. É uma das parcerias que mais me orgulho, junto com "Ponto fraco" e "Todo amor que houver nessa vida" – são versos muito maduros para aquele menino de vinte e poucos anos, é impressionante! "Bilhetinho azul" dá um *start* na criaçãode um repertório de blues brasileiro.

Roberto Frejat

Conheci Cazuza desde os lendários idos das "dunas do barato", início dos anos 1970, em Ipanema. Cazuza era um garotinho que ficava de longe roendo as unhas, morrendo de vontade de som de *Vapor barato*, flautas de cannabis, batendo palmas pro pôr do sol. Ele foi pra São Francisco, a meca *beatnik*, e lá se impregnou da raiva profética de Jack Kerouac e Allen Ginsberg. Volto a acompanhar a trajetória dele desde o tempo da germinação do Barão Vermelho. No começo, embaixo da lona do Circo Voador, o João Araujo veio pedir minha opinião sobre o trabalho do filho, esperando de mim distanciamento crítico típico de um intelectual, mas eu, *stonemaníaco*, não tive dúvidas, disse com toda ênfase que Cazuza ia arrasar, pois sabia como ninguém transformar o tédio em melodia. Escrevi "Balada de um vagabundo" para ele. Teci esse poema como mentira sincera de uma suposta simbiose de Hélio Oiticica-Cazuza. Como se os cavalos de Oiticica e Cazuza tivessem baixado em mim. Cazuza, misto de menino e louco destrambelhado. Fizemos uma viagem à Bahia, início dos anos 1980, e ele era incontrolável. Saía nu, no meio da noite, pelos corredores do hotel cinco estrelas, quebrando vasos de plantas, invadindo quartos, assaltando geladeiras. Cazuza foi um dos maiores turbilhões que conheci. Ignoro essa discussão *futurolês*, de se a obra dele é ou não poesia, se vai ou não permanecer no tempo. Considero que Cazuza conseguiu ser a face turbilhante de seu tempo e lugar-BRASIL, que, se ele desceu tão tão tão fundo no inferno da sua/nossa época, de lá retornou trazendo centelhas luminosas, eu não tenho a menor dúvida. Cazuza vai ficar como desvelador impiedoso das pessoas fracas, caretas e covardes, cheias de minicertezas. Como o lancetador baudelairiano do horror das gentes que só assistem o aumento de suas varizes. Cazuza vai ficar. Cazuza vai ficar como um destemido avatar caboclo dos *beatniks*. Eu vi um turbilhão vivo chamado Cazuza e isso me basta. Inconformado/inconformista buscando fissurado um remédio para o tédio. Um Édipo que adoece para gerar prodígios de luminosidade ácida. Aquele que poderia restar confortavelmente um filhinho de mamãe e papai vira o fustigador cáustico da Ideologia e da Burguesia. O miolo central de sua poética revela um rimbaudiano veneno antimonotonia. Papai bem que previra.

Waly Salomão

180.

181.

180. Cazuza entre os moradores locais que organizavam os traslados de barco em Trancoso. Entre eles, a senhora Chica, que recebia os turistas para pernoitar em sua casa. A viagem foi fotografada por Douglas Canjani

181. Cazuza e seus amigos de viagem à espera do barco que faria o translado para Trancoso. De costas, Cazuza e Antônio Khel; de perfil, Fabio; sentadas, Andrea e Érica; de pé, o rapaz (não identificado) que organizava o passeios

182. Vista de Arraial d'Ajuda, em direção à praia, 1978

182.

Não me lembro o exato momento em que conheci o Cazuza. Mas lembro que ele estava com uma turma de cariocas e eu com uma turma de paulistas. Viajei com Antonio Kehl, na época estudávamos arquitetura. Eu hoje sou professor universitário de fotografia. Estávamos todos misturados em Arraial d'Ajuda, e convivemos muito durante a viagem. Ao fim da viagem fui ao Rio de Janeiro e visitei Cazuza no apartamento dele, na Lagoa, fiquei uns dois dias. A mãe do Cazuza não estava, conheci o pai dele, João Araujo. Lembro que me apresentou dizendo: "Mamãe iria adorar ele, tão educadinho..." Lembro que ele me mostrou um monte de desenhos da escola e, quando tinha um erro, ele escrevia: "Toque artístico". Eu achei aquilo o máximo, a incorporação do erro. Ele tinha um pensamento livre. Lembro que perguntei: "Você não tem um sistema de pensamento?" Ele riu e disse que não. Depois nos reencontramos, junto com amigos, em Visconde de Mauá, em 1980. Tudo isso foi antes de ser famoso com o Barão Vermelho. Me impressionou que ele era uma pessoa bastante descolada, aberta ao outro.

Douglas Canjani

Conheci esse menino muito antes de ele ficar famoso, em julho de 1977, em Arraial d'Ajuda. Éramos, ao todo, 13 turistas passando o mês. Ele andava por todos os cantos, sempre com algum LSD na cabeça, e cantando: "Que será/ Da minha vida sem o teu amor?/ Da minha boca sem os beijos teus?/ Da minha alma sem o teu calor?// Que será/ Da luz difusa do abajur lilás/ Se nunca mais vier a iluminar/ Outras noites iguais?" Um dia, alugamos um barco, todos os 13, e fomos conhecer Caraíva, passando por Trancoso, onde conhecemos o Baratão, único "turista" vivendo ali. Lá ficamos no sobrado que existia na beira do rio (já demolido) e, à noite, ouvimos de um morador local histórias macabras sobre tortura e abuso de escravas que aconteciam ali mesmo, naquele casarão. Nunca mais encontrei o Cazuza pessoalmente, mas sua voz, interpretando a música que eu conhecia pela Dalva de Oliveira, ficou gravada na minha cabeça.
Antonio Kehl

183. Lucinha Araujo e Cazuza no coquetel de lançamento do *single* de Lucinha, *Tal qual eu sou*, na boate Regine's, que ficava no subsolo do Hotel Méridien no Leme, Rio de Janeiro, 1978

Na comemoração de 25 anos de casamento com João Araujo, Lucinha fez uma declaração de amor cantando "Esse cara", de Caetano Veloso. Ao ver a mãe cantar, Cazuza se aproximou, deu um abraço apertado e afirmou que ele tinha "a melhor mãe-cantora do Brasil". Lucinha respondeu que o elogio não valia porque Cazuza já havia dito que a maior mãe-cantora era Dalva de Oliveira, mãe do cantor Pery Ribeiro. Ele retrucou: "A melhor é você que está viva!"

Antes de Cazuza sonhar em se lançar como rockstar no Barão Vermelho, Lucinha já trilhava sua trajetória na Música Popular Brasileira.

184 / 185. Capas dos LP's de Lucinha Araujo lançados pela RCA em 1978 e 1982, respectivamente

184.

185.

Lucinha do João, seresteira que sabe tudo da MPB, afinada flauta, passarinho, neste primeiro disco pôs garra na sua interpretação. Santa de casa não faz milagre e a RCA foi buscar na Lagoa uma cantora que poucos privilegiados conheciam e agora lança para o sucesso Lucinha Araujo, som liberto, cantando o amor. Como se fosse na roda de seus amigos.

Walter Clark

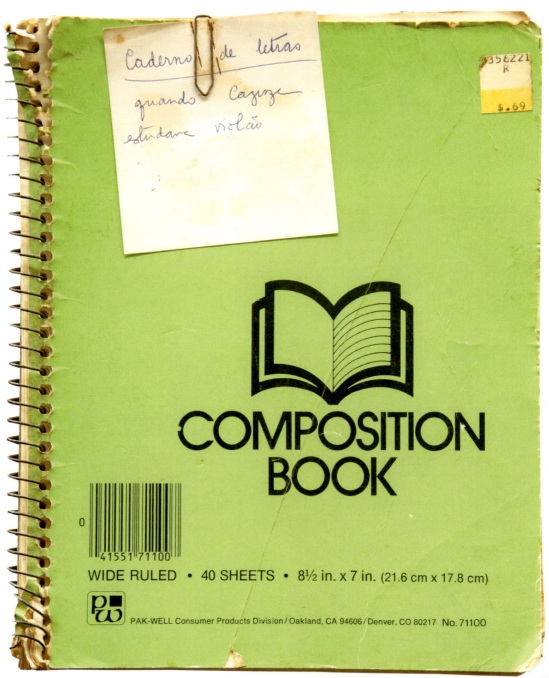

186.

186 / 187. Caderno de estudos musicais
de Cazuza. Transcrição de "Luz negra", de
Nelson Cavaquinho, programa *Chico & Caetano*
(*TV Globo*, 1986)

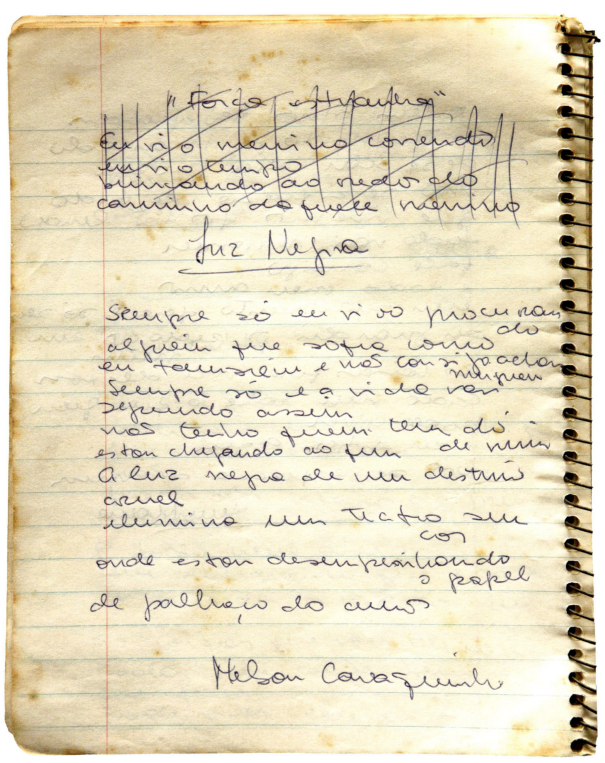

Luz Negra

Sempre só eu vi ao procurar
alguém que sofre como
eu também e não consigo achar
sempre só é a vida de alguém
segundo assim
nos tenho quem tem dó
estou chegando ao fim de mim
a luz negra de um destino
cruel
ilumina um teatro sem cor
onde estou desempenhando o papel
de palhaço do amor

Nelson Cavaquinho

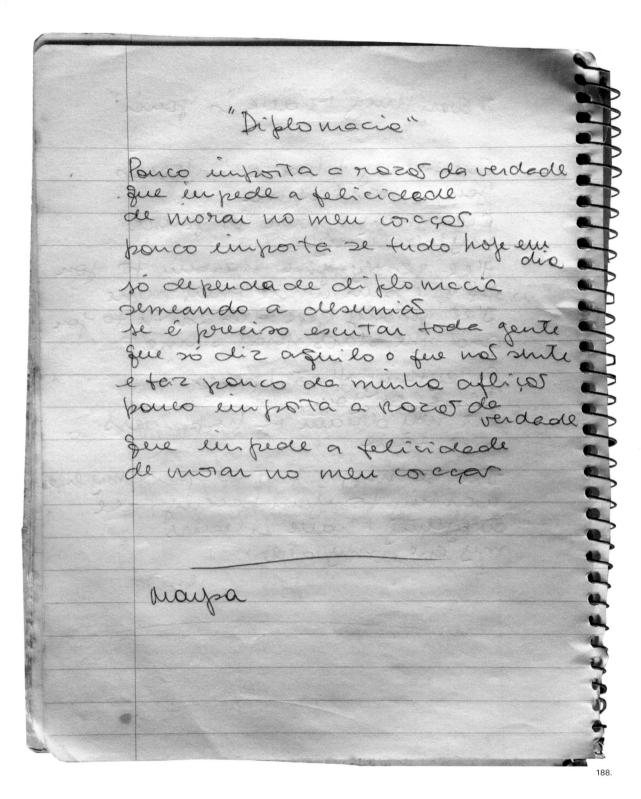

188. Transcrição de "Diplomacia", samba-canção lançado por Maysa no disco *Convite para ouvir Maysa nº 2*, de 1958, no ano em que Cazuza nasceu, e gravado por ele de forma não oficial em 1982

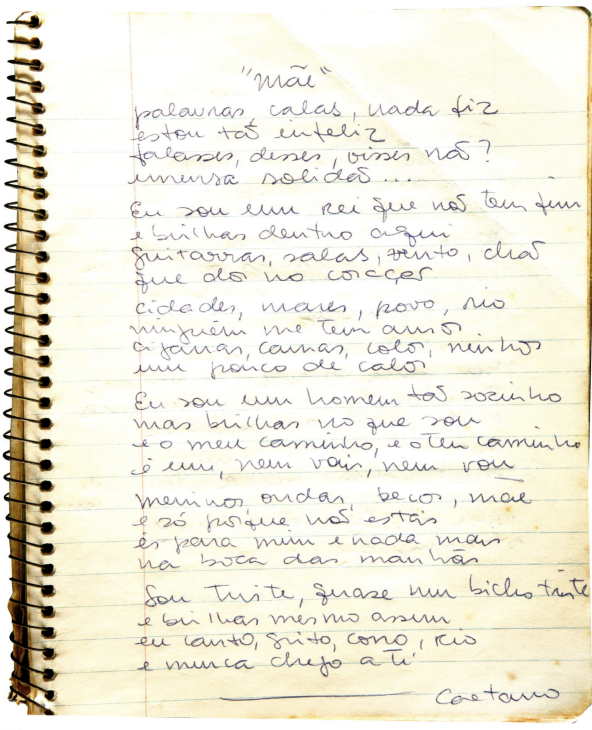

189. Transcrição de "Mãe", de Caetano Veloso, no caderno de música de Cazuza, 1978

190.

190. Cantora admirada por Cazuza, Maysa foi colega de escola de sua mãe, Lucinha

191. Noel Rosa, o poeta da Vila, cronista do Brasil

191.

Cazuza cresceu com interesse em poesia, música, fotografia, cinema e artes visuais. A coleção de discos de seu pai, João Araujo, o levou também a conhecer os grandes sucessos de Maysa, Noel Rosa, Cartola e Lupicínio Rodrigues. Nos anos 1970, em seus cadernos de estudos de músicas, transcrevia os versos das canções de artistas que admirava, como Caetano Veloso e Rita Lee, entre outros.

Cartola não existiu, foi um sonho que a gente teve.
Cazuza

Em 1988, Cazuza regravou o clássico "O mundo é um moinho" (Cartola, 1976) para o álbum *Cartola – Bate outra vez*. Os versos, que Cartola fez para a filha adotiva Creuza Francisca dos Santos, são cantados de forma distinta por Cazuza: "Preste atenção, o mundo é um moinho/ Vai triturar teus sonhos tão mesquinhos" – pontuando que os sonhos da menina são mesquinhos. Na versão original, Cartola canta: "Vai triturar teus sonhos, tão mesquinho" – afirmando que o mundo é mesquinho e não os sonhos da menina.

192.

193.

192. Cartola, o poeta do samba

193. Lupicínio Rodrigues, assim como Maysa, se tornou referência de músicas de "dor de cotovelo" para Cazuza

Cazuza viaja para São Francisco para estudar fotografia na Universidade da Califórnia, em Berkeley, onde teve contato com a geração *beat*, os poetas malditos, grande influência em seus poemas e canções, como se pode notar nos versos de "Só as mães são felizes".

194.

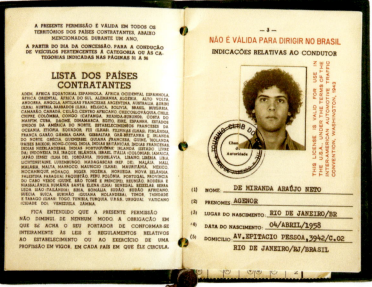

195.

194 / 195 / 196. Passaporte, Carteira de Vacinação e Carteira de habilitação Internacional de Cazuza aos 21 anos, 1979

Em 1979, Cazuza saiu de casa, dividia um apartamento de quarto e sala com um amigo, na Gávea, próximo ao Jockey. Um dia ele convidou eu e João para jantar e disse que gostaria de estudar fotografia e artes plásticas fora do Brasil. Apesar das diferenças entre João e Cazuza, seu pai nunca negou ajudá-lo em nada. Cazuza viajou para São Francisco no início de abril, estava muito empolgado. Ele saiu do Brasil com o visto de turista para estudar fotografia e artes visuais em Oakland, na Universidade da Califórnia. Ele disse que iria ficar "no mínimo por cinco anos e, no máximo, pela vida inteira". Fiquei abalada com aquela possibilidade, chorei muito. Eu suspeito que foi em São Francisco que ele se infectou com hiv...

Lucinha Araujo

197.

198.

199.

197 / 198 / 199. Viagem dos sonhos: Patricia Casé e Cazuza durante a viagem a Megève, 1979

Éramos muito jovens quando a gente se conheceu, na adolescência, na praia. Eu e Cazuza tínhamos muitos amigos em comum, além de João e Lucinha já conhecerem meus pais. Frequentávamos a mesma turma: Marcos Bonisson, Yara Neiva, Goga, Xicão Alves... Eu era a careta da turma, a chata que regulava e cuidava dos amigos. Eu me apaixonei pelo Caju. Moramos juntos no apartamento da Gávea, na praça do Jockey, mas viver junto era difícil. Eu tinha 19 e ele, 21 anos. A casa vivia cheia de gente, uma galera mais hippie, enchia-se a geladeira de manhã e, à noite, não tinha mais nada. Certa vez nós dois brigamos e ficamos três meses sem nos falar. Mas, do nada, ele me ligou: "Xu (de xuxu), vamos viajar?" Me convidou para viajar para Megève com ele e os pais. Depois fomos para Paris, Nova York... Um sonho, tudo muito cinematográfico, me senti a *pretty woman*. Foi uma viagem linda. Mas nessa época eu tinha uma história com o Marcus Alvisi e ele, com o Ney – essa pessoa incrível que tenho conexão até hoje por causa da história com Cazuza. Eu não tinha ilusões, o Cazuza sempre foi muito livre. A gente sempre teve um amor, um carinho grande. Quando ele foi estudar fotografia em Berkeley, a gente se correspondeu bastante. Tenho guardada uma fita K7 que ele enviou (pela Lucinha) contando seu dia a dia e cantando umas músicas. A cabeça de Cazuza fervilhava, estava à frente de seu tempo. Cazuza amava Rimbaud e Luiz Melodia, ele era alucinado pelos versos dos dois. Ainda hoje, assisto entrevistas dele e me impressiono com seu pensamento. Ele foi muito importante na minha formação, fez minha cabeça. Enfim, depois, quando a relação terminou, ele me escreveu um bilhete que dizia: "Você me ama ao cubo e eu te amo ao quadrado. Não posso te dar menos do que você merece". Mas continuamos amigos até o final. Essa é a história da minha vida, sem nostalgia.

Patricia Casé

200. Cazuza e o pai, João, esquiando na estação de Megève, 1979

201. Cazuza e uma drag com quem fez amizade na noite de Megève

Já pensei em me unir
a alguma mulher porque
me sinto muito solitário.
Mas não consigo
encontrar alguém que
me entenda e, a esta
altura, já não sei dividir
mais nada, muito
menos apartamento.
Já não tenho saco pra
ser cobrado de nada e
dificilmente as mulheres
entendem que gosto
de ficar sozinho com
meus versos, escutando
música ou simplesmente
em silêncio. Já cheguei a
viver com uma
e não deu certo.
Cazuza

202.

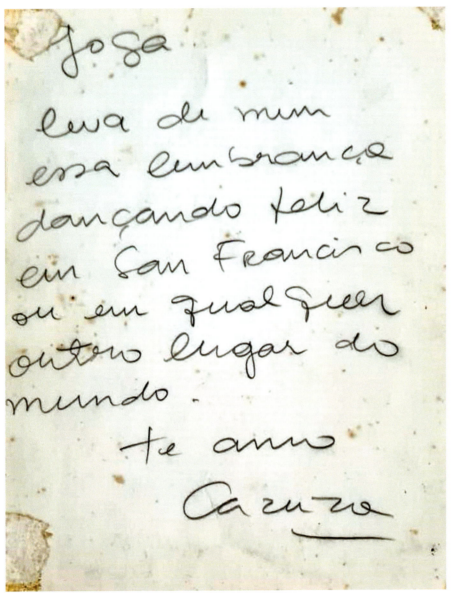

203.

202. Cazuza em São Francisco, estudante de fotografia e artes visuais, 1979

203. A foto de Cazuza com sua máquina fotográfica, dançando em São Francisco, foi enviada à amiga Goga. No verso, uma dedicatória que traduz a amizade entre os dois

204. Cazuza em São Francisco, 1979

205. Cazuza recebe, em São Francisco, a visita de Lucinha e familiares com direito a passeio de carro pela cidade, rumo à Sausalito, 1979

206. Cazuza em São Francisco, no Fisherman's Wharf, com as amigas Isabel Ferreira, a filha dela, Viviane, e a prima Adriana, 1979

207. Cazuza em São Francisco, no Fisherman's Wharf, com Lucinha, 1979

....

Em São Francisco, Cazuza se hospedou em um hotel, mas se sentiu triste. Mudou-se para a casa de uma família que pagava a ele cem dólares para cuidar de um cachorrinho. Foi uma fase de amadurecimento para Cazuza: morar num país estrangeiro sem dominar o idioma, sem ter amigos.

204.

205.

206.

207.

Em julho de 1979, Lucinha Araujo viajou para os Estados Unidos com a amiga Isabel Ferreira, a filha dela, Viviane, e a sobrinha, Adriana. Antes de encontrar Cazuza em São Franscico, Lucinha e as amigas passaram uns dias em Nova York. Cazuza alugou um carro, a pedido da mãe, para buscá-las no aeroporto. Na noite anterior, ele havia sido detido pela polícia com o carro alugado, por dirigir embriagado.

Alugamos um carro e fomos a Sausalito, foi uma viagem linda. Mas sofremos um pequeno acidente no trânsito em que machuquei a cabeça no para-brisa do carro. Cazuza parou no acostamento para olharmos o mapa, pois havíamos nos perdido no caminho. Um carro bateu na nossa traseira! Fiquei com um corte grande na testa, ensanguentada, tive de ir ao hospital com Isabel. Resultado: 18 pontos. Tive de disfarçar amarrando uma bandana na cabeça.

Lucinha Araujo

Eu fiquei chocada ao saber que ele tinha sido preso pela polícia. Ele, debochado, disse ter adorado o *breakfast* da cadeia, insinuando que em breve repetiria a experiência transgressora. Cazuza nos levou na casa que estava morando, desarrumada e imunda. Passei minhas primeiras horas nos EUA fazendo faxina ao lado de Isabel. Depois fomos passear, conheci um restaurante onde ele era amigo de uma travesti, me apresentou como sua mãe: a cantora mais famosa do Brasil. Cazuza era surpreendente e, por vezes, insuportável.

Lucinha Araujo

Eu descobri em
São Francisco a minha
infância, a minha solidão
de filho único, vendo TV,
brincando com o invisível...
Eu descobri que poderia
enfrentar a minha solidão
me lembrando da minha
infância. Depois que eu
fiquei dono da minha cabeça
eu sempre vivi cercado de
milhões de amigos, e não
estou com eles para fugir da
minha solidão, mas porque
quero. Da solidão eu não
tenho mais medo.

Cazuza

Oakland, 4/7/79   ①

Pais:

        Depois que desliguei o telefone
fiquei pensando nas coisas todas que
ñ pude falar, daí resolvi escrever
esta carta. São as minhas primeiras impressões dessa terra nova aonde
eu agora estou morando. O período
de N. York foi de deslumbramento e
aqui está sendo de aprendizagem.
Porque estar sozinho num lugar
estrangeiro, outra língua, outros hábitos,
é uma coisa inteiramente nova pra
mim. Logo que eu cheguei fiquei meio
perdido, porque o hotel era caríssimo
tipo aqueles hotéis de convenções "KAISER
ALLUMINIUM", " "MASSEY FERGUSSON" etc, aqueles
americanos horríveis e ainda por cima
o serviço uma merda, acabei brigando
com o cara do lobby, eu tava a duas
horas suzinando o telefone pra pedir
uma água mineral e nada. Daí eu
desci pra perguntar se o telefone tava
com defeito, porque eu tava a um
tempão esperando pro cara que dizer

num tom super anti-pático que o hotel
tinha mais de mil quartos e que era
assim mesmo. Acontece que a diária
do hotel é 45 dólares, que é preço de
hotel de 1ª classe, e eu disse pro cara
que por essa nota toda eu merecia
ser tratado legal (tudo isso em "inglês"
daí ele perguntou se eu queria a minha
conta. Acontece que a agência em NY
tinha me dito que o hotel só ~~aceitava~~
tinha vaga na reserva de 7 dias
pagando um depósito ~~da~~ ① (ou melhor,
todo o dinheiro, quase 400 dólares. se
você fosse embora antes pagava a
diferença) daí eu falei pro cara que
tinha pago pra ficar sete dias e ficou
aquele papo agressivo, abaixou o meu
astral. Isso tudo porque eu não estava
achando um hotel legal, mais barato.
Só tinha vaga em hotel tipo "Hilton"
etc., aqueles hotéis enormes... 4 dias
depois eu achei um Hotelzinho ótimo
e me mudei (claro que perguei o troco do
depósito). Eu só tinha visto a portaria,
que tinha um aquário e era muito
limpinha, com aquelas cortininhas

de algodão das janelas americanas, um   ②
prédio super simpático, antigo mas muito
bem pintado e o preço: 10 dólares por
dia! tinha o mesmo papo de depósito
de 7 dias dias, daí eu paguei 70 dólares
ao cara e ele me deu o recibo. Acontece
que quando eu estava subindo o elevador reparei que a camareira de uniforme
de babadinhos preto e renda branca,
muito bonitinho (tipo aqueles de Teresa)
era um travesti. Quando cheguei no
quarto começei a ouvir gemidos estranhos
vindo de todos os quartos e aí me dei
conta que estava num rendez-vous!
Eu tava hospedado num puteiro! a cama
do segundo andar estalava toda hora (aqui
em SF os prédios antigos são todo de madeira, parede, tudo) e eu que comprar uma
meia garrafa de Sinimoff pra conseguir
dormir. Mas daí me baixou um santo
e eu rodei ~~ele~~ nem um pica, a pé, a ~~pé~~
~~encontrar~~ cidade toda até encontrar
um hotel. Por sorte achei um incrível,
por 21 dólares (+ taxas aqui tudo tem TAX)
10 aptos por andar, prédio de CIMENTO ARMADO
quarto com 2 closets e cozinha, um banheiro
daqueles antigos, com banheira grande etc...

Daí já aliviou a barra e eu pude
procurar um lugar com calma. O que
não é fácil! Em Berkeley a "housing"
da universidade quase monopolizava
os "summer sublets" (aluguéis de temporada, pessoas (na maioria estudantes) que
saem de férias e alugam a casa. Além
do mais o que eu achava ou eram
studios (vão enormes com basculantes, antigas
fábricas pequenas que foram aproveitadas)
ou não queriam alugar só por um mês.
Acabei encontrando essa casa ótima
que eu estou por 320 dólares, que não
está caro MESMO. Ela tem dois quartos
(+ um sótão aproveitável) duas salitas
copa e cozinha + uma horta no
fundo, com pereira, tomates e limoeiro,
fora a garagem que serve de estudio
pra pintar. O casal foi muito legal,
deixaram moto (que eu não fiquei afim
de usar porque é muito barulhenta)
o armário e geladeira cheios de comida
(tipo quilo de açúcar, pacote de biscoito,
queijo inteiro etc...) tem máquina de
lavar pratos, lavar e secar roupa, discos
e livros em quantidade (é ótimos),
vitrola com FM, enfim, toda a modo-
rria de uma família classe média

americana. Ele é professor de história, mais velho, casado com uma mocinha e eles têm um filho de 1 ano. Ainda por cima me pagaram 30 dólares pra tomar conta do cachorro, que não é trabalho nenhum porque ele passeia sozinho, e só abrir a porta que ele vai à luta. Quando eu ouço o zuninho da coleira no fundo, vou lá e abro a porta. Ele só come comida de cachorro, aquelas de saco, e só despejar no pote. E ainda por cima é muito simpático, embora eu não dê muita bola pro ele, ele tá sempre me trazendo a bolinha entre os dentes, a fim de brincar. Às vezes eu passeio de bicicleta e ele vai correndo atrás, latindo... Os cursos são muito legais, só um foi que eu não gostei, o de "DRAWING EXPLORATIONS" é um curso de criatividade através do desenho, o desenho como terapia, uma coisa chatíssima. A mulher manda fechar os olhos e se transportar a uma situação do passado, depois desenhar ou simbolizar a experiência etc... Realmente foi mancada, mais eu achava

O legal é que nada é arbitrário. Ao mesmo tempo que se fuma maconha abertamente nas ruas, protegido pela polícia, o governo promove campanhas contra o uso abusivo, assim como cigarro e álcool. As minorias se impuseram tanto que já não são mais minorias. Você liga a televisão e o tele-jornais tem pauta "chicana", "gay", "foragidos nicaraguenses" etc... Talvez daqui a dez anos os Estados Unidos tenham uma lésbica negra na presidência. Ela terá um eleitorado fixo de mais de 50 milhões de pessoas (feministas, blacks e gays), e provavelmente fumará seu baseadinho no gabinete da casa branca.

Bom, depois eu conto o resto...

Beijo

Cazuza

208.

208. Carta de Cazuza dando notícias aos pais sobre suas primeiras impressões ao morar em Oakland, EUA, 1979: "As minorias se impuseram tanto que já não são minorias. Você liga a televisão e os telejornais têm pauta 'chicano', 'gay', 'foragidos nicaraguenses' etc. Talvez daqui a dez anos os Estados Unidos tenham uma lésbica negra na presidência"

Oakland, 11/7/79

Hello Big John

Recebi sua carta hoje e fiquei contente
de saber que você entendeu a razão de
ser de minha viagem, embora você ãem não
seja bem o termo adequado, é meio
vago. É que num uma aula de desenho
que eu conheci e fiquei dois dias, a
mulher só falava em "procura dentro de
si", "mentalizar cenas do passado",
"psicoterapia através do desenho" etc... e
nada de perspectiva, sombreado ou
qualquer coisa palpável. Eu não estou
perdido e sei muito bem o que eu quero,
embora pra você possa parecer que eu
sou muito doido etc... Eu vejo a coisa
no sentido de estar sozinho, é muito
importante. É a primeira vez na minha
vida que eu enfrento uma situação
sozinho (que com uma conta no banco
não é tão "sozinho" assim), ~~xxxxx xxxxx~~
fora do meu círculo afetivo (pais, amigos).
Quando eu cheguei à SF e não encontrei
o meu amigo (está passando as férias
na casa dos pais, em Salt Lake City) fiquei
meio desorientado, mas no dia seguinte
acordei sentindo uma sensação que eu
nunca tinha sentido antes, alguma
coisa como "porque eu devo ter medo

se não tem ninguém aqui a não ser eu
mesmo". Foi tão forte que eu passei uns
15 minutos chorando que nem um bobó
(coisa que eu não fazia desde a última
surra que eu levei). Depois eu fiquei
novinho em folha e fui à festa. Essas
coisas são bonitas, né? E embora não
seja vantagem nenhuma eu estou
contente de estar matriculado nos
melhores cursos de arte e fotografia
da cidade, morando numa casa
ótima e baratíssima, sócio de
uma cinemateca e feliz proprietário
de uma bicicleta de 10 marchas.

Moni de um com as suas "orações",
não que eu não acredite ou esteja
fazendo pouco caso, mas é que eu
não consigo visualizar, entende? Enfim,
é um dado novo.

Dê se dá uma força no disco de
mamãe eu acho que você menospreza
um pouco o valor artístico dela. E você
como profissional tem que admitir que
ela é uma artista sensível e de grande
potencial. Eu acho que você tem medo de
perder a "fuinha de sempre" mas é sempre saudável uma mudança depois
de tantos anos de casamento. Você como
homem realizado, tem que estimular
~~a arte~~ a realização dela, e também melhor
do que eu sabe o quanto ela é depen-
dente emocionalmente. Você é a ÚNICA pessoa

capaz de dar essa força.

Bom, voltando aos States: é tão
bom andar na rua e não ver gente
vivendo em condições sub-humanas, né?
Eu descobri também que a sociedade
brasileira é ultra-racista e que o mito
do racismo no E.U.A é pura mentira.
Eu vejo em toda parte casais bi-raciais,
mulato à pampa, chinês, chicano,
todo mundo vivendo igual, sendo
respeitado. E olhe que aqui os negros
são minoria, o que não é o caso brasileiro. Mas no fundo o problema é
social. Uma pessoa que come bem e
estuda aproveita o tempo de lazer
sem violar os direitos, não é mesmo.
Tem um ditado aqui que diz que o
americano faz amizade com o diabo,
se houver um bom mercado de consumo
para os demoniozinhos. Outra coisa
interessante eu li num livro de socio-
logia: "Os regimes fascistas sempre usaram
de propaganda em massa para difundir
seus ideais. Alguns democracias também".

Outra coisa que eu fiquei espantado
foi com a televisão brasileira. Ela só
perde para a Americana em tele-jornalismo
(o que é compreensível), mas os programas
são infinitamente mais bem cuidados

artisticamente (padrão globo, claro), e inclusive eu acho que a globo copia muito
os telejornais daqui (até o barulhinho do
telex antes de começar é igual, a
posição do locutor, tudo) e além de
lado uma coisa que eu acho ótima
nos jornais daqui, que é a descontração
dos locutores. Eles conversam entre si,
fazem brincadeiras, o que eu acha
mais love.

Bom, pra finalizar eu quero
lhe dizer que também gosto muito
de você como filho e respeito como
pessoa humana, apesar das nossas
cabeças serem tão complicadas.

Um beijo,
Cazuza

P.S. O endereço certo é:
342 63rd St
Oakland
Zip 94618
não 342 63 road Rockridge
Oakland - São Francisco
como vocês mandaram. Oakland
é uma cidade, assim como interior está
para o RJ, e Rockridge um nome qualquer,
como final de bloco, bar vinte etc...

209 / 210. Carta de Cazuza a João e Lucinha ao chegar nos EUA, com seu olhar estrangeiro crítico, com preocupação social: "Eu descobri que a sociedade brasileira é muito racista…"

Ele me deixou maluca sem notícias. Eu ligava para o apartamento e ninguém atendia. Ruth Almeida Prado, vendo minha angústia, pediu para um amigo ir até o prédio para saber notícias de Cazuza. O porteiro disse que ele tinha saído com uma moça loira, depois soube que era filha de Manolo Camero, dono da gravadora Tapecar, amigo de João. Assim fiquei sabendo que ele tinha ido fazer um passeio por Los Angeles, e outros pontos turísticos. Ele dava esses sumiços, para suas escapadas. Só soube notícias dele dez dias depois.

Lucinha Araujo

Após duas semanas em São Francisco, Lucinha marcou o retorno ao Brasil. Antes, Cazuza resolveu levá-las para conhecer Sausalito, indicação de Guto Graça Mello. Com o retorno da família ao Brasil, Cazuza se mudou para dividir um apartamento com um chinês. Ficou nesse tempo sem dar notícias aos pais, colocou uma mochila nas costas e saiu com uma amiga para conhecer Los Angeles.

210.

Pasco

Como eu tinha que mandar o recibo para Imposto de renda resolvi mandar uma carta junto, contando o que "sobrou" do telefonemas.

Aqui está começando a melhor época do ano, que é Setembro - Outubro, fez bastante calor e mesmo de noite você pode andar em manga de camisa, o fog desaparece e o sol brilhe mesmo, o dia todo. Eu tô preto, porque moro a uns 10 quarteirões da praia, e todo dia depois de aula vou dar uma nadada.

O problema do curso de inglês eu resolvi da melhor forma: Estou pagando a uma amiga minha aulas de conversação. Ela não queria cobrar mais eu acho que pagando fica um compromisso

mais tanto da parte dele
quanto da minha. Essa
garota é uma black incrível,
é garçonette do barzinho que
eu frequento e canta numa
boate nos fins de semana, além
de ser fotógrafa, quer dizer,
assunto é o que não falta nas
nossas aulas. O curso do
Art Institute acabou hoje e
o de fotografia acaba
daqui a duas semanas,
eu já tô procurando por outro,
hoje vou no consulado transar
o visto, eu quero ver se consigo
um de 6 mêses. ou mais.
Estou feliz, com saudades
de todo mundo aí mas ao
mesmo tempo não querendo
voltar tão cedo

um beijão do filho

Cazuza

211. Carta de Cazuza aos "pases", João e Lucinha, sobre a experiência de viver fora do país, em Oakland, nos EUA, para estudar fotografia e artes visuais: "O curso do Art Institute acabou hoje e o de fotografia acaba em duas semanas, eu já estou procurando por outro. Hoje vou no Consulado transar o visto, e ver se consigo mais uns seis meses ou mais. Estou feliz, com saudades de todo mundo aí, mas ao mesmo tempo não quero voltar tão cedo"

São Francisco, 16 de agosto de 1979

Gogoia,

pissú, pissú, sussú, e tudo mais jogo num verso... Estou escutando a Gal
cantar "Fruta gogoia" no meu gravador, é uma tarde ensolarada em
São Francisco, e eu tô levando um som no violão e tô feliz e resolvi escrever,
porque normalmente é difícil eu ter saco e ideia de pegar um papel pra escrever.
Às vezes eu tô de bobeira e me vem uma pessoa na cabeça, aí eu escrevo como
agora. Agora a Gal tá cantando "Vapor barato", e essa música me traz recordações
dos velhos carnavais: "Eu estou tão cansado/ Mas não pra dizer/ que eu tô indo
embora/ talvez eu volte/ um dia eu volto..." Eu, pra variar, tô super desbundado,
curtindo as mesmas loucuras do Rio, muito bar, muita birita, muito haxixe,
embora ainda não tenha uma "tchurma", mas tenho conhecido gente e saído
muito. São Francisco é a cidade americana que tem o maior número de gays em
proporção aos habitantes, às vezes perde até a graça, eu nunca vi tanto gay na
minha vida. Outro dia teve uma passeata com mais de 100 mil, a principal rua
da cidade (equivalente à av. Rio Branco no Rio) foi fechada e era impossível achar
alguém que não fosse entendido, uma loucura.
E você, gatinha, já se apaixonou de novo? Espero que sim, eu conheço esse
coraçãozinho tão bem... A notícia da morte do Dario foi um baixo astral tão
grande que eu prefiro nem falar muito.
Eu tô, mais do que nunca, planejando ir a Nova York dia 1º de outubro. Eu vou de
ônibus e pretendo ficar quinze dias viajando pelo deserto dos EUA, New Orleans,
Nashville e tal. Vai ser um barato. São Francisco é barato, mas é tipo Salvador,
só no verão. Em N. York é que rola tudo. Eu vou ficando por aqui.
beijos, beijos, beijos

Cazuza

PS. Vê se me manda uma fita, de preferência com a turma toda junta.
Meu endereço, até 1º de outubro, é 3250 Laguna – 201 São Francisco – CA 94123

PS II. Meu telefone é (415) 922-9472. Em caso de trambique, mande uns baseados
por carta (no máximo três bem passadinhos a ferro. A maconha daqui é uma merda).

212. Cazuza aos 20 anos, em foto de passaporte, 1978

Cazuza desembarcou no Brasil sem dinheiro para pegar um táxi, porque havia gastado os trezentos dólares que havia economizado com muambas. Ele ligou para casa, mas, como não sabíamos que retornaria naquele dia, fomos para a Fazenda Inglesa, em Petrópolis. Então ele ligou para minha irmã mais velha, Clarinha, cuja filha havia dado à luz na madrugada. Meu cunhado buscou ele no aeroporto e foram direto para a maternidade. Depois, foi nos encontrar em Petrópolis, usando um macacão que comprou num brechó americano que ele dizia ter sido de um soldado do Vietnã... Ele voltou curtindo muito a sua paixão: a fotografia. Chegamos a montar um estúdio com laboratório no apartamento que ele alugou. Mas logo depois ele desistiu, foi fazer teatro, e mergulhar na poesia. E, assim, a poesia o levou à música.

Lucinha Araujo

Cazuza retornou ao Brasil em 17 de novembro de 1979. A viagem de cinco anos ou de vida inteira durou sete meses. No Aeroporto Internacional do Galeão, no Rio de Janeiro, a Polícia Federal apreendeu seu equipamento fotográfico, além das muambas de porcelana que trazia para vender às amigas.

213. Cazuza em viagem a Los Angeles com o pai, para conhecer a capital do cinema, 1979

Meu pai sempre me deu a maior força pras loucuras que eu quis fazer. Sempre esteve do meu lado. Dizia: "Você vai quebrar a cara, mas faz o que você quer".
Cazuza

artigo João Araujo

Cazuza por seu pai

Fui talvez o último a saber do talento de Cazuza. Ele costumava se trancar no quarto para trabalhar e escrever suas letras. Para não ser invasivo, eu respeitava o espaço dele e me mantinha afastado. Também nunca tinha ouvido Cazuza cantar em casa. Por isso, me surpreendi quando o vi cantando "Edelweiss" num espetáculo no Rio de Janeiro. Nunca pensei que ele tivesse extensão vocal para cantar.

Mais tarde, ao voltar de viagem, fiquei novamente surpreso quando Lucinha me disse: "Cazuza vai estrear numa boate em um show com o Barão Vermelho". Foi um susto maior ainda. Nem sabia que ele tinha entrado para um grupo de rock. Fui ver o show e levei Moraes Moreira comigo. Era tudo muito ruim, o som era de garagem, mas senti que ali naquele palco havia algo mais, um talento, algo mais que um menino curioso para trabalhar com música.

Como pai, é muito difícil obter distanciamento para julgar o trabalho de um filho. A gente acaba embaralhando um pouco as coisas. Mas percebi, como profissional do disco, que Cazuza era talentosíssimo. A época – os anos 1980 – ajudou um pouco Cazuza a mostrar esse talento. Era uma época brava, difícil. E a impressão que eu tenho é que, em todos os tempos, o criador se sente muito mais estimulado quando tem algo contra o que protestar. Cazuza já era um rebelde por natureza. Um rebelde "sem calça", como ele mesmo brincava. E a época o ajudou, pois, apesar de não demonstrar, Cazuza era um ser político por excelência, e aquele momento formava um cenário político que lhe permitiu desenvolver uma obra que vai ficar.

Eu me surpreendi foi com o estilo romântico da sua obra. Mas era, na verdade, um lado que Cazuza sempre teve: o da identificação com a música popular brasileira. E Cazuza participou de alguma forma disso,

o que o levou a buscar como referência autores que não tinha conhecido, como Cartola, Nelson Cavaquinho, Dolores Duran, Lupicínio Rodrigues... Mas, de qualquer forma, levei um susto quando ele compôs canções como "Codinome Beija-Flor".

Como pai, tenho profundo orgulho de Cazuza em qualquer tempo ou lugar. Fico feliz quando ouço a música dele ao entrar no elevador, ao viajar de avião, ao ligar o rádio do meu carro... Ou então quando alguém faz uma menção a mim como o "pai de Cazuza". Tudo a respeito dele me emociona, e me dá orgulho, esse trabalho que meu menino fez quase sem a gente ter percebido. Eu gostaria muito de entrar na máquina do tempo e voltar alguns anos, até os anos 1980, para poder dar valor mais de perto à obra dele no momento em que ela foi criada. Mas a história nunca é assim. A gente quase sempre passa pela história sem se dar conta que está vivendo nela.

Fui muito resistente à ideia de Cazuza gravar na Som Livre com o Barão Vermelho. Teve um dia que os produtores Guto Graça Mello e Ezequiel Neves chegaram a ir cinco vezes à minha sala para tentar me convencer. Naquela época, eu ainda não tinha olhado com a devida atenção o trabalho de Cazuza. Ainda não tinha parado para observar a profundidade de suas letras e a consonância política com a época em que foram criadas. Só pensava que, como pai, seria cabotino se eu gravasse o Cazuza. Até que Guto e Zeca me convenceram pelo cansaço. E o mais gratificante de tudo isso é que nunca houve questionamento sobre o fato de Cazuza ter começado a gravar na Som Livre. Isso me deu um conforto de saber que em nenhum momento eu fui um protetor de Cazuza, mas apenas um instrumento inicial para veiculação do seu talento.

artigo João Araujo

Quase vinte anos depois sua obra está aí, agora documentada neste livro [*Preciso dizer que te amo: Todas as letras do poeta* (Editora Globo, 2001)]. E só posso repetir, mais uma vez, que tenho um orgulho grande como pai e profissional. Assim como Renato Russo, Cazuza virou referência da geração 80, do rock. E uma referência para as gerações que estão por vir. Com energia e coragem impressionantes, ele inscreveu sua obra no primeiro time da música brasileira. E o tempo, que não para, se encarregou de provar o talento que já existia desde o seu primeiro show.

P.S. Indispensável registrar, a meu ver, a importância, entre outros, de Rimbaud, Kerouac, Roberto Frejat, Clarice Lispector, Allen Ginsberg, Ezequiel Neves, Billie Holiday, Chet Baker, Ney Matogrosso, Janis Joplin, Carlos Drummond de Andrade e Caetano Veloso no desenvolvimento da carreira de Cazuza.

anos
1980

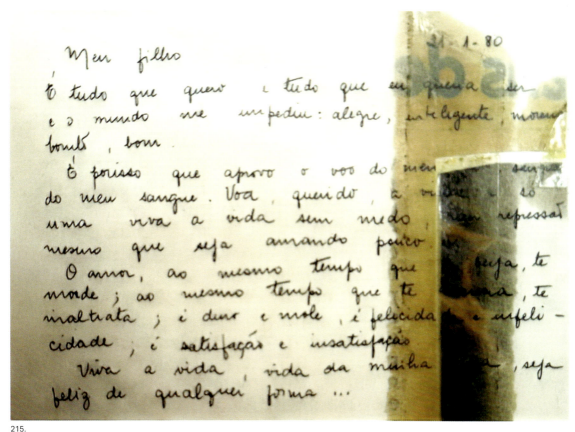

215.

214. Cazuza aos 22 anos, 1980, em busca do seu caminho

215. Bilhete de Lucinha a Cazuza. Ao longo de toda a vida, o poeta trocou com seus pais o afeto em forma de palavras: Cazuza escrevia compulsivamente rascunhos, bilhetes, cartas, poemas...

Este texto foi escrito em 1980, antes de Cazuza iniciar sua carreira. Relendo, vejo que meu filho voou. Muito mais alto que um pássaro, ele foi um cometa, livre!
Lucinha Araujo

216.

216. Cazuza e Lucinha no Dia das Mães, Rio de Janeiro. Além do talento para música, herdou de sua mãe o sorriso e a alegria de viver

LUGARES ONDE CAZUZA MOROU

1981: Ipanema, RJ
Rua Prudente de Morais
Lucinha e João voltam a morar em Ipanema, após comprarem uma cobertura a uma quadra da praia. Fecham o apartamento de Cazuza na rua Montenegro e o levam para morar com eles no apartamento da rua Prudente de Morais.

217. Cazuza fumando seu narguilé no apartamento da rua Montenegro, hoje rua Vinicius de Moraes, em Ipanema, novembro de 1980: apaixonado por fotografia e poesia

Eu e João ficamos desesperados com a história das drogas. João era o fiador do apartamento, chamou Cazuza e disse que foi procurado pela polícia, que sabia o que estava acontecendo. Fizemos a mudança daquele maldito apartamento em 24 horas. Aprovetei que tínhamos mudado para a Prudente de Morais, em Ipanema, e levamos Cazuza para morar com a gente novamente. Era uma fase na qual ele demonstrava interesse em fotografia. Ele gostava de fazer retratos em preto e branco, explorar as sombras, além de revelar seus próprios filmes. Mas logo depois se desinteressou, doou os equipamentos fotográficos para os amigos e seguiu fazendo teatro.

Lucinha Araujo

Em 1980, de volta ao Brasil, Cazuza alugou, com ajuda dos pais, um apartamento de dois quartos na rua Montenegro (hoje rua Vinicius de Moraes), em Ipanema. Nessa época, passa a escrever mais poesia, além de dedicar-se à fotografia, sua grande paixão. Cazuza procurou o produtor musical Durval Ferreira e conseguiu trabalho como fotógrafo e laboratorista na RGE. Seus pais montaram um laboratório num dos quartos do apartamento alugado, com equipamentos então sofisticados. Para fazer um dinheiro extra, Cazuza sublocou um quarto para uma amiga. Porém, em agosto de 1981, o porteiro informou à mãe de Cazuza que estavam traficando drogas no apartamento: em 24 horas, João e Lucinha romperam o contrato de aluguel e fecharam o apartamento.

218.

Quando Cazuza retornou de viagem, após os cursos de fotografia e artes visuais, ele foi morar num apartamento na rua que hoje se chama Vinicius de Moraes. No quartinho de empregada, ele montou uma laboratório de fotografia, com uma ampliadora Dust, e fazia suas experimentações. A fotografia foi uma paixão. Estou falando de um Cazuza indefinido, antes da fama, que se alimentou de ideias, arte, cinema, teatro, música... O jeito de compor os versos de Cazuza vem de uma visão ampliada de poesia, com uma leitura atenta do mundo-imagem.

Marcos Bonisson

218 / 219 / 220 / 221. Fotos realizadas por Cazuza, enquanto fotógrafo, em 1980. Na última fotografia, o amigo Xicão Alves em ensaio feito na cobertura dos seus pais na rua Tabatinguera, na Lagoa

219.

220.

221.

222. Cazuza
posando como
modelo, 1980

Essa pequena amostra de fotos feitas por Cazuza indica que sua obra apontava para vários caminhos. Natural, para quem estava começando a estudar e ainda não tinha um estilo definido, que carregava uma herança do fotógrafo francês Cartier-Bresson. Nas fotos do maluco, o próprio personagem ajuda, embora Cazuza dedique uma atenção especial à luz (ele usava, aliás, uma Pentax de lente normal). Mesmo cuidado que teve com a da mulher, a que mais me chama atenção, especialmente por causa da expressão da moça. Lembra bastante a linha da americana Diane Arbus, fotógrafa excelente que se suicidou. Cazuza, enfim, tinha todas as virtudes para se tornar um bom fotógrafo amador. Amador não no sentido antiprofissional, mas sim aquele que ama a fotografia.

Paulo Marcos

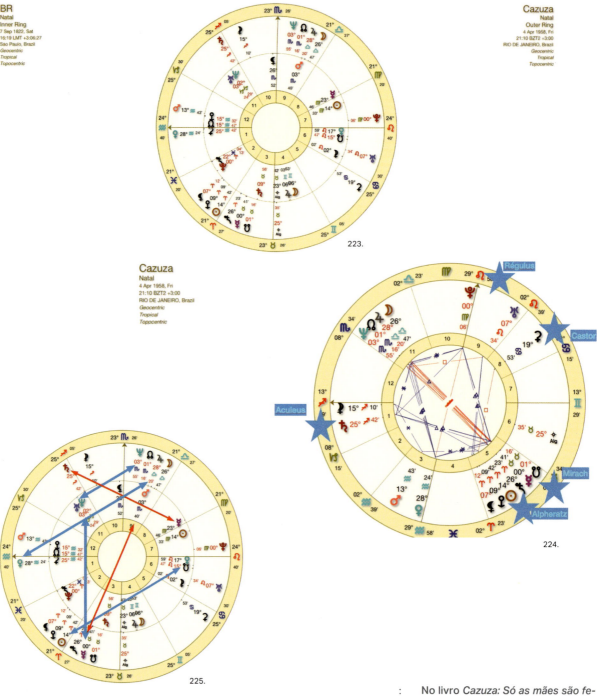

223 / 224. Reconstituição do Mapa Astral de Cazuza feita pelo astrólogo Antônio Carlos Siqueira Harres, o Bola, que atendeu Cazuza, 1980

225. Mapa Astral de Cazuza em comparação com o Mapa Astral do Brasil

No livro *Cazuza: Só as mães são felizes* (Editora Globo, 1997), em depoimento a Regina Echeverria, Lucinha Araujo relata que, em novembro de 1980, o ariano Cazuza procurou o astrólogo Antônio Carlos Siqueira Harres, o Bola, e que ele guardou a gravação da consulta com análise do Mapa Astral.

200

Sou ariano. E ariano, ao invés
de abrir a porta, passa por ela.
Tem dias que, enquanto não
apronto, eu não fico satisfeito.

Cazuza

[...] O Sol em Áries te dá um ideal de afirmação e de crescimento da personalidade, um ideal de independência e luta para alcançar o reconhecimento do teu próprio eu. O ariano tem, basicamente, uma capacidade mental de estimular, de orientar, de impulsionar, de encorajar as pessoas. Então a tua função na vida é essa: estimular e levar os outros – e a você mesmo – a um crescimento. O Sol está na quinta casa do horóscopo e isso representa uma capacidade criadora dentro de um campo educacional, pedagógico, tudo que estiver ligado com as novas gerações, com crianças, com filhos. Nesse aspecto, você encontra alegria de viver, é onde está a tua capacidade criadora vital. Seu destino é abrir novos caminhos, ser ponta de lança, procurar novas soluções, novas possibilidades. Por isso, tua natureza é meio revoltada com tudo o que é demasiadamente estabelecido e preso a valores do passado. Você deve aprender a considerar o direito do outro, a harmonizar com o grupo, com a sociedade, com o conjunto, e não enfrentar todas as situações sozinho. Com isso, você deixa para os outros o que devia fazer por si mesmo. A tua família deve ter uma tendência bem comunitária e bem social. Uma família muito colaboradora, as pessoas são unidas, cooperam umas com as outras. Você gosta muito desse lado, mas tem outro lado que quer ser independente de todo esse envolvimento familiar. Você tem necessidade de realizar as coisas de forma muito elevada, e de querer atingir em suas realizações um amplo raio de ação [...].

Transcrição de gravação em fita K7 com leitura do Mapa Astral de Cazuza pelo astrólogo Bola, em 1980.

Cazuza me procurou em meados dos anos 1980
no meu consultório, em Laranjeiras, para que
interpretasse seu mapa. Era muito jovem, inquieto,
e desejava descobrir que rumo tomar. Chegou
a mim por intermédio de Ana Maria Bahiana e
Ezequiel Neves. Disse a ele que era predestinado ao
sucesso. O que se destaca com grande conjunção
de astros na Casa 5, a dos prazeres e criatividade.
Falei para ele cuidar da saúde, pois era sua área
mais vulnerável. Lhe falei para ter mais critério
nos relacionamentos. Afirmei que não aceitava
controle nem limites. E que não ficava se
subestimando. A estrela Mirach, que representa
um jovem guerreiro em conjunção a Mercúrio,
assinalava sua facilidade poética. Ele poderia ter
sido um grande nome da literatura, da palavra;
o que de certa forma ele foi, por sua poesia.
A Lua em conjunção com Júpiter em triângulo
com Vênus espelha também seu grande sucesso.
Gravamos a conversa numa fita K7... Saturno
em Sagitário na Casa 1 é o que na Astrologia
chamamos de "criança velha", que brincando nos
ensina. Na personalidade tinha o perfil do bufão,
o que desafia e faz troça das normas sociais e as
expectativas de comportamento, revelando que o
rei está nu. Cazuza foi/é uma pessoa predestinada,
que veio para ficar, uma estrela que continuará a
brilhar no céu.

Bola

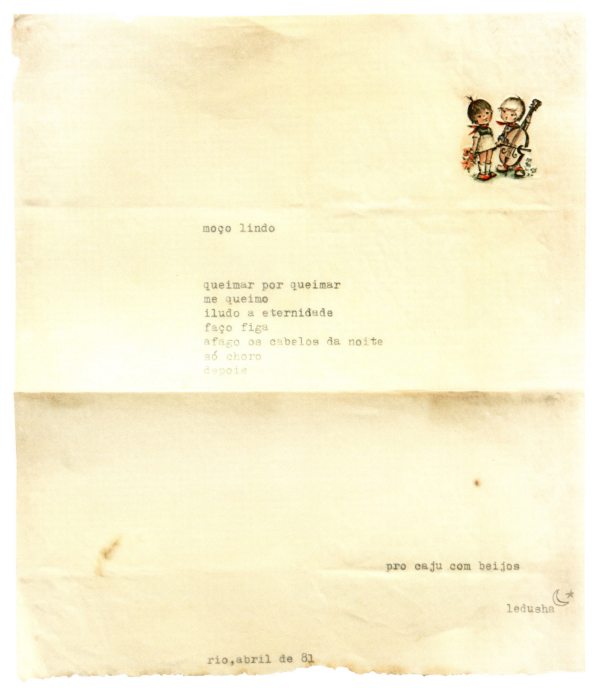

226.

O poema de Ledusha foi musicado pelo multiartista Dimitri BR como blues, em homenagem a Cazuza, para o álbum *Risco no disco* (2023), organizado em parceria com Estela Rosa e Gustavo Galo.

226. A amizade de Cazuza com a poeta Ledusha Spinardi rendeu intensa troca de cartas e poemas. Datiloscrito do poema "Moço lindo", abril de 1981

227. Cazuza tinha a mania de guardar retratos dos amigos e fixar no mural de cortiça do seu quarto. Na foto, a poeta Ledusha, autora do famoso verso que foi estampado em camiseta de Cazuza: "Prefiro Toddy ao tédio", 1981

227.

Conheci Cazuza por volta de 1976. Seu nome soava-me doce e forte, tanto pelo som quanto pelo personagem do livro infantil. Entre vários amigos notei, pela expressão que exibiam ao se referir a ele, pessoa e nome, que carregava certo carisma. Logo nos tornamos amigos – frequentávamos a mesma praia, literal e metaforicamente. À noite, no Baixo (Leblon), nossa festa prosseguia. O entusiasmo – espécie de paixão fraterna – que sentimos ao encontrar um amigo com quem nos identificamos profundamente alimentou nossa amizade. E mesmo sob as garras da estúpida ditadura militar instaurada no país, optamos pela alegria irreverente. Tratando-se de criaturas do nosso naipe, não poderia ser de outro modo. Acabou que as fotos mais conhecidas dele foram feitas, em meados dos anos 1980, com meus versos estampados em sua camisa: "Prefiro Toddy ao tédio". A ideia de fazer a camisa com o poema, a princípio, foi da Gabi Feldman, que havia aberto uma loja muito bacana, se não me engano na Oscar Freire, onde vendia "poemisetas". Depois de alguns anos, fiz as minhas, no Rio, pensando em ganhar algum dinheiro com meu trabalho. Fiz poucas, que vendi, e me sobraram três: duas brancas e uma cinza mescla. Era comum Cazuza me levar pra casa, no Jardim Botânico, às vezes amanhecendo, quando saíamos do Baixo. Ele sempre subia para uma última dose de uísque e acabávamos capotando na minha cama, conversando. Ele sempre acordava mais cedo e ia pra sua casa, "dormir com ar-condicionado", então na ladeira Tabatinguera, Lagoa – ou já seria na Prudente de Morais, Ipanema? – e me deixava bilhetes. Um deles, dizia assim: "Como não encontrei a minha, peguei duas camisetas suas, do 'Prefiro Toddy ao tédio'. Vesti a branca e levei a cinza de presente. São a minha cara". A terceira não sei onde foi parar.

Ledusha Spinardi

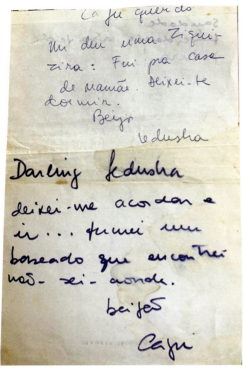

228.

229.

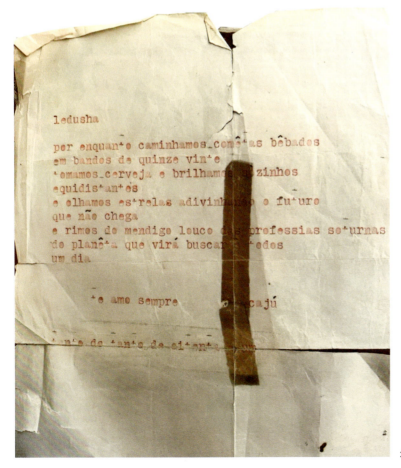

230.

228 / 229. Bilhete trocado entre Ledusha e Cazuza após uma noitada na Pizzaria Guanabara, anos 1980

230. "Carta-poema" de Cazuza a Ledusha: "Caju ficava envergonhado de mostrar o que escrevia, às vezes chegava e largava um papelzinho nas minhas mãos"

Sempre fui um cara certinho, sem as rebeldias dos jovens atuais. Claro que algumas vezes dava minhas fugidinhas de casa, mas sempre voltava como um bom menino. Aos 17 anos comecei a descobrir que minhas poesias podiam ser letras de música e só assumi isto aos 23, quando entrei no Barão Vermelho. Antes disso, procurei conhecer tudo sobre teatro, sobre música da jovem e velha guarda... Sabia que o teatro era um bom veículo para me tornar cantor e fui falar com Perfeito Fortuna, para entrar no seu curso de teatro.

Cazuza

231. O grupo teatral Asdrúbal Trouxe o Trombone: inovação cultural nas décadas de 1970 e 1980, no Rio de Janeiro. Frame do documentário *A farra do Circo* (2013), de Roberto Berliner e Pedro Bronz. Na foto, da esquerda para a direita: Regina Casé e Patrycia Travassos, na parte inferior; Luiz Fernando Guimarães, Perfeito Fortuna e Ivanildo Nunes, na parte superior da foto

Em outubro de 1980, os atores do grupo Asdrúbal Trouxe o Trombone, composto por Regina Casé, Perfeito Fortuna, Evandro Mesquita, Luiz Fernando Guimarães, Patricya Travassos e Hamilton Vaz Pereira, gerou novos grupos de teatro na Escola de Artes Visuais do Parque Lage: Vivo Muito Vivo e Bem-disposto, de Hamilton Vaz Pereira; Banduendes, de Evandro Mesquita e Patricya Travassos; Sem Vergonha, de Regina Casé; e Corpo Cênico Nossa Senhora dos Navegantes, de Perfeito Fortuna. Cazuza e seus amigos que frequentavam a praia de Ipanema se inscreveram no grupo do Perfeito, entre eles, Sergio Dias Maciel (o Serginho), Bebel Gilberto, Carla Camurati, Claudia Otero, Patricia Terra, Waldir Leite, Ruiz Bellenda, Alice de Andrade e Katia Bronstein.

Nós abrimos esse curso de teatro no Parque Lage devido ao sucesso do Asdrúbal Trouxe o Trombone com *Trate-me leão*. E no meu grupo tinha o Cazuza, que eu já conhecia da casa da Regina Casé, ele era muito amigo da Virginia Casé. Éramos todos muito jovens, cheios de vontade de criar. Eu dava um exercício de improvisação para os alunos do curso e o Cazuza já criava uma música. Nessa época, ele já era um exagerado, quanto mais loucura melhor. Lembro que começamos a ir para os bares da Gávea, foi assim que o Baixo Gávea começou. A última lembrança que guardo do Cazuza é de 1989, quando estava passando pelas Paineiras e o vi com o Bené, tomando um banho de cachoeira. Se ele estivesse vivo, sem dúvida, o Brasil seria diferente. É impressionante como Cazuza esteve presente em momentos-chaves da cultura, como a criação do Circo Voador. Cazuza é especial.
Perfeito Fortuna

232.

232. Foto rara de Cazuza no teatro, feita por Sidney Waismann, resgatada por sua sobrinha Katia Bronstein: o exato momento do espetáculo *Paraquedas do coração*, em que Cazuza canta o "Rock da Noviça" como Capitão Von Trapp, 1981

....

Foi com o grupo teatral Corpo Cênico Nossa Senhora dos Navegantes, na apresentação de *Paraquedas do coração*, dirigida por Perfeito Fortuna, que Cazuza cantou pela primeira vez em um palco. Uma surpresa para Lucinha, que estava na plateia do Teatro Cacilda Becker, assistindo Cazuza cantar "Odara", de Caetano Veloso, além de "Edelweiss", composta por Richard Rodgers e Oscar Hammerstein II.

Foi por meio do teatro que Cazuza encontrou realmente a sua "tchurma", jovens que queriam se expressar através da sua arte. Com a turma do Perfeito Fortuna, ele apresentou *Paraquedas do coração*. Fui na estreia, mas João não pôde ir, pois estava viajando a trabalho. Cazuza interpretava o capitão Von Trapp, numa cena de paródia de *A noviça rebelde*. Ele pegou emprestado um terno branco do pai. Fiquei surpresa quando assisti Cazuza cantando "Odara" do Caetano Veloso. Depois, em outra cena, ele subia escadas e cantava "Edelweiss". Foi ali, na plateia do Teatro Cacilda Becker, que eu soube que meu filho cantava. Foi por meio do teatro que Cazuza teve sua primeira experiência cantando profissionalmente. O Circo Voador também foi muito importante na trajetória de Cazuza.

Lucinha Araujo

Rock da Noviça

Barão Von Trapp – Sim tu, só a tu te clamo!

Noviça – Meu Deus! Quem és, homem vulgar?

Barão Von Trapp – Sou teu afã, nessa vida tão vã.

Noviça – Pareces cansado, cheio de mágoas…

Barão Von Trapp – Sim, de fato a vida tem me maltratado um bocado…

Noviça – (ritmo de rumba) Mas quem és tu? Quem és tu? Quem és tu?
Quem és tu? Quem és tu? Quem és tu?

Barão Von Trapp – Nasci lá em Copacabana, era um homem bacana até me casar. Porém, vi as circunstâncias num pai de família me transformar.

Noviça – Já sei, esse papo é velho, tudo o que queres é paquerar. Te manca, homem casado, senão eu rodo a baiana já!

(Coro) Rodo a baiana já
Rodo a baiana já
Rodo a baiana já
Rodo a baiana já!

Barão Von Trapp – Casado fui, hoje sou viúvo. Minha esposa partiu, junto a um rio de álcool. Só me restaram seis filhos controlando os meus passos.

Noviça – Meu Deus, como pude ser tão rude, senta aqui, me conta seus atos!

Barão Von Trapp – De fato, minha vida é um saco. Quem sabe, ó Noviça, se pudesses me ajudar? Os meus filhos necessitam de babá.

Noviça – E minha madre? O que dirá? Se eu partir, vai reclamar. E minha madre, o que fará? Me vendo assim, vai protestar.

Barão Von Trapp – Qual é o nome do seu cafetão? Me diga logo que eu meto a mão! Qual é o nome do seu cafetão, me diga logo que eu meto a mão!

Noviça – Não! Não há cafetão nenhum. (Tchuruba, tchubá, tchubá).
Não, não há cafetão nenhum.

Barão Von Trapp – Se consideras minha proposta, a vida em breve te trará boa resposta. Veja aqui meu endereço, podes crer que será só o começo.

Noviça – Então tá, então tá! Amanhã, às oito eu chego lá! Então tá, então tá, amanhã, às oito eu chego lá!

(Cazuza/Ruiz Bellenda/Leo Jaime, 1981)

233.

233. *Paraquedas do coração* no Teatro Cacilda Becker, 1981: Cazuza (Barão Von Trapp) contracenando com Ruiz Bellenda (Noviça)

Conheci Cazuza em 1981. Ele amava Janis Joplin de verdade, havia um pôster dela na casa dele. E um outro pôster do Jimi Hendrix. Uma vez aluguei o documentário *Janis* e ele enlouqueceu, me convidou para ir até a casa dele para assistirmos. Mas começou a beber e mal viu o filme, então fomos para o Baixo Leblon. Ele ficou com a fita e só me devolveu um mês depois. Nós começamos a fazer teatro no Parque Lage no início de 1981, em março, e ficamos no grupo Corpo Cênico Nossa Senhora dos Navegantes. A gente tinha uma conexão forte, fazia muitos exercícios de improvisação juntos. Em junho, fizemos *Parabéns pra você*, no Teatro Candido Mendes, em Ipanema. Logo depois, participamos da criação do Circo Voador, que estreou em janeiro de 1982. No Circo apresentamos *Paraquedas do coração*, e também fizemos uma temporada no Teatro Cacilda Becker. A gente fez junto uma cena que era uma versão de *A noviça rebelde*, com uma canção que criamos: eu, Cazuza e Leo Jaime. Deve ter sido uma das primeiras composições dele. Ele era uma pessoa incrível, vivia cantando Dalva de Oliveira no camarim.

Ruiz Bellenda

234.

234. Encenação de *Paraquedas do coração* pelo grupo Corpo Cênico Nossa Senhora dos Navegantes, com direção de Perfeito Fortuna, em apresentação no Parque Lage, 1981. Cazuza está de pé, ao centro, sem camisa e com a mão na cabeça; em pé, à esquerda, Sergio Dias Maciel; sentado à esquerda, sem camisa, Ruiz Bellenda; sentada à direita, Katia Bronstein, entre outros

235. Cazuza com Bebel Gilberto e Claudia Otero durante ensaio do espetáculo teatral *Paraquedas do coração* no Circo Voador, 1981

236. Ensaio de *Paraquedas do coração* na Escola Nacional de Circo: aulas de acrobacia com Malu Morenah e Breno Moroni

235.

236.

237. Cazuza em cena de *Parabéns pra você*, ao lado de Katia Bronstein, Virginia Campos (de chapeú) e Bebel Gilberto (ao fundo)

Conheci Cazuza quando eu tinha 16 anos, no curso do Perfeito Fortuna, no Parque Lage. Foi um encontro divisor de águas. Nós fomos do Circo Voador do Arpoador, que reunia artistas de várias expressões: poetas, bailarinos, atores, artistas visuais... No meio do curso, encenamos também *Parabéns pra você*, com direção do Ariel Coelho. Foi um encontro que nos constituiu, como seres humanos e artistas. Nessa época, Cazuza já cantava lindamente. Me lembro dele na festa do meu aniversário, sempre alegre. Guardo com muito carinho um poema que ele escreveu para mim. Cazuza era poeta, lia muita poesia. E isso fez a diferença na carreira musical dele.

Katia Bronstein

Em 1981, durante o curso de teatro com o grupo Corpo Cênico Nossa Senhora dos Navegantes, alguns alunos se juntaram para encenar o espetáculo infantil *Parabéns pra você*, dirigido por Ariel Coelho no Teatro Candido Mendes. No elenco, além de Cazuza, estavam Ruiz Bellenda, Bebel Gilberto, Victor Haim, Rosane Gofman, Virginia Campos, Marcelo Arruda, Carla Camurati, Sergio Dias Maciel e Alice de Andrade. Xicão Alves, amigo de Cazuza, fazia parte da produção.

238.

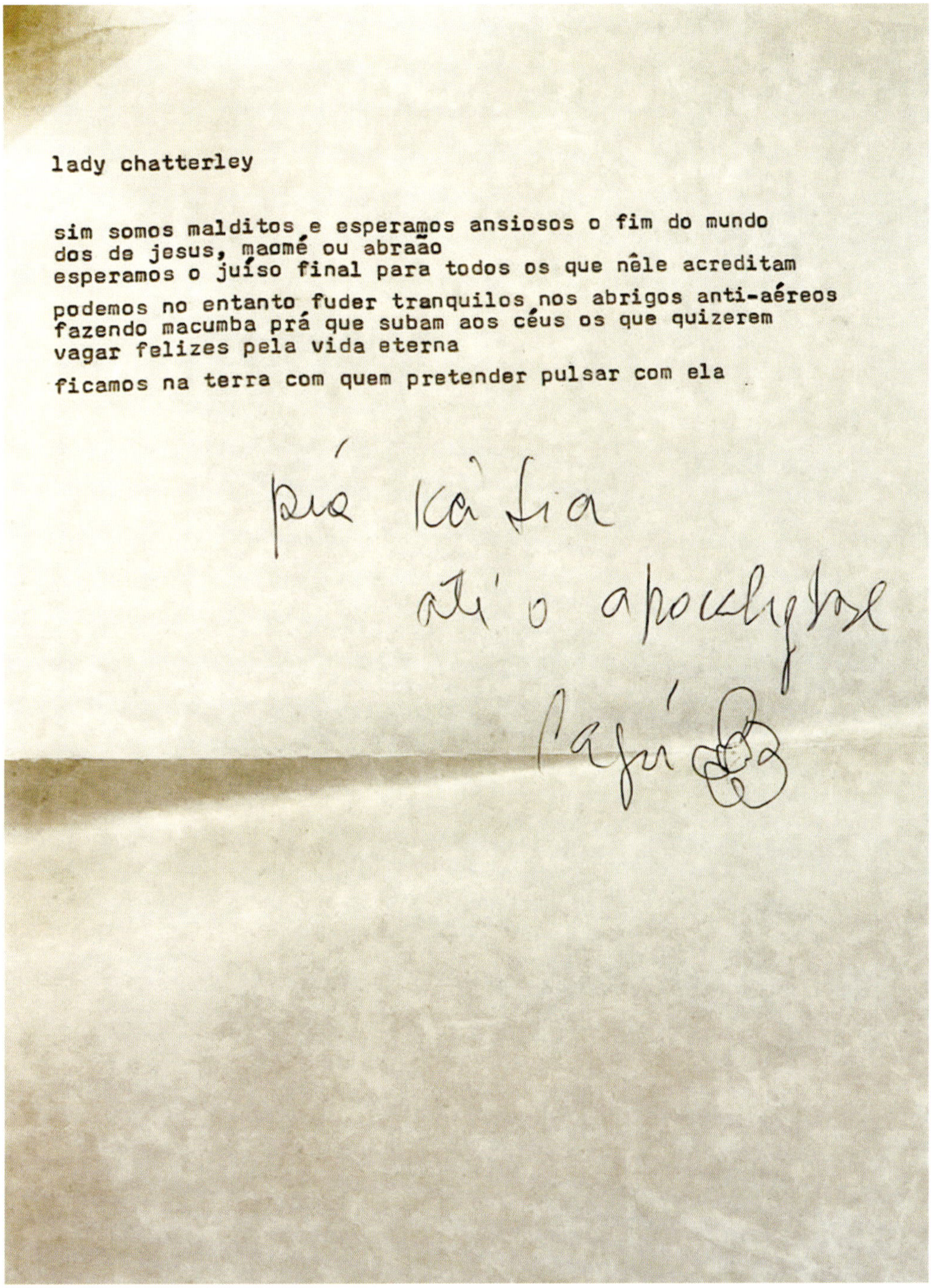

lady chatterley

sim somos malditos e esperamos ansiosos o fim do mundo
dos de jesus, maomé ou abraão
esperamos o juízo final para todos os que nêle acreditam

podemos no entanto fuder tranquilos nos abrigos anti-aéreos
fazendo macumba prá que subam aos céus os que quizerem
vagar felizes pela vida eterna

ficamos na terra com quem pretender pulsar com ela

*prá kátia
até o apocalypse
Cazá*

238. Cazuza sempre compartilhou com os amigos o amor pela literatura. O poema, dedicado à amiga Katia Bronstein, é uma referência ao romance *O amante de lady Chatterley*, escrito por D. H. Lawrence, uma história obscena, proibida na época

239.

Eu e João fomos na estreia do primeiro trabalho de Cazuza no teatro, o espetáculo infantil *Parabéns pra você*. Um dos personagens usava óculos escuros, então Cazuza pegava os óculos de João todo final de semana. Eu não o achava bom ator, era meio canastrão. Cazuza sempre foi melhor com a música.

Lucinha Araujo

Éramos muito jovens, reunidos para fazer teatro. Cazuza, Bebel, Serginho, Alice... Estreamos no Teatro Ipanema, me lembro dos encontros na praia e nos bares. Cazuza sempre foi encantador. E, depois, para além da beleza de sua música, sua poesia, ele teve uma importância política ao falar abertamente sobre hiv/aids. Ele era de uma coragem imensa! Admiro a coragem e a irreverência de Cazuza: ele tinha um olhar agudo sobre a realidade. Não podia ser diferente, Cazuza teve pais espetaculares.

Carla Camurati

239. Cazuza e Ruiz Bellenda em cena, no espetáculo *Parabéns pra você*, no Teatro Candido Mendes, Ipanema, 1981

240. Cazuza e Claudia Otero no centro do palco; Bebel Gilberto e Sergio Dias Maciel ao fundo, durante ensaio da peça *Paraquedas do coração*, no Circo Voador, 1981

Parabéns pra você foi a história de amigos que se juntaram para contar uma história, com direção de Ariel Coelho. Cazuza é importantíssimo em minha vida. Me lembro bem dele no espetáculo, eu fazia a mãe dele. Cazuza era muito bonito e, naquela época, namorava o Serginho. Estava sempre em movimento. Nunca vou esquecer que, num momento em que eu precisava de trabalho, Cazuza falou com Gilberto Braga, por meio de sua mãe que era amiga dele, para me dar uma oportunidade na TV. Cazuza era uma pessoa extremamente generosa, preocupada com os amigos.
Rosane Gofman

240.

Conheci o Caju em Ipanema, eu tinha 15 e ele 23 anos, logo ficamos amigos e passamos a ir à praia juntos. Tínhamos uma irmandade muito grande, era um tempo bonito dedicado às artes, conversávamos sobre poesia. Curtíamos o pessoal do Nuvem Cigana, o Chacal. Quando ele foi para o Barão os amigos ficaram muito felizes, torcendo por ele. Nessa época, eu cantava na banda Tapete Mágico, que fez a abertura do show do Barão no Circo Voador do Arpoador. Depois que ele morreu, fiz a canção "Ode à memória de Cazuza", com o Carlos Mundi, em homenagem a ele. Tem uns versos assim: "Vai Cazuza ser menino no céu/ A vida é sua musa/ a morte só uma blusa/ transparente como véu".
Claudia Otero

241. O histórico abraço do grupo Corpo Cênico Nossa Senhora dos Navegantes no espetáculo *Paraquedas do coração*, 1981. Cazuza é o segundo, da esquerda para a direita

Em 1981, saí de São Paulo com o Asdrúbal para fazer parte da ocupação no Parque Lage, com o grupo Abracadabra, mesclando teatro, dança e circo. Eu participava fazendo um trabalho de expressão corporal com os grupos. Foi assim que conheci o Cazuza e nos tornamos amigos. Dei aulas de acrobacia para a turma dele e fiz a preparação da "cena do abraço", que era linda. Quando surgiu o Circo Voador, os "filhos do Asdrúbal" fizeram a estreia de seus espetáculos, como *Paraquedas do coração*. Nessa época, o Caju estava começando a cantar e trouxe amigos como o Leo Jaime para ajudar na parte musical. Fora do teatro, eu e Cazuza nos encontrávamos muito na praia de Ipanema, conversávamos muito sobre poesia. Ele amava Torquato Neto, Florbela Espanca, Baudelaire... Era uma amizade bonita, Cazuza tinha 22 e eu 19 anos, mas, apesar da pouca idade, eu já tinha uma filha recém-nascida, Joana. Eu era a mais "responsável" daquele grupo de jovens. Ele me contava dos seus amores, colocava a cabeça no meu colo e líamos poesia um para o outro. Acredito que conheci o Cazuza que poucos conheceram. Um dia me contou que tinha feito uma música que pensou em mim, por conta da performance acrobática que fazia em cima de cacos de vidro: "Talvez você caia/ Na minha rede um dia/ Cheia de cacos de vidro/ De cacos de vidro". A canção tem o nome de "Quarta-feira", que era o dia da semana que costumávamos nos encontrar na praia.

Malu Morenah

PARABÉNS "PRA" VOCÊ

Flora Sussekind

CERTA vez, numa carta a Lou Salomé, Freud comentava a respeito dos aniversários: "Sua única desculpa é que só podem ocorrer uma vez por ano e não por muito tempo." Quando, entretanto, lembramos algumas das festas de aniversário de nossa infância, não dá para ignorar que, junto ao Natal, funcionam normalmente como os marcos temporais básicos do cotidiano infantil. Espera-se pelo próprio aniversário, como se espera pelo Natal, para receber presentes, para ver gente com quem não se tem contato todo dia, para comer brigadeiros e bolos. Há sempre certo prazer nessas comemorações. Nem que seja apenas para se sentir amado de acordo com o número de presentes recebidos. Nem que seja para não se perceber a própria solidão junto a um aglomerado de convidados vestidos com suas melhores roupas. Há, porém, uma indescartável sensação de desconforto a percorrer qualquer festa de aniversário. Como se, junto aos presentes, viessem no mesmo embrulho cabelos brancos e rugas. Como se, junto aos convidados de cada festa, estivessem os fantasmas de pessoas que, por um motivo ou outro, saíram de nossas vidas. Como se, desde o início de cada festa, já se pudesse prever o seu final: uma sala desarrumada, papéis de embrulho pelo chão, roupa amassada, cansaço e um monte de presentes que se desejava ganhar e não foram recebidos.

Misto de prazer e desconforto, as festas de aniversário são, inegavelmente, marcos do cotidiano infantil. Quase se poderia dizer que são os "acontecimentos sociais" por excelência na vida de qualquer criança. Há as festas dos amigos, dos familiares, o próprio aniversário, rituais que servem para empurrar a criança na direção das regras do jogo social de que participa. Perceber como "teatrais" os gestos e circunstâncias que cercam uma festa de aniversário qualquer é, talvez, um dos primeiros passos das crianças no sentido de olhar criticamente a sociedade e a cultura em que são criadas. Não ver como coisa natural e indiscutível sua própria cultura permite a qualquer um tornar-se observador crítico e possível agente de transformação do que lhe pareça necessário. Mostrar o caráter de espetáculo que possui qualquer aniversário, como se faz em **Parabéns Pra Você**, criação coletiva em temporada no Teatro Cândido Mendes, permite aos espectadores infantis uma visão bem mais crítica das cenas habituais a que assistem nas suas festas. Permite, inclusive, que riam dos próprios adultos, os verdadeiros organizadores das festas infantis. É a mãe quem escolhe a roupa, os doces, os enfeites. Por isso, tanto o cenário quanto as ações da peça estão centradas na figura da mãe do aniversariante, bem interpretada por Rosane Gofman. Por isso, **Parabéns Pra Você** se desdobra em dois planos. Há a festa propriamente dita e uma peça representada durante a peça. Há o ritual e uma visão crítica desse mesmo ritual. Desdobramento que coloca em cena a operação básica do espetáculo: fazer a plateia infantil vivenciar uma festa de aniversário e, ao mesmo tempo, distanciá-la criticamente da festa, revelando-a como "teatro".

Segundo depoimento do grupo, a recriação de uma festa de aniversário de criança obedeceu aos seguintes passos: "A partir de conversas do grupo contando todas as experiências passadas, chegou-se à conclusão que não poderia haver uma postura crítica **a piori**. Daí, a preferência de cair no espírito comum de uma festa e de embarcar o público no mesmo clima". No entanto, o simples fato de fazerem da festa, teatro, obriga o espectador a uma postura crítica inevitável. Seja ao "assistirem" a novas festas ou ao lembrarem também experiência passadas. **Parabéns Pra Você** aproxima-se assim de uma das tendências mais fortes no teatro infantil carioca este ano: o memorialismo crítico. Como em **Brincando com Fogo** (Teatro Ipanema) ou **Vira Avessa**, também em **Parabéns Pra Você** é a classe média se olhando num espelho meio irônico, meio caricatural. Como o retrato da dona-de-casa que ocupa uma das paredes do cenário no Teatro Cândido Mendes caricaturiza a mãe do aniversariante, também a recriação teatral da festa faz dela um motivo de riso. Faz da festa e da própria classe que promove compulsivamente aniversários e mais aniversários objetivos de crítica, e não instrumentos para a aceitação por parte da criança das regras e rituais com que a educam.

Talvez o desejo de apenas "cair no espírito comum de uma festa" tenha levado **Parabéns Pra Você** a cair em alguns excessos nos aniversários. Há possivelmente cenas demais e o espetáculo às vezes se alonga e perde em comicidade e interesse. Como se o grupo tivesse desejado colocar **tudo** em cena. Desde a conversa arrastada do aniversariante com o primeiro paulista excelente "brincadeira de médico" de dois convidados. Bastariam alguns cortes para que o espetáculo tivesse mais de dois ritmos. O que não é tão difícil quando se tem em mente, por exemplo, o trabalho do Manhas e Manias em **Brincando com Fogo**. A ligação das cenas é rápida e feita, sobretudo, com os jogos de corpo e improvisações circenses dos atores. Rapidez que ainda falta um pouco a **Parabéns Pra Você** para que o seu ritmo se aproxime efetivamente do da festa. Para que o espectador olhe criticamente para sua própria classe, para os aniversários e não apenas para a peça a que assiste. Mesmo necessitando talvez de alguns cortes, **Parabéns Pra Você** e sua recriação cômica do ritual burguês do aniversário se constitui num dos bons espetáculos infantis em cartaz. Interessante, especialmente, por permitir à criança uma visão mais crítica de seu universo cultural e de sua classe.

O ritual do aniversário infantil em *Parabéns Pra Você*, em cena no Teatro Cândido Mendes

242. Crítica do espetáculo *Parabéns pra você*, por Flora Süssekind, no *Jornal do Brasil*, 27 de novembro de 1981

243.

243. Festa de aniversário dos 16 anos de Katia Bronstein, na casa dos seus pais, Cosme Velho, Rio de Janeiro, 1981, com os amigos do teatro. Na frente, da esquerda para a direita: Marcinha Florence, Sergio Dias Maciel e a aniversariante. Atrás, também da esquerda para a direita: Patricia Terra, Cazuza, Conceição Rios, Bebel Gilberto, Alice de Andrade e Perfeito Fortuna

244. Cazuza nos tempos do teatro com o grupo Corpo Cênico Nossa Senhora dos Navegantes, de Perfeito Fortuna, durante apresentação de *Paraquedas do coração* no Circo Voador, Arpoador, 1982. Na foto: Bebel Gilberto, deitada, à frente; em pé, da esquerda para a direita: Claudia Otero, Sergio Dias Maciel, Katia Bronstein, Ruiz Bellenda, Patricia Terra e Cazuza, entre outros

244.

Foi muito marcante para todos ter entrado em contato com o Asdrúbal. O Perfeito instigava muito a nossa criatividade nesse curso, no Parque Lage, no qual conheci o Cazuza, que já era talentoso. Lembro de quando ele falou que ia fazer um teste para um grupo de rock. No meio do curso fomos encenar *Parabéns pra você* no Teatro Ipanema. O Ruiz Bellenda, que fazia curso com a gente, era casado com o Ariel Coelho, que dirigia o infantil, e convidou algumas pessoas. Era *heavy metal*, tinha muita briga no camarim. Tive algumas brigas com Cazuza: ele era doce, mas às vezes agressivo... Depois veio a criação do Circo Voador, da qual participamos intensamente. O Circo, no Arpoador, durou três meses, mas reabriu na Lapa e permanece até hoje. Só guardo boas lembranças dessa época, e do Cazuza. Um momento em que acreditamos nos nossos sonhos.

Alice de Andrade

245.

Gosto de estar sempre com muita gente.
Não vou a boates, porque não gosto de lugar
fechado. No bar, você de certa forma está na rua,
sai pra comprar um cigarro, volta sabe quando,
bêbado, feliz da vida, por ter encontrado gente.

Cazuza

245. Caju e amigos do teatro posando de "Dzi Croquettes" na praia de Ipanema. Da esquerda para a direita: Giovanna Gold, Mario Dias Costa, Virginia Casé, Roberto Berliner, Claudia Otero, Bianca Byington, Sergio Dias Maciel, Cazuza, Karen Acioly, Ruy Cortez e Mariana Mesquita, 1982

246.

246. Cazuza com amigos do teatro no Arpoador, montando a pirâmide humana de *Paraquedas do coração*, 1982

247. Cazuza curtindo a praia com a amiga Claudia Otero, 1982

248. Xicão Alves segurando o cachorro Wanderley ao lado de Rita Matos na praia de Ipanema, fotografados por Cazuza, 1982

249. Cazuza com amigos no Arpoador: Nonato Estrela, Maiz Ribas, Yara Neiva e Serginho, 1982

250. Frejat, Felipe Martins e Serginho com a amiga Vanessa, no Arpoador

247.

248.

Cazuza amava jogar frescobol com os amigos na praia. Ele era um cara muito solar, como seu canto, sua poesia. Ele amava ir à praia, jogar com os amigos, poderia passar horas com a raquete na mão, correndo de um lado para outro, debaixo do sol, nas areias da praia de Ipanema.

Roberto Frejat

249.

250.

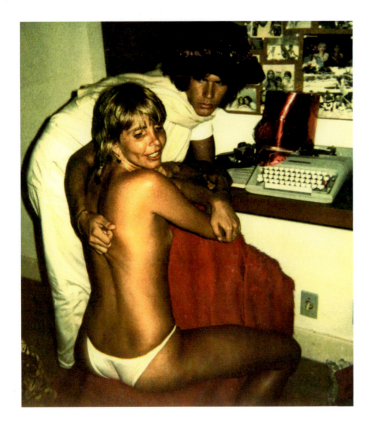

iara neiva não me leve à mal
por lhe dizer mal traçadas frases
de louco furioso solto
o nosso amor foi inventado num passa
sem patrocínio de pepsi cola nenhuma
sem garantias de felicidade
e sem felicidade

os furacões do sul ainda vão passar
e as correntes do mar mudarão
todos os verões serão iguais
e ninguém ficará só, nunca mais

251.

251. Cazuza em seu quarto posando com Yara Neiva: amizade, poesia e amor até o fim. Poema de Cazuza para Yara Neiva, datilografado na máquina de escrever – o poeta registrou o nome da amiga com "i": "Iara Neiva, não me leve a mal"

252. Dedicatória de Cazuza a Yara Neiva na contracapa do disco *Só se for a dois* (1987): "Para minha eterna noiva, paixão total. Caju"

252.

Cazuza e Yara Neiva se conheceram em 1978, no Rio, e mantiveram uma relação de amor livre durante toda década de 1980, partilhando de uma amizade sólida e verdadeira. Foi Yara Neiva quem apresentou Cazuza a Ney Matogrosso, na praia de Ipanema.

A gente se conheceu na praia de Ipanema, em 1978. Ele estava com o Wanderley e minha filha pediu para brincar com o cachorro. Na primeira vez que nos encontramos ele dormiu na minha casa. Engatamos uma amizade, tivemos uma conexão profunda. Foi um encontro de almas. Acompanhei todas as fases da vida do Cazuza, a gente se conhecia pelo olhar. A gente tinha um código: ele me olhava e eu já sabia. Poucas pessoas sabiam da nossa relação, mas dormimos muitas vezes juntos. Era outro tempo, tivemos uma relação livre por muitos anos. Nada era proibido. "Heavy love", entre outras canções, ele fez para mim: "Pro nosso amor descarado e virado, virado.../ O mundo lá fora não vale pra nada, pra nada.../ Eu não sei se o nosso caso vai durar ou não". A gente tinha planos de ter filhos. Mas depois que ele morreu apareceram várias viúvas do Cazuza. Não falo nada... Cazuza era encantador, inteligente, articulado e muito bom amigo. Penso em Cazuza todos os dias: ele foi a melhor coisa que me aconteceu. Uma semana antes dele morrer, fui visitá-lo, ele já estava na cadeira de rodas. Foi muito difícil ver ele ir embora daquela forma. Sinto muita saudade.

Yara Neiva

Você chegava na casa dele e o Cazuza estava lendo Nietzsche, já tinha ido à praia. Ele comia camarão com chuchu, sabe? Era extremamente bem informado, viajado, intelectual mesmo. É triste só ligarem ele à coisa de ser porra-louca. A doença [aids] criou esse rótulo doidão. Não tem nada a ver com a qualidade da música dele, do grande amigo que ele era, o grande protetor, irmão, que na madrugada ia te levar de carro em casa. [...] A gente passava na padaria, em Ipanema, pegava um pão que estava saindo, ia pra casa. Sim, ficávamos acordados a noite inteira. Mas a gente tomava café da manhã, dormia três horas e ia pra praia de novo. Ressaca. [...] Se não tivesse tido um Cazuza na minha vida, eu provavelmente teria sido um pouco mais catita, como dizem.

Bebel Gilberto

253

253. Cazuza começou a montar o seu mural de cortiça em 1981. Foi possível identificar referências musicais como Billie Holiday e Janis Joplin, além de amigos presentes em sua trajetória: Sandra de Sá, Caetano Veloso, Ney Matogrosso, Gal Costa, Ezequiel Neves, Perfeito Fortuna, Ruiz Bellenda, Patricia Casé, Yara Neiva, Bebel Gilberto, Israel Rebouças, Marcelo da Costa Martins e Serginho – seu namorado na época. Atualmente, o mural encontra-se exposto no Centro Cultural Cazuza, em Vassouras

254 / 255. Na época do grupo de teatro, Cazuza namorava um ator da peça, Sergio Dias Maciel, o Serginho, que era chamado pelo elenco de Sergio Kinski, por causa da atriz Nastassja Kinski. Bilhetes de amor de Cazuza a Serginho, escritos no caderno de escola

> Serginho era um menino lindo, parecia um príncipe encantado de contos de fadas. Eles formavam um casal lindo. Jovens, lindos e enamorados. Entre idas e vindas, eles foram namorados a vida inteira.
> *Ruiz Bellenda*

254.

255.

Aprendi muito com Cazuza. Ele era um ser cheio de energia, alegria e também muito polêmico. Nos conhecemos no curso de teatro do Asdrúbal, no Parque Lage, quando integramos o grupo Corpo Cênico Nossa Senhora dos Navegantes. Ele deu em cima de mim, todo sedutor, e eu caí na dele. Depois, soube que ele tinha feito uma aposta que ia me pegar. Ficamos a primeira vez quando ele me ofereceu carona, passávamos pela Lagoa Rodrigo de Freitas e tocava Roberto Carlos: "Cavalgada". Ao invés de me deixar em casa, me levou para a casa dele. Nos apaixonamos, íamos muito à praia. A Bebel dizia para ele não ficar comigo porque me achava caipira, mas ficamos juntos um bom tempo, uns quatro anos. Ele me mostrava os poemas, eu corrigia os erros de português... Mas a relação foi ficando impossível conforme ele ia ficando famoso. Cazuza brigava muito comigo, dizia: "Você é que nem minha mãe, você quer casar!" Dizia isso e me trancava dentro do apartamento, era uma maluquice. Nós já estávamos separados quando ele soube do diagnóstico de hiv/aids. Fui visitá-lo, em 1988. Já estava bastante doente, quando ele pegou minha mão e disse: "Vamos recomeçar?" Cazuza era muito intenso.

Sergio Dias Maciel

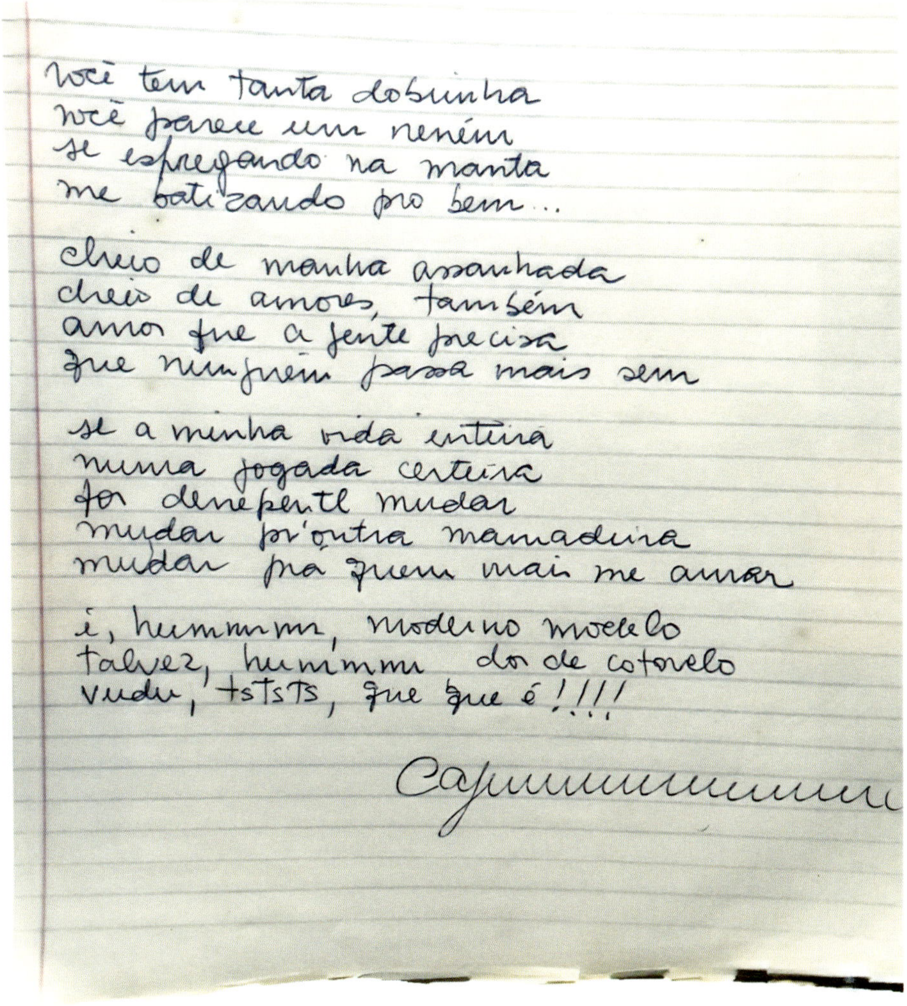

você tem tanta dobrinha
você parece um neném
se espreguando na manta
me batizando pro bem...

cheio de manha assanhada
cheio de amores, também
amor que a gente precisa
que ninguém passa mais sem

se a minha vida inteira
numa jogada certeira
for de repente mudar
mudar pr'outra mamadeira
mudar pra quem mais me amar

é, hummmm, moderno modelo
talvez, hummmm dor de cotovelo
vudu, tststs, que que é!!!!

Cajuuuuuuuuuuuu

256.

256. Poema de Cazuza
escrito para Serginho, 1981,
tempo em que assinava o
codinome "Caju"

257 / 258. Cazuza e Leo Jaime: amigos dos tempos do teatro

257.

258.

Leo Jaime conheceu Cazuza por intermédio de uma amiga chamada Patrícia. Ela dizia que Leo tinha que conhecer um amigo dela, Caju, que estava "morando" na Califórnia. Logo as afinidades fortaleceram a amizade, que, apesar das diferenças sociais, se manteve firme todo o tempo. Saíam juntos e conversavam muito sobre literatura, teatro e música. Leo Jaime incentiva Cazuza a cantar, apesar da resistência. Num desses encontros, foi para o amigo Leo que Cazuza mostrou pela primeira vez a canção "Down em mim", inspirada em "Down on me", do álbum *Big Brother & The Holding Company* (1967), de Janis Joplin, cantora pela qual tinha grande admiração. Leo Jaime é o primeiro parceiro de Cazuza: juntos criaram a canção "Pobreza". Em 1981, Leo musicou o texto teatral, escrito por Cazuza e Ruiz Bellenda, para a cena "A viaça rebelde", em *Paraquedas do coração*, dirigida por Perfeito Fortuna.

Nós éramos adolescentes, anos 1980, um dia estávamos na casa dele, conversando, cantando e falando poesia. Mas éramos mais amigos quando ele estava sóbrio, para conversar sobre a vida. Em momentos de dificuldades, eu ligava para comer na casa dele. Ele ficava chateado, puto da vida, e dizia que podia. A nossa realidade era muito diferente, ele rico e eu pobre. Mas ele tinha alma faminta como a minha. Ele falava: "Oi, Pobre!" Eu respondia: "Oi, Pobreza!" E por conta dessa brincadeira fizemos nossa parceria, "Pobreza", mas nunca gravamos. Nossas conversas eram repletas de afinidades, a música e a poesia. Ele amava poesia, conversávamos muito sobre literatura. Tínhamos gostos literários parecidos, compartilhávamos leituras: Nuvem Cigana, Tavinho Paes, Ana Cristina Cesar, Caio Fernando Abreu, John Fante, Bukowski, os *beats*... Ele queria lançar um livrinho mimeografado, acompanhava a poesia marginal. Eu mostrava minhas músicas; ele, os poemas. De repente, Cazuza me pediu o violão. Eu nem sabia que ele tocava, e me mostrou "Down em mim". Falei para ele: "Eu faço cem músicas para conseguir escolher uma para mostrar para alguém. Você tem uma música pronta, é impressionante!" Cazuza era um talento. Mas ele me pediu que não contasse pra ninguém. Não queria que soubessem que fazia música, porque o pai era presidente de gravadora e a mãe cantora. Não queria que pensassem que era "enxerto" do pai. Levei dois anos o empurrando para a música, chamando para fazer *backing* no João Penca e Seus Miquinhos Amestrados, fazendo direção musical dos espetáculos de teatro de que ele participava. Depois fui convidado para ser vocalista do Barão Vermelho, mas considerei o som pesado demais para meu estilo, resolvi indicar Cazuza como vocalista. Quando assisti ao ensaio do Barão, entendi que não faria parte, pensei em Cazuza. Minha intenção foi acender nele a vontade de se expressar por meio da arte. Eu fui o primeiro fã do Cazuza.

Leo Jaime

Pobreza

Me chamam de Pobre
Mas meu nome é Pobreza

Só porque eu ando por aí
Bebendo pinga de macumba
Só porque eu canto rock'n'roll
Balanço o pau e mostro a bunda

Me chamam de Pobre
Mas meu nome é Pobreza

Só porque eu ando por aí
Comendo frango de macumba
Só porque eu canto rock'n'roll
Balanço a testa e mexo a bunda

Me chamam de Pobre
Mas meu nome é Pobreza

(Cazuza/Leo Jaime, 1980)

259.

259. A formação original do Barão Vermelho, 1981. Da esquerda para a direita: Roberto Frejat, Cazuza, Maurício Barros, Guto Goffi e, agachado, Dé Palmeira

Quando o Leo me levou para o Barão Vermelho, o grupo tinha um som tipo Led Zeppelin, rockão gostoso, e precisava de um cantor. Cheguei bem pianinho, devagar. Era um bando de loucos. Pintava camburão na porta porque os vizinhos reclamavam do barulho... Aos poucos fui apresentando minhas músicas, eles foram se amarrando nas letras e pintou a parceria com o Roberto Frejat, a paixão da minha vida, uma gracinha de parceiro. [...] Quando cheguei à garagem do Maurício Barros, no Rio Comprido, o grupo já se chamava Barão Vermelho. Eu nem gostava desse nome, achava que parecia com aquele cara da Guerra Mundial, uma coisa meio boboca, meio revista em quadrinhos. Mas comecei a adorar. Hoje acho um nome genial. Barão Vermelho, um barão socialista. Acho muito brasileiro. [...] Dei de cara com quatro garotos fazendo um som que era um esporro. Roberto Frejat (guitarra), Maurício Barros (teclado), Dé (baixo), Guto Goffi (bateria). O Dé tinha 16 anos e os mais velhos eram o Frejat e o Guto, que tinham 18. Eles não sabiam que eu era filho do presidente da Som Livre. Eram apenas um bando de garotos que não se tocavam para quem era filho desse ou daquele pai importante. Queriam fazer som, sucesso e despertar a atenção do público. Começamos uns showzinhos por aí, em noitadas underground. Quase um ano depois de termos feito muitos shows, o Ezequiel Neves se dignou a escutar uma fita do Barão. Ele fez o maior escândalo e, como era produtor da Som Livre, foi convencer o Guto Graça Mello, diretor artístico da empresa, a gravar o nosso disco. [...] Eu sou a coisa louca. O Dé só pensa em namorar 28 horas por dia, é aquele cara dos Stray Cats, do clip "Sexy and Seventeen", às vezes lembra do baixo. O Guto é ótimo baterista, o que mais mudou na transa do Barão, toca cada vez melhor. O Maurício a gente chama de padre, é totalmente virado para a vida familiar, a mulher, a filha. Quando a gente sai de excursão, ele nem olha para o lado, é genial. O Frejat é o termômetro da banda, o sério, o burocrata.

Cazuza

Cazuza e Frejat se tornaram parceiros desde que foram apresentados por Leo Jaime, em 1981, quando tinham 23 e 18 anos, respectivamente, para formar com Dé Palmeira, Maurício Barros e Guto Goffi o Barão Vermelho. "Nós" é a primeira parceria, criada em 1981: "Por enquanto cantamos/ Somos belos, bêbados cometas/ Sempre em bandos de quinze ou de vinte/ Tomamos cerveja/ E queremos carinho/ E sonhamos sozinhos/ E olhamos estrelas/ Prevendo o futuro/ Que não chega".

"Nós" foi a nossa primeira parceria, feita na casa dos meus pais. Cazuza mostrou os versos e começamos a fazer na hora, com uma guitarrinha. Eu me lembro da alegria dele ao cantarmos os versos. A gente cantava umas cinquenta vezes por dia! Nesse dia, eu fui procurar uma fita para gravar, e achei uma que tinha a gravação minha de uma música dos Novos Baianos. Cazuza ouviu e perguntou: "É você cantando?" Eu disse que sim. Anos depois ele disse que naquele momento ficou com receio de perder o posto de cantor do Barão... É claro que foi uma brincadeira dele, até porque nesse período eu não tinha essa pretensão. A Bebel regravou a canção um tempo depois.

Roberto Frejat

260.

260. No blues "Down em mim", Cazuza apresenta referência direta a "Down on me" (gravada por Janis Joplin), misturando o sagrado ao profano em seus versos: "[...] o banheiro/ É a igreja de todos os bêbados". Misturando o lado passional de um dramatismo *kitsch* brasileiro com a atmosfera universal do rock, as temáticas subversivas e profanadoras foram abordadas por Cazuza, desde o seu primeiro canto como vocalista do Barão Vermelho

Cazuza não curtia minha presença no show, eu me escondia atrás das pilastras ou ia para a última fila para não ser vista. Eu estava na estreia do Barão no condomínio Riviera. O show demorou para começar. Segundo o Frejat, eles atrasaram porque levaram uns baseados e o Cazuza tinha bebido. Ele entrou no palco, abaixou as calças, colocou o microfone dentro da cueca... Eu não sabia onde enfiar a cara. Disseram que ele estava nervoso com minha presença. Mesmo assim, assisti todos os shows de Cazuza. Desde a apresentação do desconhecido grupo de rock Barão Vermelho até sua consagração no Aeroanta, em São Paulo. Fui sua maior fã. Ou melhor, ainda sou sua maior fã. Sou a tiete número 1 de Cazuza.

Lucinha Araujo

261.

261 / 262. Registro raro do Barão Vermelho em seu primeiro show no Condomínio Riviera Dei Fiori, na Barra da Tijuca, Rio de Janeiro, 1981

262.

O grupo se reuniu com a intenção de se apresentar na Feira da Providência, nos dias 5, 6, 7 e 8 de novembro de 1981, no pavilhão Riocentro, em Jacarepaguá. Mas, no dia da estreia do grupo, o som não funcionou e o show foi cancelado, então a estreia acabou acontecendo no playground do condomínio Riviera.

Quando eu descobri o rock, eu
descobri que podia desbundar.
O rock foi a maneira de me impor
às pessoas sem ser *gauche* – porque,
de repente, virou moda ser louco.
Eu estudava num colégio de
padres, onde, de repente, eu era a
escória. Então, quando descobri o
rock, descobri minha tribo, ali eu
ia ser aceito! E rock para mim não
é só música, é atitude mesmo, é o
novo! Quer uma coisa mais nova
que o rock? O rock fervilha, é uma
coisa que nunca pode parar.

Cazuza

263.

263. Em 1981, ao ingressar no Barão Vermelho, Cazuza tira a carteirinha da Sociedade Independente de Compositores e Autores Musicais

264. Cazuza aos 24 anos, no início de sua trajetória no Barão Vermelho, com sua preferência por camisetas listradas, 1982

264.

265. Lucinha e João sempre promoviam encontros com amigos de diferentes gerações na cobertura de Ipanema. Na foto, Lucinha e Cazuza numa dessas festas, 1982

266. Celebração dos 25 anos de matrimônio de Lucinha e João Araujo, 1982

267. Cartão de João a Lucinha, com acréscimo da assinatura de Cazuza: "a nossa musa preferida"

268. Cazuza aos 24 anos, na plateia de um show, 1982

268.

Frejat é paixão. Ele é a antítese de mim. Ele é careta como o meu pai. Aliás, é mais careta do que meu avô, meu bisavô, por isso que a nossa parceria é um sucesso. Ele é um Uri Geller.

Cazuza

269.

269. Cazuza e Frejat: Caju e Brow, amigos e parceiros por toda vida. Na plateia de um show, 1982

Quando nos conhecemos, descobrimos que tínhamos muito em comum: Luiz Melodia, Angela Ro Ro, Novos Baianos... para citar música brasileira. A afinidade foi imediata. Depois, em 1982, já estávamos *brothers* mesmo. Eu ia à casa do Cazuza diariamente, conversávamos, fumávamos maconha, criávamos as canções. Nossa primeira parceria foi "Nós" e, depois, não paramos mais. Eu me lembro que ele voltou dos Estados Unidos e trouxe uns discos de blues, que eu já ouvia muito. A gente se encontrava e fazia audição de Mama Thornton, John Lee Hooker, Howlin' Wolf, Jack Dupree, o melhor da música negra americana. Assim, descobri que tinha facilidade para fazer blues e criamos a canção. É uma das parcerias de que mais me orgulho, junto com "Ponto fraco" e "Todo amor que houver nessa vida" – são versos muito maduros para aquele menino de vinte e poucos anos, é impressionante! "Bilhetinho azul" dá um *start* na criação de um repertório de blues brasileiro.

Roberto Frejat

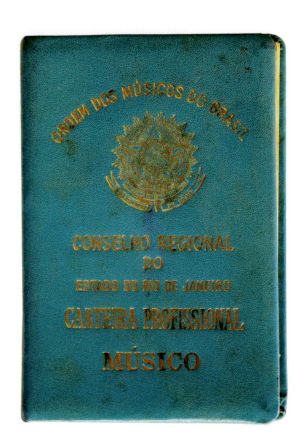

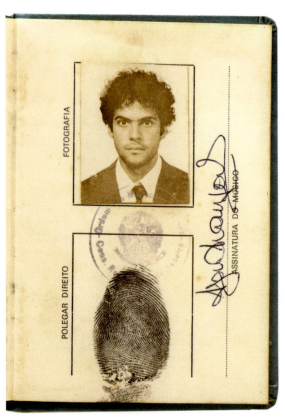

270. Ao ingressar no Barão Vermelho, em 1982, Cazuza tira sua "carteira profissional de músico" – Gênero: Popular

271. Coluna "Zeca'n Roll" de Ezequiel Neves na revista *Somtrês*, julho de 1982

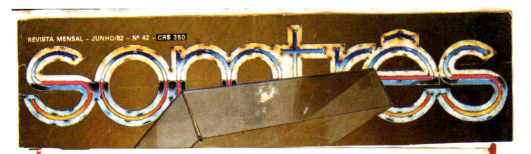

Zeca 'n Roll

Com o volume no máximo do escândalo estou ouvindo uma fita transcendental. É coisa doméstica, gravada com um microfone, só, mas que arroja uma torrente de adrenalina capaz de pulverizar quarteirões. É rock puro, escrachado e demencial, imperfeito e carnívoro, trombetas selvagens anunciando o começo de um novo mundo. E, podem não acreditar, tudo é cantado em português — idioma totalmente, ou quase, avesso ao rock. Pela primeira vez em muitos meses sinto minha alma lavada, volto à adolescência, caio na pândega, escambau!

Mas vamos com calma... A fita é de um grupo recém-nascido, o *Barão Vermelho*, que caiu na estrada em dezembro do ano passado e desde janeiro vem fazendo apresentações esporádicas em covis da zona sul carioca. Até aí, nada demais. Quantos conjuntos surgem e são abortados em quinze minutos na zona sul? Zilhões, seria a resposta. Mas nesses poucos meses de existência, tenho a certeza de que o *Barão Vermelho* já lançou sementes fulgurantes de esporro, alegria, ritmo e juventude, tão raras nos dias que correm. É fogo ser jovem nessa terra de ninguém e cucas ocas.

Fui ao encalço dos garotos e não me decepcionei. Depois de meia hora de papo vi que a barra deles é da mais pura verdade. Não pretendem demolir o mundo nem as instituições. Querem apenas tocar rock e seguir em frente. Mas é justamente por quererem apenas isso que transcendem as teorias caducas e instalam sua verdade através de vozes e guitarras incendiárias. São cinco rapazes: Cazuza Araújo (letras e vocais, 24 anos), Roberto Frejat (composição e guitarra, 19 anos), Maurício Barros (teclados, 18 anos), Dé (baixo, 16 anos) e Guto Goffi (bateria, 19 anos). Nem todos eles são da zona sul, mas o som do *Barão Vermelho* corporifica o clima adolescente de Copacabana, Ipanema e Leblon com uma linguagem que sintetiza exemplarmente esse espaço de concreto lambido pelo mar. Corporifica e universaliza — o que é mais importante.

Dentro da minha futilidade, do meu epidérmico desvario pelas coisas que são infinitas enquanto duram, o discurso do *Barão Vermelho* dá aos meus tímpanos o alimento e passaporte para a viagem ao êxtase. Os garotos são bons demais e representam uma geração que estava custando (ou não podia) chegar a lugar algum. Finalmente posso respirar: uma nova geração está com tudo para destruir as velhas gerações (da qual faço parte) e, o mais importante, vai nos explicar por que faz isso.

CONTO DE FADAS

"Tudo bem, você se mandou / Não agüentou o peso da barra / Que é escolher viver de verdade / Se cagou, parou na metade / Agora vai, vai correndo pra casa / Papai e mamãe tão na sala / Te esperando, tão jantando / Planejando um futuro normal / Que mal!" Esses são os primeiros versos de "Conto de Fadas" que abre a fita do *Barão Vermelho*. É um rock demolidor costurado por uma guitarra crispante e teclados que não devem nada ao soberbo Nicky Hopkins. E há a voz de Cazuza cuspindo fogo em doses avassaladoras. E o que vem depois é um reggae, "Nós", descaralhante, de ressuscitar Bob Marley e seus sonhos libertários: "Por enquanto cantamos / Somos belos, bêbados cometas / Sempre em bando de quinze, vinte / Tomamos cerveja e queremos carinho / E sonhamos sozinhos / E olhamos estrelas prevendo o futuro que não chega/ (...) Vou te mandar um recado / Baby, um reggae bem gingado / Alucinado de quem sonha e não teme verbalizar sua inocência. Os versos de Cazuza reinventam o português de forma telegráfica, sem literatices, ridícula herança de antepassados que fazem de qualquer canção um cemitério de metáforas e circunlóquios vazios. Seu recado possui a urgência das cuspadas, lâmina afiadíssima retalhando instantes de solidão ou amor total, tudo articulado com a luminosidade dos relâmpagos. Me lembra o poeta Chacal em seus melhores momentos. Cazuza traduz genialmente qualquer estado de espírito, nos faz lembrar que qualquer segundo pode conter uma overdose de apocalipses. "Se você me encontrar assim / Meio distante / Torcendo cacho / Olhando o chão / É que eu tô pensando / Num lugar melhor / Ou eu tô amando / E isso é bem pior / (...) Se você me encontrar num bar / Desatinado / Falando alto coisas cruéis / É que eu tô querendo / Um cantinho ali / Ou então descolando alguém pra ir dormir."

O *Barão Vermelho* me reconcilia com a vida. Seu rock é puro, sem frescuras e mumunhas. Uma torrente de juventude caleidoscópica em meio à caduca padronização de nossa música popular. A garotada anglo-americana fez do idioma de Shakespeare um estandarte telegráfico de seus ideais libertários através da explosão mais simples e urgente. O *Barão Vermelho* maneja o português com idêntica estratégia. O que eles cantam é furiosamente direto e acachapante; sua comunicabilidade é instantânea e cristalina. A retórica é inimiga da inocência. Desse mal o *Barão Vermelho* não morre.

ROCK'N GERAL

O grupo, além das seis composições contidas nessa primeira fita que gravou, possui mais dez bolando e trincando. Tudo fantástico e rigorosamente estrunchante. Minha vontade era pegar essa fita e tirar milhões de cópias. Pra mim ela está prontinha, tal e qual todos os discos que os Rolling Stones gravaram. Vida mais pulsativa impossível. E isso nesse mundo de acrílico é a própria receita da salvação. Não me agüento de tanta vontade de ver o *Barão Vermelho* ao vivo. Não tenho, nem nunca tive, certeza de nada. Mas aposto neles de coração aberto. Vou fundo, como, por exemplo, eles vão nessa obra-prima chamada "Rock'n Geral": "Rock'n geral é até mais tarde / Sem hora marcada / Fazendo assim um carnaval / full time / Rock'n geral é bem alto / Pra se ouvir de qualquer nave / Ou de um coração meio surdo / Que não sabe amar / Rock'n geral é apaixonado / Nenem sem pecado / Querendo mamar / Hey mamma can't you hear me cry?"

Ezequiel Neves

O Barão Vermelho, o do rock carnívoro.

272. Cazuza vestiu a camisa do Asdrúbal Trouxe o Trombone e arregaçou as mangas para ajudar com a formação do Circo Voador, 1982

Conheci Cazuza no curso de teatro do Perfeito Fortuna, no Parque Lage, por meio de Marcos Leite, que gostava da força intuitiva do meu trabalho e me indicou para ajudar na parte musical de *Paraquedas do coração*. Desses grupos, originários do Asdrúbal, surgiu a força para o empreendimento Circo Voador, Arpoador. As pessoas se cotizaram, venderam camisetas. Na época da Parada Voadora, Cazuza vendeu um telefone, que naquele tempo valia uma fortuna, para ajudar na vaquinha da construção do Circo Voador. Ele era chamado pelo codinome Caju, é assim que o chamávamos, e estava iniciando no Barão Vermelho. Cazuza nos deixou o legado do exagero, de viver a vida com intensidade. Ele tem essa coisa efêmera dos grandes artistas, como Melodia e Cássia Eller. É bonito que ainda hoje jovens cantem Cazuza.

Pedro Luís

273.

274.

273. Circo Voador na praia de Ipanema, onde funcionou de 15 de janeiro a 30 de março de 1982: "Deixe seu filho no Voador e dê um mergulho no Arpoador"

274. Artistas posam em frente à lona do Circo Voador, que funcionou primeiro no Arpoador e, posteriormente, na Lapa – onde permanece até hoje como legado da cultura brasileira

275. Cazuza vestiu a camisa do Circo Voador, literalmente, e arregaçou as mangas: vendeu o próprio telefone para doar recursos à empreitada

Aproximadamente duzentos artistas do teatro, música, dança e poesia fizeram vaquinhas, venderam camisetas, investiram recursos para levantar o Circo Voador no Arpoador. Jovens se amontoavam para conhecer artistas que começavam suas carreiras, como Barão Vermelho, Blitz, Paralamas do Sucesso, Nuvem Cigana, Tapete Mágico. O fim do verão de 1982 marcou também o fim do Circo Voador à beira-mar. Então, o Circo Voador pousou na Lapa, e lá permanece até hoje, arrastando uma multidão de jovens para o bairro mais boêmio do Rio de Janeiro.

275.

276.

276 / 277. Barão Vermelho no primeiro show no Circo Voador, no Arpoador, fotografado por Murillo Raposo de Carvalho, avô materno do tecladista Maurício Barros, grande fã do grupo desde o início da carreira, 1982

250

277.

Foi durante o curso do Parque Lage que propus fazer o Circo Voador. Procurei o Hamilton [Vaz Pereira] porque a gente precisava de um espaço revolucionário. Mas o Hamilton não concordou porque entendia o Asdrúbal como um grupo de criação estética... Então propus ir à luta, enquanto eles preparavam o espetáculo. Quando fizemos a temporada do *Paraquedas do coração* no Teatro Cacilda Becker, o ingresso era uma camiseta. E foi assim que nos firmamos. O Cazuza já estava se consolidando como artista, se não me engano, foi nessa época que fez o teste para o Barão Vermelho. O nome Circo Voador veio da minha turma no Parque Lage, Corpo Cênico Nossa Senhora dos Navegantes, que havia improvisado sobre circos que voavam... O nome permaneceu, o Circo Voador foi inaugurado em 15 de janeiro de 1982, no Arpoador. A ideia inicial era fazer o Circo na Praça Nossa Senhora da Paz. Eu e Alice de Andrade chegamos a distribuir filipetas: "O Circo vem aí trazendo alegria". Até que fomos falar com dona Zoé Chagas Freitas, esposa do Chagas Freitas, governador na época. Ela ligou para o então prefeito, Júlio Coutinho. Encontramos com o prefeito no Iate Clube... Como sabíamos que ele fazia *cooper*, eu, Cazuza e Bebel fomos vestidos de *jogging*, para abordá-lo e apresentar o projeto. Ele nos liberou o Arpoador, foi um tremendo sucesso. "Deixe seu filho no Voador e dê um mergulho no Arpoador", era o nosso lema. Mas durou apenas dois meses. Então o levamos para a Lapa. Era o momento que estavam querendo demolir a Fundição Progresso, então compramos a briga e o Circo Voador ficou na Lapa. Cazuza faz parte dessa história! Foi no Circo Voador, na Lapa, que ele lançou o primeiro disco do Barão Vermelho.

Perfeito Fortuna

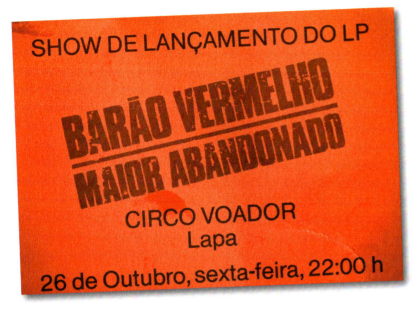

278. Filipeta do show de lançamento do primeiro álbum da banda, intitulado *Barão Vermelho*

279. Fachada do Circo Voador, na Lapa, no dia do show do Barão Vermelho, 1982. O ingresso custou 1.000 Cruzeiros, ou como se dizia na época: "1 Barão!"

278.

279.

253

280. Cazuza e Perfeito Fortuna, o inventor do Circo Voador, durante o show de lançamento do primeiro disco do Barão Vermelho, na Lapa, 1982

281. Lançamento do primeiro álbum do Barão Vermelho no Circo Voador, dezembro de 1982

282. Cazuza no primeiro show do Barão Vermelho no Circo Voador

O Cazuza fazia parte do grupo de teatro do Perfeito Fortuna. Então fomos falar com o Evandro Mesquita, que era responsável pela programação musical. Foi ótimo para o Barão se apresentar no Circo no momento em que estávamos surgindo. O nosso som era muito barulhento, a gente não conseguia tocar em barzinho.

Roberto Frejat

282.

283.

284.

283. Angela Ro Ro e Gloria Perez, entre outros artistas, prestigiaram a estreia do Barão Vermelho no Circo Voador, na Lapa

284. Na plateia do show do Barão Vermelho, no Circo Voador: Caetano Veloso e Paula Lavigne, Lucinha Araujo e Hildegard Angel, 1982

285. O Barão Vermelho posa na frente da bandeira do Brasil pintada num muro, na Lapa, 1982. Da esquerda para a direita: Cazuza, Dé Palmeira, Roberto Frejat, Maurício Barros e Guto Goffi

285.

Caía uma forte chuva na noite de lançamento do primeiro LP do Barão Vermelho no Circo Voador. Foi lindo! Porque nem a chuva impediu que vários artistas fossem prestigiar o grupo: Caetano Veloso, Paula Lavigne, Joanna, Angela Ro Ro, Emílio Santiago... No dia seguinte, a Hildegard Angel comentou o sucesso do show, e brincou com João dizendo que agora ele podia curtir o sucesso do filho. Sempre digo que o Barão Vermelho nasceu predestinado ao sucesso.
Lucinha Araujo

Outro dia mesmo reencontrei o bilhete em que meu amigo Zeca Jagger (popular Ezequiel Neves) me apresentava a banda nova, chamando atenção especial para o letrista. O tal grupo, Barão Vermelho, foi uma revelação. Mas o Cazuza, que eu já conhecia das noitadas no Baixo Leblon, me surpreendeu mais. Era um poeta pronto, no fio da lâmina, o nosso Lou Reed, enteado de Dolores (de Amores) Duran. O Caju Agenor imantou, e soube traduzir uma geração. Não dá para fugir da ligação pessoal com o coletivo que ele estabeleceu. De repente, o coleguinha de copo deu um tapa na mesa e virou mito. Ele volta ao Baixo como estátua e faz parte para sempre do show (da esquina) do ridículo da vida.

Tárik de Souza

286.

286. Capa do primeiro álbum *Barão Vermelho*, 1982

O primeiro álbum do Barão Vermelho foi resultado de uma demo gravada para a banda tentar fechar um show no Morro da Urca com Nelson Motta. Ezequiel Neves confiscou a fita do *Barão Vermelho* para apresentar à gravadora Som Livre, dirigida por João Araujo, pai de Cazuza. Com produção de Guto Graça Mello e Ezequiel Neves, o disco *Barão Vermelho* foi gravado no Estúdio Sigla, no Rio de Janeiro, nos dias 15, 16, 22 e 23 de maio de 1982. A vendagem foi de 12 mil cópias. Entre as canções desse álbum, destacam-se "Down em mim", "Ponto fraco", "Todo amor que houver nessa vida" e "Bilhetinho azul".

287. Original da prova de capa criada pelo fotógrafo Frederico Mendes para a Som Livre, 1982

NÃO sei o que eles vão pensar, mas o Barão Vermelho, é o Rolling Stones do rock brasileiro. Eles não imitam ninguém, não é por aí, mas os barões têm um **feeling** muito **rock** e **blues**, a linguagem é crua, as palavras são fortes e a voz de Cazuza, de um rouco bem **blues** com pitadas brasileiras várias, de Lupiscínio a Cauby, torna as mensagens ainda mais contundentes.

Roberto Frejat faz solos muito criativos numa Fender com som limpo, mas bateria e baixo foram muito prejudicados pela mixagem pouco agressiva, que reduziu os instrumentos de base a um pastiche de tons médios em que mal se distinguem bumbo, caixa, pratos, baixo, guitarra. A voz de Cazuza recebeu tratamento adequado, sente-se o puxado rouco de seus delírios no fundo da garganta.

Pena que falte força ao disco porque o Barão é uma grande banda de **rock** escrachado, que fazia tanta falta no Brasil, entre grupos comerciais e cópias bem feitas de **Yes**.

Ao vivo rola muito mais adrenalina com as ótimas músicas da banda, letras de Cazuza e músicas de Barros, Goffi e Frejat. Os barões falam a linguagem de qualquer jovem da idade deles, entre 17 e 24 anos. Porres porque "eu ando tão **down**", os vacilos da hora de largar a família: "Tudo bem, você se mandou, não aguentou o peso da barra que é escolher viver de verdade. Se danou, parou na metade. Agora vai correndo pra casa, papai e mamãe estão na sala. Te esperando, planejando um futuro normal, que mal".

O Barão é muito bom de arranjos. Frejat faz solos viajante com duplicação de canais numa canção em homenagem a Hendrix e escrachadas guitarrices em Rock Geral. E numa das canções, Cazuza entrega: "E ser artista no nosso convívio, pelo inferno e céu de todo dia, **pra** poesia que a gente não vive. Transformar o tédio em melodia".

O disco **Grito Suburbano** com Olho Seco, Cólera e Inocentes é um ótimo aperitivo para o fim de novembro da **Punklicéia** Desvairada. O som nada difere dos ingleses, mas não são diretos (nem loucos) a ponto de chamar os dirigentes do país de "debilóides", como os Sex Pistols para a Rainha Elizabeth II, nem "fascista", como os americanos Dead Kennedys tratam Reagan.

O som é completamente saturado, guitarras agressivamente distorcidas, voz frenética, baixo e bateria embolados. Falam da marginalidade como os barões, mas nada de **grilos** de garotada de classe média. Numa linguagem precária, os Inocentes berram os problemas do garoto do subúrbio "vagando pelas ruas, tentando esquecer tudo que os oprime e os impedem de viver. Vontade de gritar sufocada no ar, o medo causado pela repressão. Tudo isso impede o garoto do subúrbio de tentar sobreviver".

Os versos não têm a poesia refinada de Cazuza, são frases cruas, bem **working class**, a exemplo dos ingleses: "Não há solução **pro** seu problema? Deixe de ser idiota, mas é claro que há." A paranóia da cidade grande em Pânico em SP: "As sirenas tocaram, as rádios avisaram que era **pra** correr. Chamaram os bombeiros, o Exército, a Polícia Militar, todos armados até os dentes, todos prontos para atirar."

[...] os problemas do Brasil parecem ser os mesmos desde o descobrimento. A renda concentrada, a maioria da população sem acesso a nada. A classe média paga o ônus de morar num país miserável. Coisas que, parece, vão continuar sempre. Nós teríamos saída, pois nossa estrutura industrial até permitiria isso. O problema todo no Brasil é a classe dominante, mais nada. Os políticos são desonestos. A mentalidade do brasileiro é muito individualista: adora levar vantagem em tudo. Educação é a única coisa que poderia mudar esse quadro.

Cazuza

288. Resenha do álbum *Barão Vermelho*, Jornal do Brasil, 7 de novembro de 1982

289. João e Lucinha Araujo com o LP *Barão Vermelho*, 1982

289.

Apesar das restrições de João Araujo no início da carreira de Cazuza, ele disse a Lucinha sentir firmeza na primeira apresentação que assistiu do Barão Vermelho. Contudo, o empurrão não veio do pai, mas de Ezequiel Neves e Guto Graça Mello, que trabalhavam na Som Livre.

O Ezequiel Neves estava com a Regina Echeverria na casa do Leonardo Netto, assistente do Nelson Motta, quando ouviu a fita do Barão Vermelho a primeira vez. O Barão tinha enviado a fita na expectativa de Nelsinho escutar... O Ezequiel roubou a fita e foi atrás de Cazuza. Me lembro da emoção quando o Zeca me perguntou quem fazia as letras geniais do Barão Vermelho, fiquei extasiada. Mas só depois de muita insistência do Ezequiel e do Guto que o João autorizou o Barão a gravar na Som Livre. Foi uma batalha! O Nelson Motta quando viu o disco pronto ficou surpreso.
Lucinha Araujo

290. Barão Vermelho durante ensaio fotográfico para produção do primeiro disco: Cazuza no bebedouro com os integrantes do Barão, na Universidade Gama Filho, 1982

290.

Em 1982, Ezequiel Neves me ligou convidando para fazer a capa do disco de um grupo estreante. Só perguntei: "É rock?" Ele deixou uma fita do Barão no meu escritório, no Catete, e coloquei no toca-fitas do carro, a caminho de casa. Fiquei enlouquecido com aquela poesia. Quem é essa pessoa? Era Cazuza: o poeta do desespero urbano juvenil. Depois, conheci os garotos no ensaio de um show na Gama Filho. Coloquei os meninos no meu Passat e fomos para meu estúdio, fizemos fotos preto e branco. Quando fui fazer a prova de capa, elaborei a capa colorida. Mostrei para o João, ele achou a foto do caralho. Mas pediu a capa preto e branco porque o Cazuza era filho dele e poderiam questioná-lo por estar beneficiando o grupo com uma capa colorida. Saí da sala do João e falei para o Ezequiel: "Vamos mandar pra gráfica a capa colorida?!" E assim fizemos, desobedecemos ao João e fizemos a capa colorida do primeiro disco do Barão Vermelho. Depois passei a fazer tantas fotos do Barão que os meninos me chamavam de "o sexto Barão". Cazuza me chamava de "tio Fred" porque eu era careta. Desejo que a próxima geração tenha um poeta como Cazuza, João Cabral, Leminski...

Frederico Mendes

262

Zeca'n Roll

PRIMEIRO ESCLARECIMENTO — Não tenho a menor culpa de cada segundo da minha vida conter zilhões de apocalipses. Digo isso em relação ao que escrevi na coluna do mês passado a respeito do grupo Barão Vermelho. Até aquela data tinha apenas uma fita queimando de prazer meus ouvidos e mãos. Não agüentava de vontade de passá-la pra frente, já que não sou ávaro com as coisas que me extasiam. Acho, de coração, que quanto mais gente gozar, melhor. E aconteceu justamente o que eu queria. Várias gravadoras ficaram de quatro com o trabalho dos garotos, uma delas entrou fundo (a Opus) e o Barão adentrou aos estúdios da Sigla exatamente dia 15 de maio, um sábado.

PESCANDO PETISCOS — Antes disso, como não tinha exatamente idéia se o grupo gravaria apenas um compacto, quis ouvir com mais calma seu repertório. O que escutei me deixou mais ensandecido ainda. Eles tinham material suficiente para um álbum duplo devastador. Mas fomos com calma e selecionamos 12 composições para um LP de estréia que, devido aos seus milhões de megatons, só poderia ter como título *Os Maiores Sucessos do Barão Vermelho*. Sabíamos de antemão que o título era petulante demais, mas nada mais petulante que o rock'n'roll em si. "Um pouco de humildade não faz mal a ninguém!" — foi o que exclamou a sempre sábia Ângela Dust em um interurbano de Nova Iorque. Concordamos com ela e achamos que bastaria o nome do grupo estampado na capa pra imediatamente sacudir a galera. E também convencemos miss Dust a não se mandar para o Rio. Ela queria, pedia, implorava para acompanhar as gravações. Mas sua presença seria um caos no estúdio, principalmente porque o LP seria gravado em tempo recorde de 48 horas.

ESPANTO TOTAL! — "Quarenta-e-oito-horas para se gravar um disco?!" Todo mundo achou esse espaço de tempo rigorosamente irrisório pra se gravar 12 faixas. Seria uma espécie de ou vai, ou racha? Mais ou menos... Se pensarmos em termos de gravações normais, dessas que gastam 200 horas de estúdio, a façanha do Barão Vermelho seria da maior temeridade. Mas quando se trata de um grupo jovem de rock que, com apenas seis meses de estrada, consegue arrojar uma energia despirocada, o simples fato de canalizar essa energia e transpô-la para uma fita de duas polegadas já é mais que suficiente. Principalmente no caso de se preservar toda a fúria e raça de uma turma dente-de-leite com centenas e centenas de horas de ensaio. E era isso o que acontecia com Cazuza (vocais e letras), Roberto Frejat (composição e guitarras), Maurício (teclados), Dé (baixo) e Guto Goffi (bateria). Totalmente entrosados, com excelente jogo de cintura, eles fariam a coisa como se estivessem tocando numa garagem da infância. Som Polaroid perde!

MAFIOSA ESTRATÉGIA — O primeiro petardo do Barão Vermelho seria gravado em dois fins de semana; dois sábados e dois domingos divididos em quatro períodos de 12 horas cada um. Faríamos as bases em 36 horas e deixaríamos as 12 finais para os playbacks. Um dos maiores entusiastas do Barão, Guto Graça Mello, se encarregou da produção. Na técnica ficou Eduardo Ramalho (autêntico Mr. Rockn'Roll!), e como soberbos auxiliares João Ricardo e Jackson. Entrei como uma espécie de "tiéte artístico", com muita honra, diga-se de passagem. E essa incrementada "Mafia do Rock" tinha ainda como verdadeira Godmother a sempre incandescente Naila Skórpio, arrojando vibrações fantásticas e flagrando tudo através de sua Polaroid.

CAGAÇO DE ESTÚDIO — Para quem faz teatro, o chamado "stage fright" (cagaço de palco) é uma espécie de corredor da morte. E o mesmo vale para quem entra num estúdio pela primeira vez. Durante as primeiras três horas a turma do Barão levou uma surra sem tamanho. Falar em nervosismo é pouco. O baterista teve cãibras, o cantor ficou sem voz, o guitarrista trocava os dedos, o baixista reclamava do instrumento, o tecladista catava milho. Mas de repente aconteceu. Deus, às vezes, é ótimo! Tenho a certeza também de que Ele adora rockn'roll. A fita começou a rolar, Goffi atacou a bateria e depois de três minutos já tínhamos uma base descaralhante pra "Billy Negão" — um rock demencial que tem como personagem um anti-herói da Baixada Fluminense. E num ensurdecedor toque de mágica brotaram logo a seguir os furacões "Rock'n Geral", "Por Aí" e "Conto de Fadas". O gelo do estúdio cedeu lugar a uma fogueira. Era o Barão Vermelho cuspindo fogo e paixão.

PAUSA PRA RESPIRAÇÃO — Todo mundo eufórico, subindo pelas paredes, eu estrunchado, sem voz, mas urrando de prazer. Sugeri darmos uma pausa, já que um apetitoso farnel (preparado com amor pela exímia Cida) esperava por nossas bocas e estômagos. Foi aí que começaram a pintar várias celebridades no pedaço. O Chivas Regal surgiu quase por milagre. A gravação ameaçava virar caravana do delírio. Dei um basta e tudo voltou ao normal. Ao normal uma ova! Não se pode ser blasé diante da avalancha de som que se seguiu. As três da manhã, quando saímos do estúdio, exaustos, já tínhamos mais três bases prontas: "Ponto Fraco", "Posando de Star" e "Down em Mim", essa última um blues desvairado e desvairante que, literalmente, entortou uma "celebridade" renitente.

25/05/82 — No momento em que escrevo o disco está pronto. As 12 faixas estão tinindo e trincando só esperando o momento de serem mixadas. O resultado me deixa orgulhoso paças. O material é variadíssimo, indo do rock ao reggae e passando pelo blues de forma cristalina. Tudo sacudido e carnaval como só o bom rock'n roll consegue ser. Um recado jovem e certeiro costurado por versos geniais que não mentem nunca e vão calar fundo no coração da garotada. Por mais que queria não consigo deixar de sonhar: outras gravadoras deveriam seguir o exemplo da Opus. Abram suas portas para grupos como o Barão Vermelho. A MPB nunca precisou tanto de sangue novo como agora.

Ezequiel Neves

Roberto Frejat ataca um play-back. *Cazuza deita e rola ao som do Barão.*

O BARÃO VERMELHO: DEMENCIAL

Fotos de Naila Skorpio

291. Coluna "Zeca'n roll" de Ezequiel Neves na revista *Somtrês*, "O Barão Vermelho: demencial", junho de 1982

292.

292. "Fim de Praia" na Papagaio: Marina Lima, Lulu Santos, Robertinho do Recife e as bandas Herva Doce, Brylho da Cidade e Barão Vermelho

293. Sandra de Sá e Cazuza num dos primeiros shows do Barão Vermelho, no camarim da boate Papagaio, 1982

294. Cazuza na boate Papagaio, Lagoa Rodrigo de Freitas, Rio de Janeiro, apresentando-se durante a programação do projeto "Fim de Praia", organizado por Scarlet Moon

Fui em vários shows do Cazuza, vi os primeiros shows dele com o Barão. Cazuza foi meu melhor amigo e me deixou amigos especiais como herança: Bebel, Frejat, Ney... Ele me chamava de Sandra Cristina F., drogada e prostituída, por conta do livro *Eu, Christiane F., 13 anos, drogada e prostituída*. Foi o cara mais verdadeiro que conheci, engraçado e bem-humorado.
    Sandra de Sá

293.

294.

295. Show do Barão Vermelho em Copacabana, para a campanha de Brizola, 1982. Na foto, Cazuza, Dé Palmeira, à esquerda; Sérgio Serra, ao fundo; e Roberto Frejat, à direita

295.

Conheci o Cazuza por meio do Dé Palmeira, depois nos aproximamos na casa dos pais dele. Logo, o Barão passou a me convidar para tocar com a banda em alguns shows. Assim, eu e Cazuza nos aproximamos mais, nos tornamos parceiros. Ele tinha uma capacidade inacreditável de criar em cima de uma estrutura harmônica. Fizemos juntos "Vingança boba", mas só tive conhecimento da parceria em 1991, quando a cantora Lucia Dumonth me ligou informando que estava com uma fita da gravação. Só lembrei da parceria quando tive acesso à fita. Dá para ouvir eu tocando e Cazuza falando comigo: "Tá uma merda, Serginho!" Estávamos no Baixo Leblon, depois fui para casa dele numa madrugada e comecei a tocar para ele, que entrou com os versos. Cazuza é um grande poeta, faz uma falta imensa.

Sérgio Serra

Desde o primeiro disco com o Barão, o Zeca me chama atenção para o meu lado transgressivo. Em minhas letras sempre me desnudei. Ele dizia: "Vai com calma, estamos em 1982, a barra está *heavy*. Diga tudo que passar pela sua cabeça, mas, quer você queira ou não queira, vou mandar para a censura letras diferentes, bem inofensivas. Eles liberam, depois você canta e grava o que quiser cantar". Quase sempre deu certo. Isso porque, no caso de "Só as mães são felizes", eu bobeei e mandei a letra certa. Vetaram, é lógico. Não entenderam que era uma coisa moralista, pós-Nelson Rodrigues. [...] Essa música foi feita a partir de um verso de Jack Kerouac, uma frase de um poema dele, que me deixou muito intrigado. A frase é muito radical: "Só as mães são felizes". [...] na verdade a música é homenagem que eu faço a todos os poetas malditos. Às pessoas que, de certa forma, vivem o lado escuro da vida, o outro lado da meia-noite.

Cazuza

MEDIEVAL

(Cazuza / Frejat / Ezequiel Neves)

você me pede pra ser
mais moderno
que culpa eu tenho
não é você que eu quero
sempre que eu amo
eu construo castelos
sempre que eu amo
eu faço da "casa" pelo inferno
será que eu sou medieval?
baixo astral!
eu sempre achei
que fosse um cara normal
eu acredito que o amor
é um sonho lindo
talvez por isso
eu vá ser sempre sozinho
eu não acredito
em tensão sem carinho
mas a minha vida
sempre brinca comigo
de porre eu perco
vai me desmentindo
será que eu sou medieval?
baixo astral?
no fundo eu acho que amar
é genial

VETADO

Cazuza

Roberto Frejat

MINISTÉRIO DA JUSTIÇA
DEPARTAMENTO DE POLÍCIA FEDERAL
DIVISÃO DE CENSURA DE DIVERSÕES PÚBLICAS

BR DFANBSB NS.CPR.MUI.LMU. 17.583 p.17

PARECER Nº __1981 / 82__

TÍTULO: V. ABAIXO

CLASSIFICAÇÃO ETÁRIA: NÃO LIBERAÇÃO

- CARENTE PROFISSIONAL (Cazuza - Frejat)
- BLUES DO INICIANTE (Cazuza - Frejat)
- LARGADO NO MUNDO (Cazuza - Frejat)
- MEDIEVAL (Cazuza - Frejat - Ezequiel Neves)

Nas três primeiras composições relacionadas acima, alguns de seus versos trazem referências ao uso de droga. Embora, em alguns deles, essa menção seja bastante sutil, não deixa de apresentar implicação, em vista do que dispõe o art. 9º do Dec. 78.992/76, pelo qual sugiro a Não Liberação.

Quanto à intitulada "Medieval", também aconselho a NÃO LIBERAÇÃO, por empregar termo chulo em um dos seus versos, contrariando assim, o art. 77 do Dec.20,493/46. As outras composições, constantes do processo em pauta, poderão ser liberadas.

Brasília, 16 de dezembro de 1982.

296.

296. Documentos da censura depositados no Arquivo Nacional, 1982

Documentos da ditadura militar com censura aos artistas brasileiros foram disponibilizados de forma pública na internet pelo Arquivo Nacional. Ao todo, 13.743 letras de músicas foram submetidas à censura entre 1964 e 1985. Desde o início, no Barão, em 1982, até o final de sua carreira solo, Cazuza teve problemas com censura: ao menos uma dezena de canções foram vetadas pela Censura Federal, simplesmente pelo fato de o censor considerar o emprego de linguagem inadequada. Entre as canções censuradas, "Blues do iniciante", "Medieval", "Não amo ninguém", "Contos de fadas", "Só as mães são felizes", "Carente profissional", "Largado no mundo", "Posando de star", "Faz parte do meu show" e até mesmo a versão de Cazuza para uma canção de Jon Lucien, "Eu quero teu amor toda noite". Como recurso para driblar a censura, Cazuza apresentava a modificação solicitada pelo departamento de censura, mas cantava as canções na forma original.

269

297. Da esquerda para a direita: Cazuza, Graça Motta, Alexandre Agra, Bebel Gilberto, Denise Barroso, Sergio Dias Maciel e Glória Maria no show *Cores, nomes*, no Canecão, Rio de Janeiro, 1982

298. Ezequiel Neves abraça Cazuza, Roberto Frejat e Dé Palmeira, com o poeta Jorge Salomão ao fundo, nos bastidores de um show do Barão Vermelho, 1982

299. Cazuza durante uma entrevista, 1982

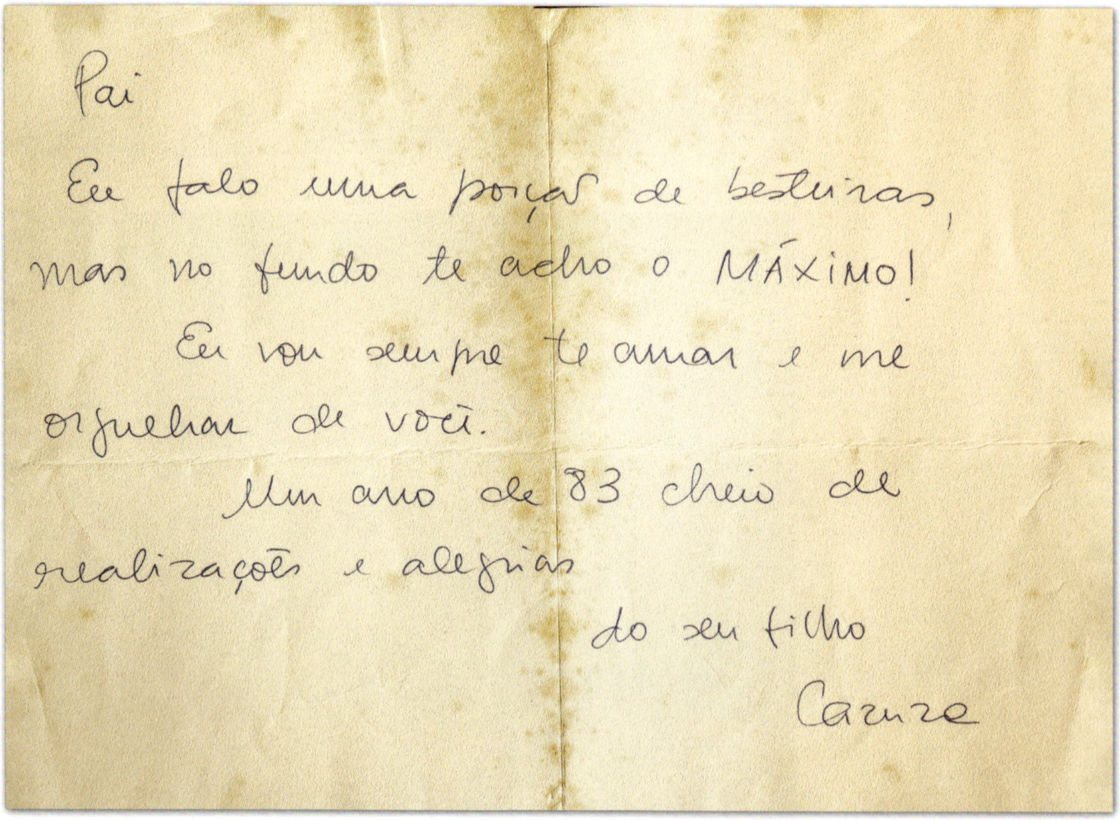

Pai

Eu falo uma porção de besteiras,
mas no fundo te acho o MÁXIMO!

Eu vou sempre te amar e me
orgulhar de você.

Um ano de 83 cheio de
realizações e alegrias

do seu filho

Cazuza

300.

300. Cartão de Ano
Novo de Cazuza ao
pai, 1983: "Eu falo uma
porção de besteiras,
mas no fundo te acho
o MÁXIMO!"

301 / 302 / 303. Fotos do Barão Vermelho pelo "fotógrafo oficial do grupo", Frederico Mendes, para divulgar o segundo álbum, 1983

301.

302.

303.

304.

Após uma turnê nacional, o Barão Vermelho voltou para o estúdio, agora por um mês, e gravou seu segundo álbum, *Barão Vermelho 2*, lançado em 1983. É o disco do hit "Pro dia nascer feliz", canção que abriu as portas para o grupo, sendo gravada por Ney Matogrosso no auge do sucesso.

ROCK

MISTURAS EXPLOSIVAS

Barão Vermelho 2 — *segundo disco do grupo formado por Cazuza (vocal), Roberto Frejat (guitarra), Guto Goffi (bateria), Dé (baixo), Sérgio Serra (guitarra) e Maurício Barros (teclados). Produção de Andy Mills e Ezequiel Neves, gravado nos estúdios da Sigla-RJ. Qualidade de gravação: Boa.*

O Barão Vermelho é uma das combinações mais explosivas do **rock** nacional, um som muito vigoroso, produto direto da idade de seus integrantes, quatro na faixa 17-21 anos e Cazuza com 25. Ezequiel Neves **protutor** do grupo, deu o mote no **release** que acompanha o disco: o tom do Barão é dado pelas letras de Cazuza (um Nei Matogrosso em potencial) que se formou poeta e cantor com uma mistura de influências que, na parte nacional, passam por Lupiscínio, Nélson Gonçalves, Noel e Cartola, mais toda a influência **rock** da sua geração: urbana, de classe média alta, muito voltada para a cultura anglo-saxônica.

O resultado são letras fortes e vigorosas, histórias de bar, amores violentos que Ezequiel define como "tão despudoradamente apaixonado que não é dor de cotovelo, mas cotovelo com fratura exposta". O primeiro disco do Barão lançado em julho do ano passado tinha um repertório mais consistente do que esse, mas que se perdeu numa péssima qualidade de som que transformou tudo numa massa de sons médios inaudíveis e indistinguíveis.

Além disso a inexperiência dos Barões tirou a força de algumas músicas como **Todo Amor Que Houver Nessa Vida**, que Caetano recriou ao violão na estréia de seu **show** recente no Canecão deslumbrando todo mundo e ao próprio Caetano que desandou a elogiar Cazuza a palavrões. Muita gente chegou em casa e foi ouvir o disco do Barão para ver que música era aquela — e descobriu que no disco estava totalmente perdida num arranjo inadequado.

No segundo disco dois desperdícios menores: o belo **Blues do Iniciante** não rendeu o que eles esperavam apenas com voz e piano; o mesmo acontece com **Largado no Mundo**, outro **blues** gravado com violão e gaita, numa participação especial de Zé da Gaita.

No resto do disco várias músicas boas que podem garantir o sucesso do disco que está com uma ótima qualidade técnica. Do ponto de partida numa introdução instrumental de Maurício, bem fundida com **Menina Mimada**, passando pela interessante **O Que a Gente Quiser**, letra de Naila Skorpio. Boas faixas também são **Bicho Humano**, o tango-rock **Carne de Pescoço**. Ezequiel Neves usou muito bem o **sax** de Oberdan Magalhães nas faixas **Vem Comigo**, onde poderia ter fundido sax e guitarra, que teria ficado muito bonito, e em **Manhã Sem Sonho**. A falha do Barão continua a ser um vocal para caiçar a voz de Cazuza, as poucas intervenções são fracas, mas eles passaram pelo teste do segundo disco. (Jamari França)

305.

O segundo disco do grupo também foi gravado no Estúdio Sigla, no Rio de Janeiro. Com produção de Andy P. Mills e Ezequiel Neves, o LP *Barão Vermelho 2* foi gravado entre abril e junho de 1983. O lançamento ocorreu 11 meses depois da estreia, em 1983, no Teatro Ipanema, com bastante badalação de artistas na plateia e cobertura jornalística. Entre os fãs do Barão estavam Bruna Lombardi, Carlos Alberto Riccelli, Marina Lima, Sandra de Sá, Bebel Gilberto e Ney Matogrosso. A repercussão do trabalho rendeu a Cazuza e Frejat o convite para criar a trilha sonora do filme *Bete Balanço*, de Lael Rodrigues.

306.

304. Capa do álbum
Barão *Vermelho 2*, 1983

305. Recorte do "Caderno B",
Jornal do Brasil, com resenha
de Jamari França sobre o
álbum *Barão Vermelho 2*,
4 de setembro de 1983

306. Cazuza em show da turnê
do LP *Barão Vermelho 2*, 1983

Cazuza chegou no Barão com uma poesia grandiosa, era algo que a gente ainda não tinha. Tenho orgulho de ter sido seu parceiro e amigo. "Vem comigo" foi nossa primeira parceria.

Guto Goffi

309.

310.

307. Dé Palmeira, Cazuza e Frejat em apresentação no show *Barão Vermelho 2*, outubro de 1983

308. Lucinha tietando o filho no camarim do Teatro Ipanema, Rio de Janeiro

309. Cazuza recebe os amigos nos bastidores do show *Barão Vermelho 2*, no Teatro Ipanema, 1983. Bruna Lombardi, à frente e Sandra de Sá, à direita, entre outros amigos, não identificados

310. Bastidores do *Barão Vermelho 2*: Cazuza com a amiga Olivia Byington

311. Alegria de encontrar os amigos após a apresentação: Cazuza entre as amigas Bebel Gilberto e Sandra de Sá; Serginho, ao fundo

311.

Em julho de 1983, Caetano Veloso incluiu "Todo amor que houver nesta vida" no show *Uns*, apresentado no Canecão. Antes de cantá-la, Caetano disse que Cazuza era 100% autêntico. O episódio foi um marco na trajetória do Barão Vermelho e de Cazuza, que passa a ser visto como um dos grandes poetas de sua geração.

312. Caetano Veloso legitimou Cazuza como poeta, além de dar um empurrãozinho no Barão Vermelho, ampliando o sucesso do grupo

A música "Todo amor que houver nesta vida" é uma obra-prima. Cazuza era um romântico autêntico. Isso foi o que deu à poesia dele um poder de comoção muito grande, porque ele era 100% autêntico e isso a gente sentia. Ele entrou na MPB com uma marca enormemente original, e seu trabalho com o Barão, e posteriormente sozinho, representa uma coisa grande, e com um papel importante no desenvolvimento da história da música popular brasileira.

Caetano Veloso

Eu não pirei com os Beatles,
não dava muita importância, via
como uma coisa meio histérica.
Mas também adorava. Cantava
"Help!" numa língua que inventei...
Só quando pintou Caetano com
"Alegria, alegria" é que achei aquilo
moderno. Gal cantando "a cultura,
a civilização, elas que se danem...",
Macalé e a "morbidez romântica"
de Waly Salomão. Rock eu conheci
mesmo através do Caetano e da
Tropicália, Os Mutantes, Rita
Lee, Novos Baianos. Com 13 anos
eu estava lá no píer de Ipanema,
ficava de tiete, de longe, tentando
apresentar uns baseados pra eles,
mas ninguém pedia.

Cazuza

HELENA SALEM

Caetano é sempre Caetano. Bonito, doce, vibrante. Sempre bom de ouvir, de ver, de curtir. Mas a estréia de "Uns", quarta-feira à noite, no Canecão, deixou muito a desejar. Da animação e expectativa das mais de duas mil pessoas que lotavam a casa, antes do espetáculo, ao desapontamento quase generalizado, no final, um show pouco criativo, entremeado de comentários e brincadeiras totalmente dispensáveis que, literalmente, nada acrescentaram (porque muito pobres e sem graça), sobretudo partindo de um músico inteligente e sensível como Caetano.

Luzes vermelhas, azuis, amarelas e verdes, palco despojado, um a um os integrantes da (excelente) A Outra Banda da Terra foram se apresentando: Zé Luiz (sax e flauta), Perinho Santana (guitarra), Tomás Improta (piano), Vinícius Cantuária (bateria), Edu Gonçalves (percussão) e Arnaldo Brandão (baixo). De camiseta rosa-choque, lenço azul semitransparente cobrindo as costas e parte do braços, calça branca com acabamento vermelho dos quadris à cintura, sapatos brancos, brincos e colar, Cae abre o espetáculo com um sucesso consagrado: a suave e bonita "Lua de São Jorge".

Depois mais outras duas canções e é a vez da nova — já apontando como sucesso — "Você é linda". Caetano canta lindo mesmo, com seu violão, sorridente, sentido. Assobia, a Banda cresce. Segue-se a também nova "A Outra banda da terra": Cae carrega nos "r", procurando, aparentemente, imitar o "caipira paulista" (segundo o cantor, os sotaques fazem parte da composição). Com "Salva-vida", "Peter Gast" e "Quero ir a Cuba" (todas novas, de seu último elepê), encerra-se essa primeira parte do show. Até aí, se não chegou a empolgar, foi pelo menos agradável.

Caetano pega um banco, senta-se, comenta que o violão tinha emudecido na música anterior ("aquele botão *descoisou*") e começa uma espécie de pot-pourri, sozinho. É quando começa, também, com a falação gratuita, talvez cabível num bate-papo muito familiar, mas sem sentido num espetáculo para duas mil pessoas. Depois de "Coisa mais linda" ("nunca pensei que ia gravar música de João Gilberto, mas aí eu gravei" diz, dedicando a canção a Nara Leão), joga um rock do Cazuza do Barão Vermelho — "Todo amor que houver nessa vida". Pela primeira vez, a platéia vibra, pede bis. "É bom *né?*", pergunta Caetano ao público, mas nega o bis: "Vão comprar o disco do Barão Vermelho". Então, segue-se uma sucessão de palavrões, que ele — tão pobremente — usa para transmitir o seu entusiasmo pelo grupo Barão Vermelho. Será que Caetano, tão inteligente e criativo, não poderia expressar-se de uma maneira um pouco mais rica (para dizer o mínimo)? Ou então ficar calado?

Mais bossa nova ("Samba da Bênção"), novos comentários sobre João Gilberto ("tudo que eu aprendi é João Gilberto", "fiquei mais assim quando vi João do que quando encontrei o Mick Jaegger", "ele é chato *pra caramba* mas é um gênio", "o melhor artista do Brasil, tem de ser *chato* mesmo"), e A Outra Banda volta ao palco. Caetano canta mais seis músicas (ao todo foram 18, em dez de 14, como anunciara), entrando num terceiro momento do show, enfim crescendo. Mas nunca a ponto de mobilizar, no fundo, as pessoas.

Com o lenço (que, a princípio, cobria suas costas) aberto, deixando entrever apenas sua silhueta, Caetano canta "Menino Deus" (como demorasse muito com o lenço escondendo-lhe a figura, logo surgiram gritos de "tira a roupa", aqui e lá). E vem o segundo rock da noite, de sua autoria, "Eclipse oculto": sob luzes vermelhas, ele dança e canta em coro com a Ban Banda, mais frenético, ou *energético*.

Cae se requebra, corre pelo palco, solta-se. Mas não chega a se entregar. E finaliza o show com o frevo "Chuva, suor e cerveja", dançando, alegre. Mas falta sempre alguma coisa.

Ele deixa o palco e o público fica numa certa perplexidade, sem saber, num primeiro instante, se tudo terminou mesmo. Não há, entretanto, clima de bis. Aplausos frios, numa platéia de estréia cheia de amigos e convidados, claramente decepcionados. É sempre bom ver Caetano. Mas, desta vez, o artista, efetivamente, deitou e rolou em cima da fama com uma certa falta de respeito pelo seu público.

Cazuza

A emoção (quase choro) de Cazuza

●— Fiquei passado. Eu não sabia, ele fez de surpresa, fiquei emocionado, quase chorei.

Assim Cazuza, do Barão Vermelho, resumiu ontem sua reação ao momento em que Caetano Veloso interpretou "Todo amor que houver nessa vida", com letra de sua autoria (e música de Roberto Frejat), no show do Canecão.

— Ele tinha ensaiado a música, mas não me disse nada. Foi a maior força que ele deu. Acho muito bonito isso de ele dar a maior força para as pessoas que estão começando. Ele falou do Brylho, também.

Durante o show, além de elogiar o Barão Vermelho, Caetano também mencionou o grupo Brylho ("é bom, eu gosto"). Mas foi o Barão o principal alvo de seu entusiasmo. Só que muita gente achou que o cantor poderia ter empregado outras expressões, em vez de uma série de palavrões, para enaltecer o grupo. Qual a opinião de Cazuza, sobre os palavrões?

— São a cara dele. Caetano usa o palco como se fosse a própria casa. Ele fala muito palavrão, naturalmente, então falou ali. Não podia ter sido melhor. Achei lindo.

313. Recorte de jornal com matéria de Helena Salem sobre o show *Uns*, de Caetano Veloso, no Canecão, quando cantou Barão Vermelho e apontou Cazuza como poeta de sua geração, 1983

CAZUZA, POETA, MÚSICO, CANTOR

Todo mundo que curte rock conhece o Barão Vermelho, este delicioso grupo carioca liderado pelo supergatão Cazuza Araujo. Só que não é preciso ser fanático por rock para curtir o Cazuza. Basta ter bom humor, alegria de viver e pique. Pronto: assim é Cazuza, assim é seu trabalho, suas letras, suas canções. Caju, como é conhecido na intimidade, compõe desde os 17 anos ("Down em Mim" é desta época) e desde os 13 canta. Sabe aquela coisa de pôr o disco na vitrola e ficar cantando em cima? Pois é. Filho único, mãe cantora (Lucinha Araujo), o palco já estava na sua biografia e era lá mesmo que ele ia acabar caindo. Apesar de se dizer supertímido! Além do trabalho com o Barão (já estão partindo para um novo LP), Cazuza tem planos de editar, este ano, um livro de poesias. "Escrevo o tempo todo", diz ele, e só de canções prontas para o disco novo já tem mais de trinta. O difícil vai ser escolher, porque no seu caso quantidade e qualidade andam de mãos dadas, na boa.

O "Som Brasil" é dedicado a Donga, autor de "Pelo telefone"

Ney Matogrosso lança novo disco e canta "Pro dia nascer feliz", composição de dois integrantes do grupo Barão Vermelho — Cazuza e Roberto Frejat

314. Recorte de jornal da coluna "Etc... e tal", de Monica Figueiredo, e do anúncio da gravação de "Pro dia nascer feliz", por Ney Matogrosso, na TV Globo, 1983

A gente morava perto, no Alto Leblon, então fui até à casa dele, bati na porta do quarto: "Acorda para ganhar dinheiro!" Cazuza: "Como assim?" "Eu vou gravar sua música: 'Pro dia nascer feliz'", respondi. Ele resistiu: "Você não pode gravar porque essa vai ser a nossa música de trabalho." Insisti: "Eu sei, vai ser a música de trabalho de vocês e a minha". Gravei e, realmente, o Barão passou a tocar nas rádios [...]. Logo depois, a produção do filme *Bete Balanço* procurou a banda para encomendar uma música. Foi aí que Cazuza e o Barão definitivamente fizeram sucesso.

Ney Matogrosso

315.

315. Ney Matogrosso avisou ao Cazuza que iria gravar "Pro dia nascer feliz" no disco ...pois é (1983)

316. O cantor Emílio Santiago recebe o carinho do amigo Cazuza nos bastidores do show do Barão Vermelho no Morro da Urca, 1983

317. Cazuza e Frejat em show no Morro da Urca, 1983

318. Luiz Caldas e Cazuza num encontro, nos bastidores do estúdio da Som Livre, no Rio de Janeiro, 1983. Em 2021, o precursor do axé homenageou o amigo roqueiro apaixonado pelo Carnaval com um vídeo cantando "Codinome Beija-Flor"

Após a regravação de "Pro dia nascer feliz" por Ney Matogrosso, no disco ...pois é (1983), as rádios passaram a tocar a versão original do Barão, que se tornou o primeiro sucesso do grupo. Em show com o Barão Vermelho, no Circo Voador, Cazuza falou que a canção era sobre "aquelas madrugadas que a gente acaba bem, contente, dando aquela goza...". Em janeiro de 1983, Cazuza e o Barão Vermelho apresentaram o videoclipe de "Pro dia nascer feliz" no Fantástico (TV Globo). Em 23 de outubro do mesmo ano, foi a vez de Ney Matogrosso apresentar no programa dominical o videoclipe da mesma canção, gravado na boate New Jirau, em Copacabana, Rio de Janeiro.

316.

Para compor não planejo absolutamente nada. Acho que sou a pessoa mais desorganizada que você pode imaginar. Tudo me acontece de supetão, porque nunca sei como vai sair. Agora, quando a inspiração vem, sou caxias mesmo, muito sistemático. Quando sento à mesinha pra trabalhar, faço mesmo. Se a ideia não pinta, puxo por ela até acontecer. Só sou disciplinado para trabalhar. Pode ser até quatro horas da manhã. Mas, se começo uma letra, ela tem que sair. Depois fico semanas melhorando as imagens, as rimas.

Cazuza

317.

318.

319. Cazuza abraçado com Ezequiel Neves, seu amigo exagerado e mentor intelectual, e cercado pelos companheiros do Barão Vermelho: Dé Palmeira, Guto Goffi, Maurício Barros e Roberto Frejat

320.

321.

322.

321. Lucinha Araujo e o filho aniversariante, na festa dos seus 26 anos, 4 de abril de 1984

322. Cazuza cortando o bolo de aniversário. Entre os convidados, a cantora Amelinha (ao fundo), 1984

Cazuza comemorou seus 26 anos na boate Chez Castel, um lugar de festas glamurosas no Rio de Janeiro dos anos 1980. Ele estava muito feliz com sua carreira, rodeado de amigos, em sua maioria artistas que admirava. Estiveram presentes, entre tantos, Ney Matogrosso, Marina, Marcinha Alvarez, Lobão, Baby do Brasil, Sandra de Sá, Tânia Alves, Lidoka, Ezequiel Neves, Denise Dummont, Amelinha... A fotógrafa Cristina Granato fez registros lindos dessa noite memorável.

Lucinha Araujo

O Ney, quando surgiu, foi uma porrada na minha cabeça. A liberdade sexual que ele transmite é mais forte do que a do Mick Jagger. Então, quando ele gravou "Pro dia nascer feliz" foi um barato...
Cazuza

323. Ney Matogrosso e Cazuza, 1984

324.

324. Cazuza e a comadre e amiga Sandra de Sá, 1984

325. Cazuza entre Marcia Alvarez e Marina, namoradas na época, 1984

325.

Conheci Cazuza quando voltei dos Estados Unidos e nos encontrávamos na zona Sul do Rio, na adolescência. Havia certa cerimônia entre nós. Eu era mais próxima do Lobão. Nos conhecemos no Baixo Leblon, na Pizzaria Guanabara. Eu não era muito ligada na sonoridade do Barão, não me atraía tanto. Mas achava as letras dele muito interessantes. Me lembro que Cazuza e Frejat foram na minha casa mostrar umas canções. Quando ouvi "Carente profissional", achei um absurdo! Os versos sobre nossa profissão mostravam as vísceras. Incluí a canção num disco que fiz no "osso" [*O chamado* (1993)], quando meu pai morreu.

Marina Lima

326. Cazuza com amigos roqueiros, 1984. Da esquerda para a direita: a tecladista e vocalista holandesa Alice Pink Pank (na época, namorada de Lobão), Lobão, o baixista Odeid Pomerancblum e o baterista Baster Barros. À direita, o saxofonista Zé Luis e o cabelereiro Nonato Estrela

A gente era muito louco, era uma vida de excessos, vestia o personagem Bukowski. Nós éramos educados com a educação "mimada" da mesma classe social, então a gente tinha uma obrigação de romper com isso e nos autoafirmar os transgressores. Essa postura acabou matando muita gente, o Júlio, o Cazuza... Lembro que, quando o Júlio Barroso morreu em 1984, após despencar do 11º andar de seu apartamento, [...] eu e Cazuza nos despedimos do nosso amigo cheirando uma carreira de pó no caixão dele.

Lobão

HOMENAGEM A JULIO BARROSO

Para alguns a sexta-feira treze é um dia de sorte, para a maioria é um dia de azar, mas para quem foi ao Noites Cariocas naquele dia treze de julho de 1984 assistir a homenagem a Júlio Barroso, feita pela reformulada (e surpreendente) nova Gang 90 e mais os convidados Lobão & Ronaldos, As Absurdettes e A Banda dos Poetas, só teve alegria e boas vibrações, pois pra se homenagear a falta de uma pessoa querida e que só nos dava coisas belas, nada como muita energia e animação. E que se dane, se a noite estava fria e fechada, se havia chovido horas antes e se um segurança que não teve infância estivesse proibindo as pessoas de dançarem um pouco mais empolgadas. A festa rolou com todos perdidos na selva, rolando de tudo naquele covil de piratas pirados. Aquela onda de amor não houve quem cortasse (nem mesmo os caretas que marcavam sobre pressão).

Ao chegar-se lá em cima e sair do bondinho, havia uma mostra visual de fotos, textos e matérias que contavam um pouco da vida de Julio e a gang. Conexão Caribe-New York-São Paulo. Música para o planeta terra. No salão de vídeos, uma coletânea de aparições da Gang nos programas de Tv, algumas cenas solo de Julio em vídeo-arte performática, e a casa marcou por não exibir naquela noite vídeos de Kid Creole & Coconuts e Blondie, grupos que tinham uma forte ligação inspiradora com a Gang & Absurdettes. Mesmo a programação musical da noite poderia ser outra, ao menos uma noite do ano para ficarmos livres daquele listão de rádio que toca lá, se bem que agora eles resolveram tocar uns discos que estavam lá mofando há mais de três anos, como por exemplo os do B-52's. É a tal new wave.

E o show não é pra se comentar como um show qualquer. Foi uma celebração em que estiveram presentes na platéia e no palco todos aqueles que conviviam ou admiravam a obra de Julio Barroso, que se fosse um cantor inglês, a essas horas já teria virado culto, com camisetas e discos seus vendendo de montão. Por favor, não vamos comercializá-lo. Vamos apenas guardar na lembrança a pessoa que ele foi.

Ave Julius!

327. Recorte de revista guardado por Cazuza, com artigo do jornalista Antonio Carlos Miguel, publicado em junho de 1984, em homenagem a Júlio Barroso

Mulher vermelha

Mulher vermelha
O tom do seu batom é assim
Como um som do Tom Jobim
Esse vermelho sangue
Mancha o branco do dente
Mulher vermelha

Tiro no coração
Hum, hum
Tem cheiro bom
Discreta droga
De um perfume que não há
Essa impressão que nunca some
Some daqui
Mulher vermelha
Tiro no coração
Hum, hum

(Cazuza/Graça Motta, 1984)

328. Cazuza e a atriz Denise Dummont, com quem teve um romance e para quem dedicou o poema "Mulher vermelha"

Eu conheci o Cazuza na época do Barão Vermelho. Me lembro de quando fomos ao show do Caetano, no Canecão, e ele elogiou Cazuza e cantou Barão. Foi um divisor de águas. Ficamos em choque, emocionados! Eu e Cazuza tínhamos amigos em comum, como a Bebel Gilberto e a Rita Matos, mas não nos conhecíamos efetivamente. Ele dizia que "a gente se amava do nosso jeito". Foi uma paixão muito forte, era impossível não se apaixonar pelo Cazuza. Mas daquele jeito, ele estava comigo e com outras pessoas. Depois fui passar um tempo em Nova York e acabei ficando... E perdemos o contato. A gente se falava, mas não era a mesma coisa. Tanto que quando ele foi internado em Boston, eu estava em Nova York, nos falamos por telefone, mas Cazuza não disse que estava no hospital. Fiquei muito triste de não ter participado do momento do hospital na vida de Cazuza. Mais adiante, voltei com minha família ao Brasil para visitá-lo. Eu, meu marido Matthew, e minha filha Anna Bella, levamos Cazuza para ver o mar, um dia antes de sua morte. Estávamos acompanhados do Bené e do Bineco. Passamos a tarde tomando água de coco na praia da Barra da Tijuca. Ele chamava esses passeios dos meses finais de vida de "caravana do delírio..." Ele estava muito fraquinho. Cazuza demonstrava um pouco de ciúmes. Lucinha diz que Anna Bella era o nome da filha que Cazuza teria comigo. Cazuza foi um cometa que passou na minha vida, na arte e na música brasileira. Cazuza foi um grande poeta que nos deixou uma obra imensa. Sou filha de poeta, meu pai escreveu "Asa branca", sei reconhecer um poeta...

Denise Dummont

Rio, 22/7/86

a saudade é grande, mulher vermelha tiro no coração. estou
escrevendo numa tarde cinzenta e fria daí resolvi bater à
máquina elétrica. estou ouvindo o último disco do the
Smiths e me sentindo meio hemisfério norte. o cara na sala
conserta o meu vídeo. estou com um da Billie Holiday lindo,
filmados numa boate, ela escarrando antes de cantar com
os olhos molhados toca amarga sorriso de criança baby
porque nossos corações são tão atormentados?
ainda não estive com Rita prá saber novidades, eu sou
tão difícil de escrever, mas aqui vão novidades que
não dão no telefone. tenho trabalhado bastante, prá
espantar a solidão e os maus pensamentos. hoje, pela 4ta
vez resolvi que preciso fazer análise, porque tenho sentido
muito medo, medo de voar, de entrar no palco, de amar, de
morrer, de ser feliz. medo de fazer análise e não ter mais
problemas e perder a inspiração...eu fiz 28 anos e descobri
um cara solitário sem vocação prá solidão. ultimamente
eu passo mal quando não tem ninguém perto, chego a ter
febre, é uma loucura. o menino sozinho brincando de cidades
desertas cresceu e quer amar, mas é tão difícil. eu vou
chegar pro analista e vou dizer: eu quero aprender a amar.
estou gravando um disco, está quase pronto, e as músicas
revelam muito isso que eu tô te contando, só que de um jeito
sarcástico, debochado e por isso mesmo profundamente triste.
viver é bom nas curvas da estrada, solidão que nada!
viver é bom partida e chegada, solidão que nada!
esse é o refrão de uma balada blue que talvez seja a música
de trabalho, e é a minha vida nesses meses, de aeroporto
em aeroporto (cada aeroporto é um nome num papel, um novo
rosto atrás do mesmo véu). daqui a pouco eu escrevo a letra
toda! tem um blues que fala "ando apaixonado por cachorros
e bichas, duques e xerifes, porque eles sabem que amar é
abanar o rabo, lamber e dar a pata". forte, né?
ah, estou ficando careca, fico passando minoxidil prá fingir
que é possível parar o tempo. eu queria parar o tempo e
voltar prá barriga da mamãe, mas ia ficar tudo tão parado.
você vai continuar gostando de mim se eu ficar careca?
eu penso muito em você aí, menina linda tentando o grande
sonho americano. eu ando muito cansado prá ir à NY, vou
tirar férias depois do disco na chapada dos guimarães,
onde uma amiga minha tem um sítio. às vezes eu fico pensando
no porque disso tudo, ganhar dinheiro cantando as minhas
aventuras e desventuras. comprar uma fazenda e fazer filhos
talvez fosse uma maneira de ficar na terra prá sempre,
porque discos arranham e quebram....mas eu acho que no
fundo não passa de uma grande viadagem minha esses papos.
            te amo muito. do nosso jeito.
beijos em Margarida. (agora botei morte em veneza na vitrola)
beijos no new american boy Diogo. e beijos prá quem é de
beijos. e abraços prá quem é de abraços. ciao!

329 / 330. Carta de Cazuza enviada a Denise Dummont, que passou a residir em Nova York em 1986. A carta de 22 de julho de 1986 foi emoldurada e está exposta no escritório de Denise no Arpoador, Rio de Janeiro. Detalhe do envelope colado na parte de trás da moldura

329.

330.

331. Cazuza e os integrantes do Barão Vermelho levantam Ezequiel Neves, em ensaio antológico

332. Barão Vermelho, Ezequiel Neves e o diretor do selo Opus Columbia, Heleno de Oliveira, durante assinatura de contrato referente ao LP *Maior abandonado*, 1984

Foi no início de 1982 que tive a sorte e o prazer de cruzar com Cazuza. E não nos separamos nunca mais. Filho da geração do AI-5, Agenor de Miranda Araujo Neto, como poucos, retratou as angústias e esperanças de seus colegas "maiores abandonados". Ele deu dignidade e importância ao Rock Brasil escrevendo versos que continuam nos iluminando. A poesia de Cazuza reinventa o português de forma telegráfica, sem literatices ou metáforas vazias. São letras que possuem uma urgência cristalina, verbalizando o transe e instantes de carência afetiva, solidão ou amor total. Tudo isso articulado com a luminosidade dos relâmpagos. Cazuza se identificava demais com a geração *beat* norte-americana e é impressionante como as palavras usadas por Kerouac para definir seu amigo Gary Snyder se encaixam nele: "As únicas pessoas para mim são as loucas. Loucas para viver, loucas para falar, loucas para serem salvas. Que desejam tudo ao mesmo tempo, que bocejam diante da mediocridade. E ardem, ardem como fabulosos fogos de artifício que explodem em mil centelhas desafiando estrelas e cometas". Faço minhas também as palavras que um jornalista paulistano escreveu sobre ele: "Cazuza pode ter morrido moço, mas aproveitou cada minuto, se divertiu horrores e esfregou sua verdade no nariz de uma nação. É bem mais do que a maioria de nós consegue realizar".

Ezequiel Neves

333. Recorte de jornal com a coluna de Maurício Kubrusly, no *Jornal da Tarde*, 1984: "Barão, acorda para ganhar dinheiro!"

334.

335.

334. O terceiro álbum do Barão Vermelho, *Maior abandonado*, lançado em setembro de 1984, conquistou o primeiro Disco de Ouro do grupo, com 100 mil cópias vendidas. O sucesso da música "Bete Balanço" chamou a atenção do público para o novo disco, que emplacou sucessos como "Por que a gente é assim?". A capa do LP é assinada pelo artista Felipe Taborda, em sua primeira colaboração com a banda. As fotos foram registradas por Frederico Mendes

335. Contracapa do LP *Maior abandonado*, 1984

336 / 337. A icônica foto feita por Frederico Mendes com os integrantes do Barão Vermelho seminus: feita com uma lona do estúdio como se estivessem cobertos com um lençol numa cama, 1984

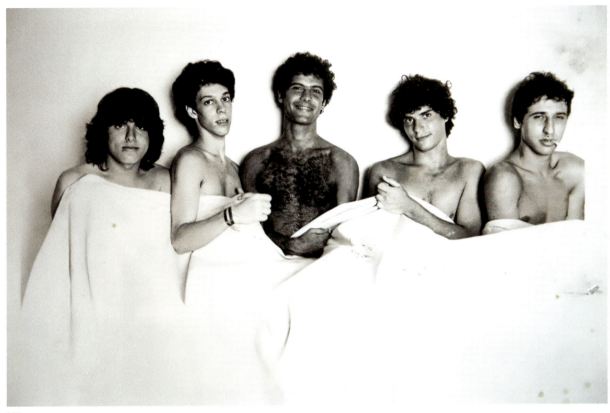

336.

Nós fomos para a Lapa, região boêmia do Rio, e paramos diante do hotel Loves House, que na verdade era um prostíbulo. Inclusive na foto da capa, à direita da banda, pode se ver uma travesti encostada na parede. Na contracapa tem uma foto dos meninos sendo revistados pela polícia. Eu pedi que os policiais pudessem dar uma dura no Barão, para encenarmos a foto. Na parede tem um grafite: "Faço da minha vida um cenário da minha tristeza". As pessoas acharam que era um verso do Cazuza...

Frederico Mendes

337.

338.

338. Barão Vermelho durante a temporada de divulgação do álbum *Maior abandonado* (1984)

339. Recorte da revista *Capricho* com perfil e fotos de infância dos integrantes do Barão Vermelho, em 1984. De todo grupo, apenas Maurício Barros não enviou foto de criança para a reportagem da revista

Sou eclético, mas acho que quem não é eclético também faz muito bem. Se o cara é roqueiro de alma, como meu irmão e parceiro fiel Roberto Frejat, como o Dé Palmeira e o Guto Goffi, devotos do rock, é superbacana.

Cazuza

Ser teu pão, ser tua comida, todo amor que houvou

Cazuza Araújo, no seu primeiro dia de aula no Colégio Santo Inácio (Rio)

Cazuza Araújo nasceu no dia 4 de abril de 1958. Tem, portanto, 26 anos de idade. Seu verdadeiro nome é Agenor, em homenagem ao avô. Caju, seu apelido, é filho único de Lucinha Araújo (cantora) e de João Araújo, o presidente da Sigla, Som Livre.

Este aí é o Frejat, que, pelo visto, desde pequenininho já era assim: bonito, superbonito!

Roberto Frejat, o Brow, nasceu no dia 21 de maio de 1962. Tem 22 anos, certo? Filho do deputado José Frejat, do PT do Rio, e de Léa Herszenhut Frejat, Brow ainda não entrou numa de seguir a carreira do pai. Como bom taurino, porém, podemos esperar qualquer coisa: afinal, surpresas acontecem!

Dé. Será mesmo o Dé ou seu irmão gêmeo? Tchan, tchan, tchan, tchan... Any way, está aí o broto!

Papai Noel atendendo o bom Guto, que se comportou direitinho o ano inteiro e merece ganhar presente. Não era assim que se falava?

André Palmeira Cunha, mais popularmente conhecido como Dé, é filho de Idalvo dos Santos Cunha e de Mariza Palmeira Cunha. Nasceu no dia 4 de junho de 1963, portanto é do signo de Gêmeos. Levou tão a sério o signo que na vida é gêmeo mesmo.

Guto, ou melhor, Flávio Augusto Goffi Marquesini é carioca da gema. Nasceu no dia 9 de agosto de 1962, ou seja, tem 22 anos e é do signo de Leão. Tipo vaidoso mesmo, Guto é o único homem no meio de cinco irmãs. Sua mãe se chama Ana Maria e o pai Miguel Angelo Marquesini.

Maurício Carvalho de Barros nasceu no dia 8 de abril de 1964. Outro barão-ariano! Tem 20 aninhos e é casado de papel passado, tudo bonitinho como manda o figurino. Além disso, já é pai de uma linda menininha, a Kim, mascote do grupo, em grande estilo.

O Maurício regulou e não mandou uma foto dele baby. Aí, corria o ano de 82...

Capricho

O SUCESSO DO BARÃO VERMELHO

Assim que o primeiro disco do Barão Vermelho saiu para as lojas, a crítica especializada em **rock** franziu o nariz, não pela qualidade do grupo, mas porque ainda estavam "um pouco verde, os garotos". Ezequiel Neves, de fé inabalável no **rock** do Barão, é incisivo: por que não gravar esta gente moça, mesmo verde, se no Brasil o que amadureceu está caindo de podre? O Barão Vermelho está no seu segundo disco e perto de lançar um compacto com Amor Amor e Beth Balanço, duas canções da trilha do filme Beth Balanço, dirigido por Lael Rodrigues e produzido por Tizuka Yamazaki, para ser lançado ainda no primeiro semestre de 84.

A história do Barão no cinema começa em dezembro passado, quando Lael Rodrigues mostrou aos meninos do grupo um roteiro (feito por Yoya Wuruch) de um filme infanto-juvenil, sem asa delta ou **surf**. O Barão é que desencadeia todos os acontecimentos: os rapazes estão no palco, Cazuza cantando "Vem Comigo" e na platéia Beth (Debora Bloch) os vê fascinada. Beth é uma estrela na sua cidade, Governador Valadares, mora com um homossexual viciado em video-game, canta, é a mais bonita e acha que tem o suficiente para brilhar em outros cantos. Vai para o Rio e cai em desgraça, ou cai na desgraça de tentar ser cantora, de tentar gravar um disco.

Além de Debora Bloch, o elenco tem Lauro Corona, Hugo Carvana, Maria Zilda, Marcus Vinícius e Diogo Vilella, entre outros. Cazuza, apesar de ser parte fundamental da história, diz que sua fala não ultrapassa umas oito palavras, do tipo, "puxa, esta música vai fazer o maior sucesso", ao que Ezequiel Neves retruca: "Mas você valoriza o seu personagem, fala devagar, faz tipo. Cada entrada sua acaba durando dez minutos".

Passando por cima do nariz franzido da crítica

O Barão está no seu segundo disco e perto de lançar um compacto com duas canções da trilha de Beth Balanço.

Um mês antes da estréia do filme, o compacto simples do Barão estará saindo pela Som Livre, quase simultaneamente ao lançamento de um LP com toda a trilha, pela WEA, que chamou vários dos novos grupos de rock, entre eles o Ultraje a Rigor, Titãs do Iê-Iê-Iê, Sangue da Cidade e o próprio Barão, como convidado especial. É parte do esquema de filme que lança uma música e vice-versa. O grupo que produz, encabeçado por Tizuka Yamazaki, produziu também, entre outros filmes nacionais, o Parayba Mulher Macho, Bar Esperança, Inocência e Rio Babilônia. Segundo Ezequiel Neves, força constante nas produções do Barão, a presença do grupo no filme é um caso de paixão. "Estão todos apaixonados pelo Barão."

Com dois anos de existência (mais de quatro meses, três dias e cinco minutos, na precisão dos rapazes), e os dois discos, agora o Barão começa a furar o cerco e tocar em rádio, também graças ao empurrãozinho dado por Ney Matogrosso que gravou "Pro Dia Nascer Feliz", de Roberto Frejat e Cazuza. Com o sucesso de Ney, os programadores de rádios mais curiosos quiseram também saber como era a versão dos autores. Público, afinal, é o que não falta ao Barão, que tem platéia constante e fiel nos seus shows cariocas. Mas ninguém quer o estigma de maldito, aqueles artistas adorados por um grupo seletíssimo, mas eternamente na periferia do sucesso.

Ezequiel Neves, radical, diz que o problema é que as pessoas querem a mesmice, por isso o Barão toca pouco em rádio. Ele, se pudesse, gravaria um disco do Barão, de cinco em cinco minutos, porque material de qualidade há para isto, garante. O primeiro disco, diz ele, não tocava porque era radical demais para o rádio, feito em 48 horas em oito canais. "Só existe um disco tão agressivo quanto o de estréia do Barão: é o do Iggy Pop (cantor e compositor inglês), produzido por David Bowie." Para o segundo disco já foram dois meses de estúdio, com 24 canais, tudo bem cuidadinho, mas "menos carnívoro". "Não se pode fazer de novo o primeiro disco. É isto", confirma Ezequiel.

Os shows do Barão, devidamente gravados, deverão ser transformados num disco no final do ano, de produção muito simples, para ser vendido bem baratinho. Terá, com certeza, os ingredientes deliciosos que rechearam a estréia.

Maria Amélia Rocha Lopes

340.

Nós fomos para a reunião sobre a trilha de *Bete Balanço* e na saída Cazuza falou: "Não sei, já era para ter acontecido alguma coisa, lançamos dois discos..." Foi a primeira vez que o vi daquela forma. Respondi: "Você não acredita no que estamos fazendo?" Ele: "Sim!" Eu disse: "Então, vamos seguir em frente, fazendo o que sabemos fazer!" E, assim, fizemos "Bete Balanço", canção que projetou definitivamente o Barão Vermelho para o estrelato.

Roberto Frejat

340. Recorte do *Jornal da Tarde* com crítica da jornalista Maria Amélia Rocha Lopes, 23 de janeiro de 1984: "O sucesso do Barão Vermelho: Passando por cima do nariz franzido da crítica"

341. Cartaz do filme *Bete Balanço*, 1984

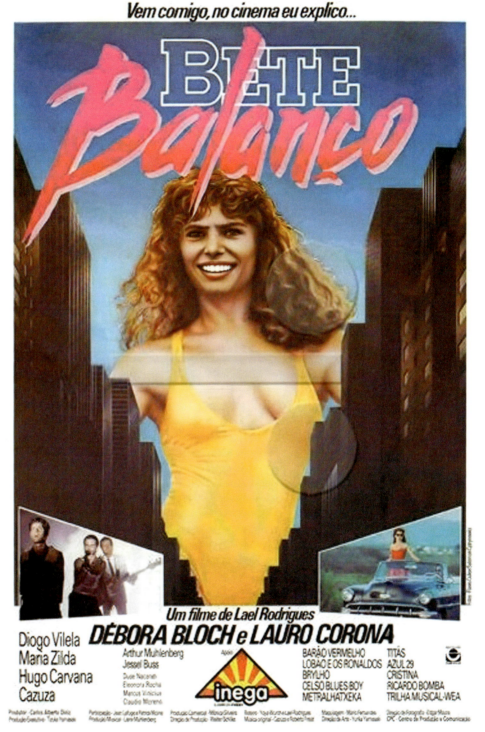

341.

O Barão Vermelho foi convidado para compor a trilha sonora do filme *Bete Balanço*, dirigido por Lael Rodrigues e protagonizado pela jovem Debora Bloch. Cazuza compôs com Roberto Frejat a música-tema do filme e interpretou Tininho, personagem inspirado em sua própria imagem. No elenco também estavam Hugo Carvana, Diogo Vilela, Maria Zilda Bethlem, Lauro Corona, Andréa Beltrão e Duse Nacaratti, além dos integrantes do Barão Vermelho – que fizeram uma participação especial e realizaram um show no Circo Voador, especialmente para o filme, no dia 22 de dezembro de 1984.

342. Cena do filme *Bete Balanço* (1984) com a participação dos integrantes do Barão Vermelho e do ator Lauro Corona

343. Cazuza e Debora Bloch em cena do filme *Bete Balanço* (1984)

Na festa de lançamento do filme, a atriz se dirigiu ao palco com o Barão Vermelho e fez uma brincadeira com o público: "Vou revelar um segredo. Vocês sabem quem é a verdadeira 'Bete Balanço'? Ah, o Cazuza!" Depois, Cazuza se aproximou do microfone e disse: "Não! A 'Bete Balanço' é a Debora Bloch! Que é loura e tem sardas…"

O Cazuza era uma delícia de pessoa. Eu não o conhecia, e nem o Barão Vermelho, antes de fazer o filme. Quando a Tizuka, que era a produtora do filme, me mandou o disco do Barão, eu amei e falei que queria encontrar essas pessoas! E foi muito legal conhecer e trabalhar com o Cazuza. Ficamos amigos. Ele era apaixonante. Era engraçado, inteligente, animado. Ele era rock and roll puro! Ficamos amigos e próximos na época do filme. Depois a vida e o trabalho foi levando cada um pra um lado. Sem dúvida, "Bete Balanço" é a música do Cazuza que fez parte da trilha sonora da minha vida. Depois do filme, que fez muito sucesso, a gente nunca imaginou que ia ser tanto... Onde eu chegava alguém cantarolava ou colocava pra tocar "Bete Balanço". Até hoje, se eu estiver numa pista de dança, o DJ toca "Bete Balanço". Essa música me acompanhou durante muito tempo. Cazuza demonstrou coragem ao compartilhar a vivência com hiv/aids. Uma atitude de importância enorme porque, na época, era o início da descoberta do vírus e da doença e havia muito preconceito e ignorância a respeito. As pessoas tinham vergonha de dizer que eram soropositivas porque havia muita discriminação. E um artista genial como o Cazuza, ídolo e farol de uma geração, ter assumido publicamente que tinha o vírus foi libertador para toda uma geração. Cazuza nos deixou suas letras geniais, sua poesia, o retrato da nossa juventude e geração, sua atitude livre e transgressora. Esse é o legado de Cazuza.

Debora Bloch

344. Convite para festa de lançamento do filme *Bete Balanço* no Morro da Urca, 2 de agosto de 1984

345. Diogo Vilela, Lauro Corona, Cazuza e Debora Bloch na estreia do filme *Bete Balanço*, no Cine Roxy, no Rio, 1984

Não me lembro se foi o ano de 1983 ou 1984. Só sei que ficou gravada na minha memória a imagem de Cazuza que vi pela primeira vez. Ele trazia a música "Bete Balanço" para o filme do Lael Rodrigues que produzi com Cacá Diniz. Seu sorriso espontâneo de alegria e confiança derrubou, gostoso, cheio de alegria e confiança, derrubou num só golpe o preconceito que eu tinha do rock que a garotada trazia. Ouvi a música, me surpreendi gostando dela. Daí, por tabela, me apaixonei pelo filme. Carreguei para sempre a minha gratidão por Cazuza por este ato de amor.

Tizuka Yamasaki

346. Cazuza com seu pai, João Araujo, no Dia dos Pais, 1984: amor e respeito, apesar das diferenças

> O negócio é o seguinte: eu sou filho do cara mais importante do disco no Brasil. Eu tinha muito pudor. Eu queria chegar na hora certa, com o lance certo. Desde os 15 anos eu sabia que ia ser cantor e compositor. Guardei isso até o momento certo. Agora ninguém me para mais. Cantar e escrever escondido dos meus amigos era só uma defesa.
> *Cazuza*

346.

347. Da esquerda para a direita: Regina Casé, Roberto Menescal, Caetano Veloso, Herbert Vianna, Grande Otelo e Zizi Possi em participação no programa de Jalusa Barcellos na TVE, 1984

O Rock Concerto – Projeto Aquarius uniu o rock e a música clássica na Praça da Apoteose, no Rio, sob a regência do maestro Isaac Karabtchevsky, em setembro de 1984. No repertório, hits do rock Brasil, como "Bete Balanço" e "Você não soube me amar", além do "Bolero" de Ravel e "Fantasia para dois grupos de rock, duas orquestras e coral" – composta especialmente para o espetáculo, que reuniu Barão Vermelho, Blitz, as orquestras Sinfônica Brasileira e do Theatro Municipal do Rio de Janeiro, assim como o coral do Theatro Municipal. O figurino dos integrantes do Barão Vermelho foi assinado por Cao Albuquerque, e elaborado especialmente para a apresentação.

348. O Barão Vermelho nos bastidores do audacioso Rock Concerto – Projeto Aquarius, 1984

349. Ingresso do Rock Concerto – Projeto Aquarius, na Praça da Apoteose, 15 de setembro de 1984

350.

351.

350. O Barão Vermelho durante o ensaio do Rock Concerto – Projeto Aquarius, do qual participou junto com a banda Blitz e as orquestras Sinfônicas Brasileira e do Theatro Municipal do Rio de Janeiro, 1984

351. Cazuza com a bandana kamikaze, presente do amigo fotógrafo Marcos Bonisson, no *backstage* Rock Concerto, na Praça da Apoteose, 1984

Na época, 1983, eu morava em Nova York e comprei a bandana de presente para o Cazuza, por meio do Tavinho Paes. A bandana kamikaze, um item indispensável no figurino dele, foi usada no show emblemático que o Barão fez com a Blitz e as orquestras na Praça da Apoteose em 1984.

Marcos Bonisson

352.

353.

352. Cazuza e sua bandana, 1984

353. Frejat e Cazuza durante o show do Barão Vermelho no Rock Concerto – Projeto Aquarius, 1984

RIO★SHOW

Blitz, Barão, OSB, OSTM e coral: é o Rock-Concerto amanhã na Apoteose

O rock viverá neste fim de semana, no Rio, o seu grande momento deste ano. Num palco de mil metros quadrados, o maior já construído no Brasil para um espetáculo, a música do Barão Vermelho e da Blitz têm um encontro amanhã, às 20h 30m, na Praça da Apoteose, com obras de grandes mestres. Tanto uma quanto as outras usando roupagens novas: o rock, em alguns números, ganhando nova dimensão com o apoio de duas orquestras sinfônicas — a Brasileira e a do Teatro Municipal — e um coro de cem vozes, também do Teatro Municipal. Já as obras eruditas ganharão em troca o toque moderno da participação dos sintetizadores, tão presentes na música dos nossos dias, assim como de efeitos visuais que fazem o encanto de muitos concertos de rock.

Este encontro será proporcionado pelo Projeto Aquarius, promoção do GLOBO e da Sul América Seguros — neste concerto com o apoio do Governo do Estado e da Prefeitura do Rio — e destina-se a arrecadar fundos para a Orquestra Sinfônica Brasileira. A regência será do maestro Isaac Karabtchevsky.

Os ingressos para o Rock-Concerto de amanhã custam Cr$ 8 mil (pista) e Cr$ 6 mil (arquibancadas) e podem ser adquiridos no Teatro Municipal (bilheteria da 13 de Maio), na Sul América Seguros (Rua do Ouvidor 72), nas agências do GLOBO (relação na página 4 do primeiro caderno desta edição) e na própria Praça da Apoteose, num posto especialmente montado. Este posto funcionará hoje até meia-noite, na esquina da Avenida Salvador de Sá.

"Assim falou Zaratustra", de Richard Strauss, ganhou popularidade internacional ao ser usado como um dos temas musicais do filme "2001 — Uma odisséia no espaço", de Stanley Kubrick. Pois será com o bater forte nos tímpanos, marca de abertura da obra Strauss, que será iniciado o Rock-Concerto. A partir daí, numa sucessão ininterrupta de números, o Barão Vermelho, a Blitz, as orquestras Sinfônica Brasileira e Sinfônica do Teatro Municipal, tocando isoladamente ou em conjunto, darão sequência a um programa que atende a, praticamente, todos os gostos.

O Barão Vermelho, sozinho, executará "Beth Balanço" e "Subproduto do rock", ambos de Cazuza e Frejat; e, com as duas orquestras e o coral, "Down em mim" e "Pro dia nascer feliz".

A Blitz, sozinha, tocará "Beth Frígida" e "Weekend" e, com as duas orquestras e o coro, "Apocalipse não", "A dois passos do paraíso" e "Você não soube me amar".

As duas orquestras interpretarão o "Bolero", de Ravel, e uma outra obra presente em "2001", o "Danúbio azul", de Johann Strauss, além da "Ode à Alegria", da Nona Sinfonia de Beethoven, com a participação dos sintetizadores do tecladista Luciano Alves.

O grande final será com a "Fantasia para 2 grupos de rock", 2 orquestras sinfônicas e coral, especialmente criada para a ocasião por Guto Graça Mello, que reunirá no palco de 14 níveis as orquestras, os grupos e o coral, numa apoteose digna do nome da praça onde o Rock-Concerto será realizado. Os arranjos orquestrais são todos de Guto Graça Melo, a produção do espetáculo é de Sheila Roza e a direção geral é de Péricles de Barros, ambos do GLOBO.

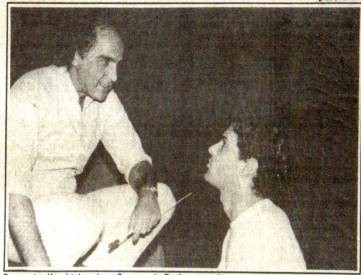

O maestro Karabtchevsky e Cazuza, do Barão: o erudito e o popular na Praça

354. Recorte do jornal *O Globo*, 14 de setembro de 1984, sobre o Rock Concerto – Projeto Aquarius. Na foto, Cazuza e o maestro Isaac Karabtchevsky

355.

355. Cazuza no show com Barão Vermelho no Radar Tantã em São Paulo, durante a polêmica temporada do disco *Maior abandonado*, que resultou na prisão de integrantes do grupo, 1984

356. Barão Vermelho, 1984

Ouvi "Maior abandonado" a primeira vez na estreia do Barão Vermelho no Radar Tantã, em São Paulo, em 1984. Eu estava acompanhada de Caetano e Dedé, que era sócia da casa de show. Me lembro da minha indignação ao ouvir os versos: "Eu tô perdido, sem pai nem mãe/ Bem na porta da sua casa"... Caetano riu e disse que as palavras na música eram usadas para formar imagens poéticas.

Lucinha Araujo

356.

A história é engraçada, pois encontraram maconha no quarto dos meninos do Barão, menos de Cazuza. E ele ainda se sentiu frustrado por não ter sido autuado em flagrante. A polícia encontrou apenas a carteira dele, que ele havia perdido entre o colchão e a cama. Mesmo assim, Cazuza fez questão de ir à delegacia acompanhar os amigos. A Som Livre contratou o advogado Técio Lins e Silva para acompanhar o processo, que acabou não dando em nada. Depois, Cazuza me pediu para ver o jornal com a notícia da prisão do Barão Vermelho. Eu disse que não tinha guardado, que tinha jogado fora. Ele ficou uma fera, fez um verdadeiro escândalo. Disse que tinha 24 anos e que eu não podia decidir o que guardar ou jogar fora... Ele emoldurou o jornal e deixou exposto na casa dele, quando morreu, pendurei na parede da Viva Cazuza.

Lucinha Araujo

357.

357. Jornal *O Dia*, 22 de outubro de 1984, com a manchete "Barão Vermelho preso por droga" emoldurado por Cazuza. Em 20 de outubro de 1984, o Barão Vermelho foi preso por posse de drogas. A foto do grupo estampou a capa do jornal e a notícia repercutiu em diversos veículos

358. Apresentação do Barão Vermelho na Penitenciária Talavera Bruce (Complexo Penitenciário de Gericinó), na programação do Natal das Detentas, zona Oeste do Rio de Janeiro, 23 de outubro de 1984

359. Capa do *Pasquim*, dezembro de 1984

Pasquim com edição assinada pelo cartunista Jaguar e entrevista exclusiva com Cazuza, em 1985. Na reportagem, foi publicada a primeira versão do poema "Mal nenhum", posteriormente musicado pelo amigo e parceiro Lobão.

360.

361.

360. Show do Barão Vermelho na boate Mamute, na Tijuca, zona Norte do Rio de Janeiro, 1984

361. Show do Barão Vermelho no Morro da Urca, 1984, para o qual Cazuza havia raspado a cabeça

362. Recorte de revista *Capricho*, coluna "Etc… e tal", de Monica Figueiredo, sobre Cazuza e sua atuação no Barão Vermelho, 1984: "Superpoeta moderno, sem ser bobo, as letras deles são sempre incríveis"

eta... etal

UM JORNAL DE MÚSICA, GENTE, TEATRO, LIVROS, FILMES, CURIOSIDADES

Por Mônica Figueiredo

GENTE

CAZUZA E BARÃO VERMELHO, NA VEIA!

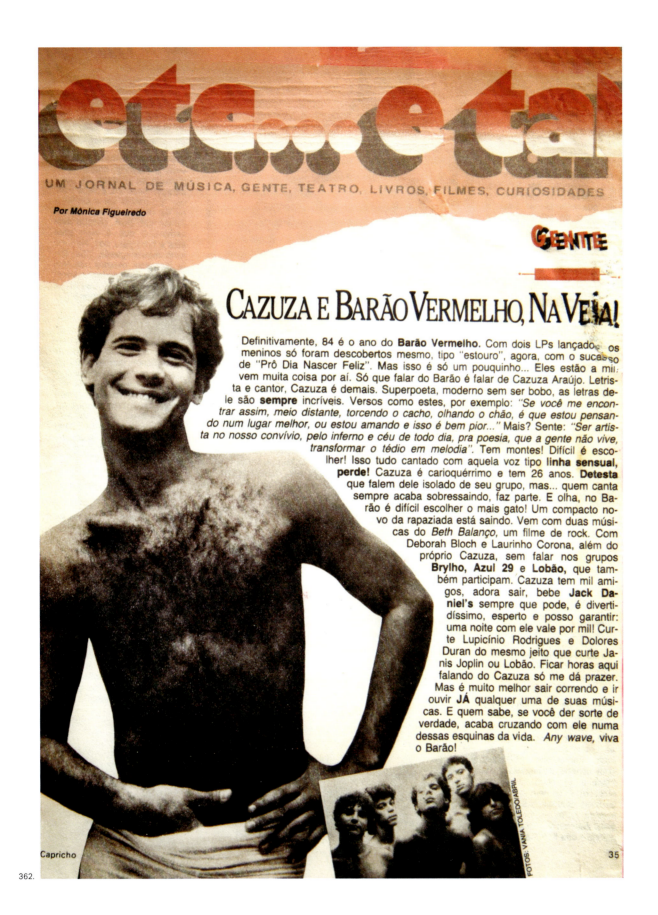

Definitivamente, 84 é o ano do **Barão Vermelho**. Com dois LPs lançados, os meninos só foram descobertos mesmo, tipo "estouro", agora, com o sucesso de "Prô Dia Nascer Feliz". Mas isso é só um pouquinho... Eles estão a mil, vem muita coisa por aí. Só que falar do Barão é falar de Cazuza Araújo. Letrista e cantor, Cazuza é demais. Superpoeta, moderno sem ser bobo, as letras dele são **sempre** incríveis. Versos como estes, por exemplo: *"Se você me encontrar assim, meio distante, torcendo o cacho, olhando o chão, é que estou pensando num lugar melhor, ou estou amando e isso é bem pior..."* Mais? Sente: *"Ser artista no nosso convívio, pelo inferno e céu de todo dia, pra poesia, que a gente não vive, transformar o tédio em melodia"*. Tem montes! Difícil é escolher! Isso tudo cantado com aquela voz tipo **linha sensual, perde!** Cazuza é carioquérrimo e tem 26 anos. **Detesta** que falem dele isolado de seu grupo, mas... quem canta sempre acaba sobressaindo, faz parte. E olha, no Barão é difícil escolher o mais gato! Um compacto novo da rapaziada está saindo. Vem com duas músicas do *Beth Balanço*, um filme de rock. Com Deborah Bloch e Laurinho Corona, além do próprio Cazuza, sem falar nos grupos **Brylho, Azul 29 e Lobão,** que também participam. Cazuza tem mil amigos, adora sair, bebe **Jack Daniel's** sempre que pode, é divertidíssimo, esperto e posso garantir: uma noite com ele vale por mil! Curte Lupicínio Rodrigues e Dolores Duran do mesmo jeito que curte Janis Joplin ou Lobão. Ficar horas aqui falando do Cazuza só me dá prazer. Mas é muito melhor sair correndo e ir ouvir **JÁ** qualquer uma de suas músicas. E quem sabe, se você der sorte de verdade, acaba cruzando com ele numa dessas esquinas da vida. *Any wave,* viva o Barão!

FOTOS: VANIA TOLEDO/ABRIL

Capricho

Cazuza azul e zil
ali com a gente
Cazuza a fim afins
querendo saber
ou melhor: nem querendo
nem sabendo porquê
e a quantas anda
o movimento intenso dos seus olhos
encontram alguém
somos nós baby
velhos bêbados iluminados
pelos lampiões das esquinas
novos bárbaros cobiçados
pelos corações aflitos
médios loucos
tédios socos porque o poeta
é violento baby
o poeta nunca esquece
o poeta tem o poder secreto
de transformar ódio em versos

(Bernardo Vilhena, 1990)

Bernardo Vilhena e Lobão são os autores dos versos "Vida louca vida/ Vida breve/ Já que eu não posso te levar/ Quero que você me leve", que ficaram conhecidos na voz de Cazuza na abertura do show *Ideologia / O tempo não para* (1988).

363.

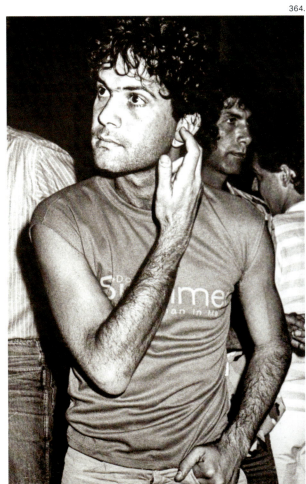

364.

363. Cazuza cresceu indo à praia de Ipanema: "quintal de casa", 1984

364. Cazuza na plateia do show de Caetano Veloso no Copacabana Palace: o ídolo que se tornou amigo. Em 11 de fevereiro de 1984, o *Jornal da Tarde* elegeu Cazuza como "muso": "Como nenhuma moça foi guindada à condição de musa deste verão, comenta-se que neste ano o cetro será oferecido a Cazuza, do Barão Vermelho"

365.

365. A escritora Clarice Lispector, na década de 1960

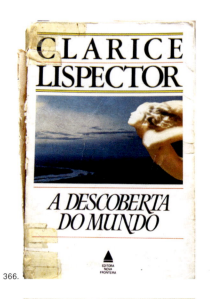

366.

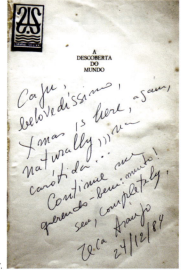

367.

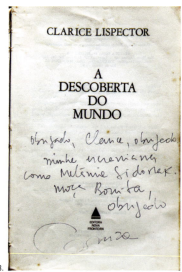

368.

As coisas que mudam minha vida sempre vêm de Clarice. Tudo o que ela faz é não distrair a gente, ela nos leva a descobrir as coisas através do pensamento. Gosto de ler para aprender. [...] Eu não leio a Bíblia, eu leio Clarice Lispector – *A descoberta do mundo* – uma coletânea de crônicas que ela escreveu para o *Jornal do Brasil*, entre 1967 e 1972. As coisas com Clarice são mágicas. Outro dia eu estava com insônia e abri o livro exatamente na página da crônica sobre insônia. Ela não é apenas uma escritora, ela me traz o pensamento.

Cazuza

366. O exemplar de *A descoberta do mundo* (1984), lido e relido por Cazuza, tornou-se seu livro de cabeceira, com anotações e marcações feitas à caneta

367. Dedicatória de Ezequiel Neves, que presenteou Cazuza com *A descoberta do mundo* no Natal de 1984

368. Agradecimento de Cazuza a Clarice Lispector: "Obrigado, Clarice, obrigado, minha ucraniana como Melánia Sidorak. Moça bonita, obrigado". Cazuza faz referência à médica acupunturista Melánia Sidorak, de quem viria a se tornar paciente entre 1988 e 1989

369. Recado de Cazuza para Clarice, em defesa de Chacrinha, anotado na página do livro

O Velho Guerreiro, o icônico Chacrinha, era fã do meu filho. Ele sempre convidava o Barão para tocar na *Discoteca do Chacrinha*. O Cazuza também era fã dele, lembro que tem uma página do livro *A descoberta do mundo*, de Clarice Lispector, na qual Cazuza escreveu nas margens uma defesa ao ler uma crítica ao Chacrinha.

Lucinha Araujo

buzina do Chacrinha funciona, despedindo-o. Além do mais, Chacrinha tem algo de sádico: sente-se o prazer que tem em usar a buzina. E suas gracinhas se repetem a todo o instante — falta-lhe imaginação ou ele é obcecado.

E os calouros? Como é deprimente. São de todas as idades. E em todas as idades vê-se a ânsia de aparecer, de se mostrar, de se tornar famoso, mesmo à custa do ridículo ou da humilhação. Vêm velhos até de setenta anos. Com exceções, os calouros, que são de origem humilde, têm ar de subnutridos. E o auditório aplaude. Há prêmios em dinheiro para os que acertarem através de cartas o número de buzinadas que Chacrinha dará; pelo menos foi assim no programa que vi. Será pela possibilidade da sorte de ganhar dinheiro, como em loteria, que o programa tem tal popularidade? Ou será por pobreza de espírito de nosso povo? Ou será que os telespectadores têm em si um pouco de sadismo que se compraz no sadismo de Chacrinha?

Não entendo. Nossa televisão, com exceções, é pobre, além de superlotada de anúncios. Mas Chacrinha foi demais. Simplesmente não entendi o fenômeno. E fiquei triste, decepcionada: eu quereria um povo mais exigente.

369.

"Que o Deus venha" foi escrito a partir de um trecho do livro *Água viva* (1973), de Clarice, que Cazuza afirmou ter lido centenas de vezes.

370. Cazuza, transformando tédio em melodia, 1984

Às vezes, fico triste, mas
não consigo me sentir infeliz.
Acho que o tédio é o sentimento
mais moderno que existe, que
define o nosso tempo. Minha
vida é muito assim: sempre
morrendo de rir, nunca com
tédio. E quer saber uma coisa?
O que salva a gente é a futilidade.

Cazuza

372.

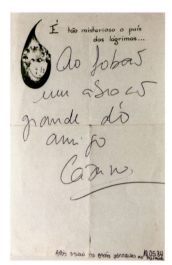

371.

373.

374.

371. Autógrafo para Marcos Lobão, o fã que se tornou amigo, 18 de maio de 1984, após o show *Barão Vermelho 2*: "Ao Lobão, um abraço grande do amigo Cazuza"

372 / 373. Cazuza com os amigos Marcos Lobão e Dante Longo, em Porto Alegre, antes da apresentação do Barão Vermelho no Ginásio Gigantinho – Tour *Maior abandonado* –, 18 de maio de 1985

374. Cazuza com os novos amigos Marcos Lobão e Jorge Gorgen em "esquenta" no hotel, antes do show do Barão

375. Pedaço de jornal com número de telefone de Cazuza para Marcos Lobão, 1985

376. Da esquerda para a direita: Marcos Lobão, Cazuza, Ezequiel Neves, Dante Longo, Ana e Cláudia Von Bock, curtindo a noite em Porto Alegre, na avenida Osvaldo Aranha, indo do hotel para o Bar Ocidente (lugar que Cazuza chamava de "Oriente"), 18 de maio de 1985

Conheci o Cazuza em um show que ele fez com o Barão Vermelho, durante a turnê *Barão Vermelho 2*, em 18 de maio de 1984, no Taj Mahal, em Porto Alegre. Estávamos eu e meu amigo Dante Longo na plateia. Como não havia *backstage*, Cazuza saiu pela plateia e deu de cara com a gente. Ele tinha brigado com alguém do Barão e nos pediu para tirá-lo dali. Fomos até o carro do Dante, um fusca, e Cazuza pediu para dirigir. Levamos ele até o hotel, e ele me deu um autógrafo. Antes fomos curtir numa casa noturna, a B52. Depois fomos assistir o Barão no Rock in Rio. E nos reencontramos em maio de 1985, quando o Barão Vermelho fez a turnê *Maior abandonado*. Fomos até o hotel do Cazuza, ajudamos ele a escolher o figurino do show, ficamos, de fato, amigos.

Após o show saímos com ele e Ezequiel Neves, fomos para o Ocidente, que Cazuza insistia em chamar de Oriente... Cazuza me passou o telefone e passamos a nos falar. No mesmo ano, fomos ao Rio assistir a um show do Caetano no Canecão, e esbarramos com Cazuza no Baixo Leblon, ele tava muito louco, acabamos indo para a casa dele, na época, no Leblon. Depois veio a doença e só voltamos a vê-lo na turnê do *Ideologia / O tempo não para*, em 1988, quando ele nos apresentou seus pais, João e Lucinha. Lembro de ter apresentado a canção "Camila, Camila", do Nenhum de Nós, que ele não conhecia e acabou gravando na época do *Burguesia* (1989), mas que só entrou no disco póstumo, *Por aí* (1991).

Marcos Lobão

377.

377. Cazuza durante show *Maior abandonado* no Gigantinho, Porto Alegre, 18 de maio de 1985

378. Apresentação do Barão Vermelho no Rock in Rio, 1985

378.

379.

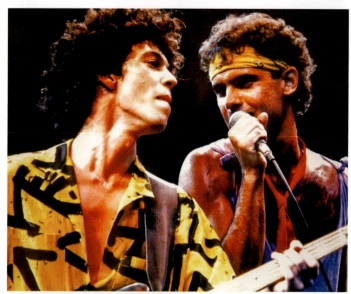

380.

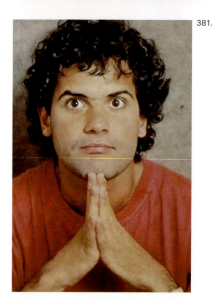

381.

O ano de 1985 começou com sucesso para o Barão Vermelho, incluindo duas participações no Rock in Rio: no dia 20 de janeiro, o Barão abriu o show que prosseguiu com Gilberto Gil, Blitz, Nina Hagen, B-52s e Yes; e, no dia 25, participou com Eduardo Dussek, Kid Abelha, AC/DC e Scorpions. O show do Barão Vermelho terminou com o hit "Pro dia nascer feliz" e, no final do show, Cazuza disse: "Que o dia amanheça lindo, com um Brasil novo para uma rapaziada esperta". No dia do show, havia acontecido a eleição indireta do primeiro presidente civil, depois de mais de vinte anos de governo militar.

379. Cazuza e Frejat no Rock in Rio, 1985

380. Cazuza, Frejat e Dé no palco do histórico Rock in Rio, 1985

381. Cazuza aos 27 anos, 1985: início de seu retorno de Saturno com profundas transformações

382.

Pro dia nascer feliz

A eleição de Tancredo aumentou ainda mais a alegria da juventude reunida no Rock in Rio. "Que o dia amanheça lindo, com um Brasil novo para uma rapaziada esperta", foram os votos do vocalista Cazuza, líder do Barão Vermelho, no final da apresentação da banda, no dia 15. O apelo da vitória de Tancredo era tanto que *Pro Dia Nascer Feliz*, uma canção erótica, acabou entoada por 30 mil pessoas interessadas em dar uma conotação política a seus versos. O interesse que a comemoração política despertou na platéia do Rock in Rio foi percebido pelo conjunto alemão Scorpions, que levou para o palco uma bandeira brasileira, avidamente disputada pelo público no final da apresentação da banda.

ISTOÉ 23/1/1985

382. Recorte da revista *IstoÉ* sobre o momento político do país e a apresentação do Barão Vermelho no Rock in Rio

383. Em janeiro de 1985, no período do histórico Rock in Rio, o *Jornal do Brasil* convidou Cazuza e as modelos Tamar e Moira para fazerem fotos para a revista *Domingo*

384. Cazuza com Ezequiel Neves e Rosa de Almeida, na época, empresária do Barão Vermelho, no camarim do Rock in Rio, 1985

383.

384.

331

Eu sou muito diferente do pessoal do Barão. Sou o mais velho, o mais louco, mais boêmio: eles são mais saudáveis, acordam cedo, não fazem loucuras. [...] O grupo, onde chegava, era anunciado como "Cazuza e Barão Vermelho". Era uma coisa boba, e começou a criar uma ciumeira que abalava nosso entendimento. O Chacrinha era um dos que insistia em nos anunciar daquela forma. Eles começaram a pensar em fazer um trabalho sem mim e saquei tudo. Saí antes mesmo de entrarmos no estúdio para gravar um disco. Achei que minha presença os incomodava. O Maurício reclamava que queria cantar. O Frejat também. Fui perdendo a liderança e, como gosto de ser líder e sentir a própria luz do palco sobre mim, caí fora da banda, antes que ficássemos inimigos para sempre. [...] Eu tenho um ego muito grande, não conseguiria dividir um palco ou um disco.

Cazuza

385 / 386. Cazuza e o Velho Guerreiro, no programa *Cassino do Chacrinha*, 1985

387. Sidney Oliveira entregando o Disco de Ouro para o Barão Vermelho pelo álbum *Maior abandonado* no *Cassino do Chacrinha*, 1985

386.

387.

388 / 389. Cazuza com seus amigos poetas: Antonio Cicero e Waly Salomão no show do Lulu Santos, 1985; e com Jorge Salomão, na festa do Partido Verde, 1986

390. Cazuza e a assessora de comunicação Liége Monteiro no aniversário de Glória Pires na boate Calígula, que marcou a cena noturna no Rio de Janeiro, 1985

388.

389.

390.

Conheci Cazuza numa festa na casa de Dedé e Caetano, no início dos anos 1980. Eu estava no quarto da Dedé e o Cazuza chegou e disse: "Você sabe quem eu sou? Ainda vai ouvir muito falar de mim..." E mergulhou em cima da cama, aonde estávamos. Depois disso, ficamos amigos. Quando ele estava doente, eu era a amiga que não deixava ele se drogar. Muitas vezes peguei ele embriagado e levei para minha casa para descansar. E avisava a Lucinha: "Cazuza está aqui, quietinho!"

Liège Monteiro

No dia 15 de junho de 1986, após apresentação do show *Exagerado*, no ginásio Dino Baroni, na cidade de Araxá, Minas Gerais, Cazuza e sua banda foram para uma pizzaria com um grupo de meninas e se viram numa confusão. De repente, uma das "meninas" foi ameaçada por um homem com uma faca, que acabou por ameaçar a todos. Cazuza defendeu o grupo, jogou uma mesa no agressor, e logo o segurança apareceu. A confusão na pizzaria de Araxá inspirou o poeta a escrever "Mina", canção que acabou excluída do disco *Só se for a dois* (1987).

Cazuza se envolveu em uma confusão de bar na cidade mineira de Araxá, em Minas Gerais, onde circulava uma "mina" chamada Flavinha – a personagem da história. E esse episódio acabou servindo de inspiração para Cazuza criar a canção "Mina". Cazuza tinha o poder de capturar o espírito da época. Ele ouvia a música e criava seus versos livremente, escolhendo as palavras que seriam cantadas. [...] "Completamente blue", "Mina", "Androide sem par", "Brasil" e "Solidão, que nada", parcerias que me enchem de orgulho.
Nilo Romero

391.

391. Cazuza no restaurante Ilhabela, na cidade de Araxá, Minas Gerais, 15 de junho de 1986. Em sentido anti-horário: Maria Rita Botelho, Nilo Romero, Anette Porfirio, Cazuza, Mario de Almeida, Eraldo, Rogério Meanda e Marina Pupo, entre outros não identificados

393.

392. Cazuza em noite de boemia com amigos em Minas Gerais, 1986

393. Registro raro!
Da esquerda para a direita: Peninha, Branco Mello, Paulo Miklos, Sá, Cazuza e Guarabyra, 1985

Música
O Barão sem sua voz
Cazuza, o vocalista e poeta do Barão, deixa o grupo.

Poderia ter sido um show do Barão Vermelho como outro qualquer, o de 27 de julho último no Clube Caiçara, de Santos, se o vocalista e letrista Cazuza não houvesse anunciado no microfone que aquele era o seu último show à frente do Barão Vermelho.

A surpresa da platéia só foi tão grande quanto a dos próprios integrantes do Barão Vermelho. Afinal, poucos dias antes Roberto Frejat, Dé, Maurício, Guto Goffi e o próprio Cazuza haviam traçado novas linhas para o grupo: a partir do quarto disco, que deveriam ter começado a gravar na terça-feira, 30, apareceriam as composições e os vocais dos outros "barões".

Em dezembro o primeiro disco-solo de Cazuza, carioca de 27 anos, estará sendo lançado. Nele, algumas das razões de sua saída: "Queria fazer um trabalho mais pessoal, com outras opções de arranjo, deixando fluir as minhas influências de bossa-nova, Maysa, Dolores Duran". Brincando, se diz carregado de um espírito caudilhesco. "Sou o Brizola do rock." Embora não dê por encerrada a sua parceria com Roberto Frejat, já pensa em Lobão, Zé Luís (da banda de Caetano Veloso), Leoni (do Kid Abelha) e na poeta Ledusha, como novos parceiros.

Frejat neste momento não crê "em separação amigável". Magoado, como todos os seus companheiros, só lamenta que tenham perdido tanto tempo com ensaios, planos e idéias. "Nós todos achávamos que os temperamentos antagônicos eram a mola propulsora do grupo", diz Frejat. "Agora Cazuza cita exatamente esse fato como um dos motivos de sua saída."

A última gravação do Barão Vermelho — *Eu Queria Ter uma Bomba* — está na trilha do filme *Tropclip*, que estreou na quinta-feira, 1º, em São Paulo *(leia sobre o filme na página 46)*. Mas o Barão não acaba: segue como quarteto com Frejat e Dé nos vocais, embora nada saibam sobre o que e quando poderá ser seu próximo disco. Sobre a decisão de não substituir Cazuza, Frejat é objetivo: "A comparação seria inevitável e queremos evitá-la. Cazuza é original e não pode ser comparado com ninguém".

Frejat e Cazuza: "Temperamentos antagônicos".

394. Recorte da revista *Afinal* sobre a intempestiva saída de Cazuza do Barão Vermelho, 1985

Cazuza não era fácil, irresponsável, apesar de cumprir os compromissos do Barão. Ele detestava ensaiar, considerava um castigo. E havia uma diferença de idade entre Cazuza e os meninos, além da língua ferina... E a imprensa passou a dar destaque para Cazuza. Tudo isso trouxe complicações, ciúmes. Eles tiveram que aprender a conviver com o lado negativo de Cazuza: os atrasos, os furos, os porres, as maluquices. Ao mesmo tempo, tiveram a beleza da poesia dele nas canções, o carisma dele no palco. A vida não é perfeita. Mas com o tempo a convivência foi ficando difícil. O Cazuza mesmo dizia que sabia que ele era filho único e que não sabia dividir nada com ninguém. Não deu outra: resolveu seguir carreira solo. Quando ele me contou que ia sair do Barão eu quase enlouqueci. Cazuza tinha paixão pelo Frejat, chamava ele de "brow", e não queria se separar dele após a saída do Barão. Eles eram diferentes, completamente antagônicos, mas se respeitavam e se admiravam. Não por acaso, Frejat se tornou o parceiro mais importante de Cazuza, com inúmeras canções de sucesso.

Lucinha Araujo

A separação foi amigável, no sentido de que não houve brigas, mas tenho que reconhecer que minha posição no conjunto estava insustentável. Na verdade, um não conseguia olhar na cara do outro. Resolvi sair antes que ficasse com raiva das pessoas com quem passei quatro anos ótimos. Foi exatamente isso que eu disse a eles. Faz tempo que já vinha pensando em batalhar meu próprio caminho, sem ser obrigado a cantar só músicas que tivessem a cara do conjunto.

Cazuza

A separação não foi amigável, embora não tenha sido litigiosa. Acho que, se fosse amigável, não teríamos sido largados dessa maneira, às vésperas de iniciarmos a gravação de um disco.

Roberto Frejat

Em 31 de julho de 1985, dia seguinte à data marcada para a gravação do quarto álbum do Barão Vermelho, a *Folha de S.Paulo* anunciou a separação de Cazuza do grupo. Ezequiel Neves, produtor do Barão, foi quem manteve a banda unida após a saída de Cazuza. As canções que já estavam prontas para o repertório do novo disco, pelo selo Opus, foram divididas entre Barão e Cazuza, que foi contratado pela Som Livre.

395. Em sua primeira internação, julho de 1985

395.

LUGARES ONDE CAZUZA MOROU

**1985-1986: Gávea, RJ
Praça Santos Dumont**
Localizada em frente ao acesso principal do Jockey Club Brasileiro, a cobertura, comprada com o próprio dinheiro, tornou-se ponto de encontro de Cazuza com os parceiros de sua fase solo. Em agosto, foi internado pela primeira vez, para ser tratado de uma pneumonia no Hospital São Lucas, em Copacabana.

Foi nessa primeira internação que Cazuza fez o primeiro teste de hiv. Ele pediu ao Dr. Roberto Luzes, assistente do Dr. Abdon Issa, médico que cuidava dele há tempos. O resultado foi negativo. Os testes falhavam bastante naquela época, e havia muita desinformação sobre a aids. Tempos depois, Cazuza me confidenciou que desconfiava que estivesse positivo. Ele transformou a internação numa festa, e o quarto de hospital em sala de visitas.

Lucinha Araujo

Cazuza afirmava estar com "Baronite" – uma febre motivada pela saída do Barão Vermelho. Em agosto de 1985, surgem os primeiros rumores de que Cazuza estava com aids. O poeta contraiu mononucleose (doença virótica), mas logo se curou. Fez o teste de hiv/aids que resultou não reagente. A imprensa especulava o estado de saúde de Cazuza como quem investigava um crime, algo impensável nos dias atuais.

396.

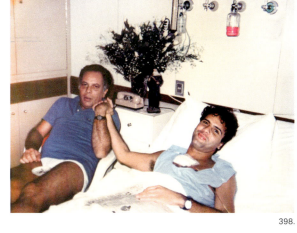

398.

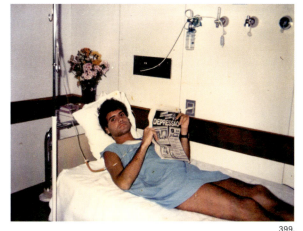

399.

397.

400.

396 / 397 / 398 / 399. Cazuza no Hospital São Lucas, em Copacabana, na companhia dos pais e dos médicos, 1985

400. Cazuza e Ezequiel Neves, no hospital, 1985

Cazuza recebeu o carinho de amigos no hospital, como Ezequiel Neves e Ruth de Almeida Prado. Em paralelo, a imprensa deixava-o aflito, especulando sobre seu estado de saúde. Em 9 de setembro de 1985, em entrevista à Monica Figueiredo na *Folha de S.Paulo*, explicitou seu incômodo: "Em primeiro lugar, não aguento mais falar nesse assunto. Uma chatice! Eu acho o seguinte: todo mundo, hoje em dia, que tem febre ou dor de cabeça, já acha que está com aids. O bombardeio de informações é enorme. Ok, tem que falar, é claro. Mas só que a paranoia é enorme também. Você quer saber mesmo o que acho? A aids é um complô contra a sacanagem e eu não admito abandonar a sacanagem em hipótese alguma. Isso é coisa do Papa e do Reagan contra a sacanagem. Mas passarinho que come pedra sabe, né? Eu não vou ter aids".

Codinome Beija-Flor

Pra que mentir
Fingir que perdoou
Tentar ficar amigos sem rancor
A emoção acabou
Que coincidência é o amor
A nossa música nunca mais tocou

Pra que usar de tanta educação
Pra destilar terceiras intenções
Desperdiçando o meu mel
Devagarinho, flor em flor
Entre os meus inimigos, Beija-Flor

Eu protegi teu nome por amor
Em um codinome, Beija-Flor
Não responda nunca, meu amor (nunca)
Pra qualquer um na rua, Beija-flor

Que só eu que podia
Dentro da tua orelha fria
Dizer segredos de liquidificador

Você sonhava acordada
Um jeito de não sentir dor
Prendia o choro e aguava o bom do amor
Prendia o choro e aguava o bom do amor

(Cazuza/Ezequiel Neves/Reinaldo Arias, 1985)

Eu fiz a melodia e o Paulinho entregou a fita da gravação para o Cazuza, que em seguida ficou doente. A versão original era uma balada dançante, mas o Cazuza pediu uma melodia mais calma. Depois fui visitá-lo em casa e ele me mostrou os versos que estavam terminados. Quando Cazuza lançou a canção no seu primeiro disco solo, ela se tornou um sucesso.

Reinaldo Arias

Uma das canções mais conhecidas de Cazuza foi criada a partir de melodia enviada por Reinaldo Arias, por meio de Paulinho Soledade, amigo em comum dos parceiros. A inspiração para o poema foi a aparição de um beija-flor na janela do quarto onde o poeta estava internado no Hospital São Lucas, em Copacabana, no Rio de Janeiro, em julho de 1985. Além de Cazuza, nomes como Luiz Melodia, Simone, Ângela Maria e Cauby Peixoto (em dueto), Emílio Santiago e Wando gravaram "Codinome Beija-Flor".

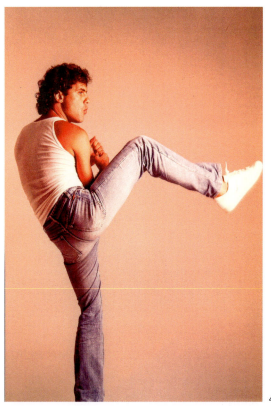

Nunca estudei canto, dança, nada. Aliás, você pode ver por minha voz rouca. Eu sou rouco, eu birito, não tenho nenhum cuidado com a voz, não faço nenhum exercício, meu exercício é o palco. Pego um pouquinho ali do Caetano, um pouquinho do Ney, um pouquinho do Mick Jagger, os ídolos da gente. Intuitivamente, a gente copia um pouco de cada um e aí surge o estilo próprio.

Cazuza

401 / 402.

401 / 402 / 403. "Quem tem um sonho não dança". Cazuza em ensaio fotográfico de J. R. Duran para a produção do álbum *Exagerado* (1985)

403.

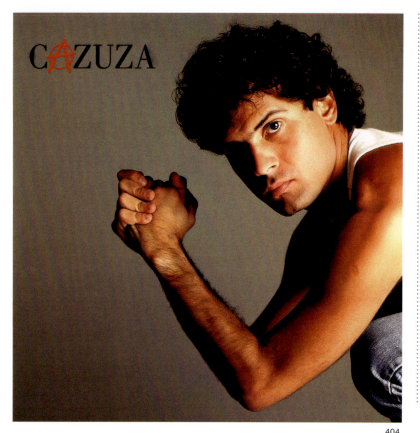

404. Capa do disco *Exagerado* (1985)

Exagerado foi o primeiro álbum da carreira solo de Cazuza, após sua saída do Barão Vermelho, lançado em novembro de 1985. Alcançou a vendagem de 750 mil discos, com sucessos consolidados como "Exagerado" e "Codinome Beija-Flor". A canção-título se tornou um sucesso em todas as rádios do Brasil. Neste trabalho também se encontra "Só as mães são felizes", censurada após o lançamento do disco, além de uma canção do poeta Waly Salomão com Roberto Frejat, a "Balada de um vagabundo". Depois da separação do Barão, Cazuza passou a compor com diferentes parceiros, como Lobão, Renato Ladeira, Reinaldo Arias, Leoni... Para a equipe de gravação do disco *Exagerado*, Cazuza reuniu Ezequiel Neves, Rogério Meanda, Décio Crispim, Jorge Gordo Guimarães e outros amigos e parceiros da nova fase.

Eu e Cazuza tínhamos alguns amigos em comum, embora não fôssemos da mesma tribo. Sempre tive grande admiração pelo poeta. Lembro que Ezequiel Neves levou Cazuza na minha casa para fazermos a parceria com "Exagerado"; ele queria que eu fizesse um bolero, mas acabei fazendo uma música pop-rock porque era mais a cara dele. Fiz umas sugestões de corte nos versos, era um poema longo.

Leoni

405.

405. Cazuza na época de lançamento do primeiro álbum da carreira solo, novembro de 1985

406. Convite individual referente ao show do primeiro álbum da carreira solo, realizado no Morro da Urca, 17 de janeiro de 1986

406.

"Balada de um vagabundo" é da fase pós-*Maior abandonado* (1984), quando Cazuza decidiu sair do Barão Vermelho para trilhar carreira solo. "Cazuza saiu e levou as músicas que queria gravar em seu primeiro disco solo, *Exagerado*. Que eu me lembre, "Rock da descerebração" e "Exagerado". Depois o poeta Waly Salomão me pediu para liberar também "Balada de um vagabundo", um poema que ele tinha escrito para Cazuza cantar e que "gostaria que a música fosse gravada por ele". Compreendi, claro.

Roberto Frejat

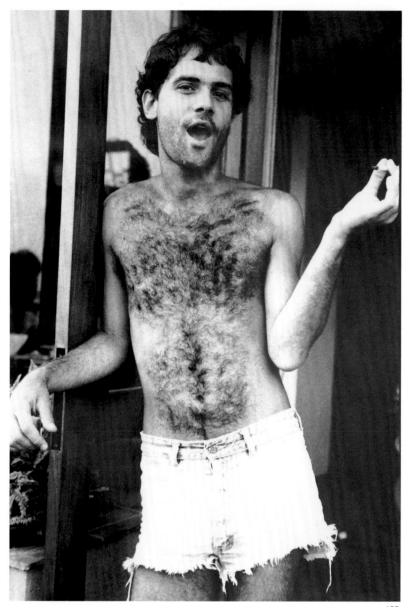

407. Cazuza em 1985, ano em que o amigo e poeta Waly Salomão escreveu o poema "Balada de um vagabundo", musicado por Roberto Frejat e gravado em seu primeiro álbum de estreia na carreira solo, *Exagerado* (1985)

Balada de um vagabundo

Eis o Sol, eis o Sol
Apelidado de astro-rei
Eis que achei o grande culpado
Desse meu viver destrambelhado
D'eu perambular pirado
Meu coração lacrado
Maracujá de gaveta dum prédio
Vazio num terreno baldio
Sepultado e logo após abandonado
Repare o crime senhor juiz
Pare senhor juiz
Ignoro a rua, o bairro e a carteira de identidade
Não me pergunte de ser portador
Do número xis do CIC
Me deixa feliz
Serei chegado a um sal
Qual a espada afiada que separa
O bem do mal?
Eis o Sol, eis o Sol
Apelidado de astro-rei
Eis que achei o grande culpado
Do meu viver destrambelhado
Me viro no cê do centro
No porta-malas da estação central
Dançarei pelado na cratera da lua
Mesmo sem saber onde termina
A minha e onde começa a tua
Rebolarei embaixo da marquise
Triste trópico paraíso
Se eu dissesse que eu ia
Você ia e eu não ia
Deixa a tristeza deitar

Rolar na minha cama
Um milhão, trilhão de vezes
Reviro alegria
Salto pro amor
Um vício só pra mim não basta
É uma inflação de amor incontrolável
Tá lotado, tá repleto de virtude
E vício meu céu
Um galo sozinho levanta a crista
E cocorica seu escarcéu
Um vício só pra mim é pura cascata
Eu marco treze pontos
Sou pule premiada no jogo do bicho
Eu sou o beijo da boca do lixo na boca do luxo
Eu sou o beijo da boca do luxo na boca do lixo

(Waly Salomão, 1985)

408.

409.

408. Cazuza no período de lançamento do primeiro single, "Exagerado", que deu nome ao álbum inaugural da carreira solo do cantor

409. Cazuza no colo de mãe, Lucinha Araujo, 1985

O poeta escreveu os versos de "Exagerado" pensando no seu mentor, Ezequiel Neves, embora posteriormente tenha reconhecido como sua canção mais autobiográfica, identificando a persona boêmia. Não por acaso, tornou-se um epíteto para o próprio poeta "exagerado", devido à sua preferência por temas como boemia, dor de cotovelo e amor em excesso.

Cazuza lança seu primeiro elepê solo

Desde julho, quando Cazuza deixou de ser o vocalista do Barão Vermelho, pairava uma dúvida no rock brasileiro: como ficaria o Barão sem Cazuza e Cazuza sem o Barão. Hoje, se tem a metade da resposta: chega às lojas o primeiro elepê individual do cantor e compositor, e faixa de trabalho — "Exagerado", dele, de Leoni (do Kid Abelha) e de Ezequiel Neves — já está tocando no rádio. E afinal, como ficou seu rock? Bem parecido com o do Barão, é verdade, embora mais soft e variado, pois Cazuza vem com diversos parceiros. A competência como letrista e cantor continua a mesma, só que mais apurada.

Neste elepê, Cazuza gravou músicas inéditas e acompanhou toda a produção, ao contrário do que ele estava acostumado no Barão, quando sua preocupação praticamente se restringia a colocar letra nas músicas e cantar nos discos e shows, pois o grupo se encarregava do resto. Agora, como ele carrega toda a responsabilidade do resultado, influiu também nos arranjos (que, curiosamente, ficaram parecidos com os que eram feitos pelo grupo) e até na capa. E como não houve shows para testar as músicas novas — prática habitual antes da carreira solo — o álbum vai para as lojas como um tiro no escuro. Se bem que, com a experiência que adquiriu na estrada, Cazuza sabe do que seu público gosta e o que pretende dar a ele.

É isso que, em vez de chamar vários músicos para gravar as dez faixas do elepê, Cazuza preferiu formar uma banda pequena (Rogéio Meanda na guitarra, Nico Rezende nos teclados e arranjos, Décio Crispin no baixo, Fernando Moraes na bateria), ensaiar durante um mês e depois entrar no estúdio. Se o som da banda é mais leve, Cazuza está brincando mais com sua voz e aprendeu a dosar o ímpeto com que sempre cantou. Diz ele:

— Antes eu chegava com tudo. Já começava a música com toda a força, como se já estivesse no fim. Com o tempo, aprendi a criar mais climas, a dosar o entusiasmo. Além disso, presto homenagens a cantores de quem eu gosto, como a Paula Toller, a Janis Joplin, o Lobão, a Billie Holiday. Em algumas canções, os imito. Nunca estudei canto nem fiz qualquer tipo de exercício para me apresentar bem no palco. Mas agora começo a me preocupar com isso. Assim que acabar o trabalho de lançamento do disco, vou pegar um professor de canto e de expressão corporal, ou qualquer coisa desse tipo. Até janeiro quero estrear um show novo, com produção bem cuidada, roteiro e direção.

> Nunca estudei canto, nem fiz qualquer exercício para me apresentar bem no palco. Mas agora começo a me preocupar com isso
> CAZUZA

Fiel ao rock, com variações

Enquanto o show não vem, Cazuza colhe os frutos do seu primeiro álbum solo. O primeiro certamente não se traduziu num fato agradável. A censura proibiu a execução pública de "Só as mães são felizes", parceria com Frejat; na música, uma homenagem aos poetas, ele fala do lado underground do showbizz, sem amenizar nada. É pena que o rádio não possa tocá-la, pois é uma das melhores faixas do elepê. Ainda com Frejat, ele compôs para o disco "Boa vida" e Rock da descerebração", esta para a peça "Ubu rei", que Luiz Antônio Martinez Correia montou.

A grande surpresa, para quem curte Cazuza, está nas novas parcerias. Com Lobão, ele fez "Mal nenhum", já lançada em compacto e que com Cazuza ficou mais mel'ódica, menos desesperada. Leoni é o autor da música em "Exagerado", que quase deu nome ao elepê.

Pela primeira vez, também, ele está cantando uma letra que não é sua. Há poucos meses, depois de uma viagem à Bahia (onde aconteceram muitas loucuras) Waly Salomão entregou uma letra a Cazuza, que a achou a sua cara. A música foi entregue a Frejat e realmente, quem não ler a ficha técnica, pensará que é mais uma boa composição da dupla. Mas em meio a tanto rock, tanta guitarra ("adoro guitarras", diz Cazuza, "às vezes ficam roucas como eu mesmo"), a faixa que abre o lado B — "Codinome beija-flor" — é uma grata surpresa. Super-romântica, tem acompanhamento só de piano e cordas. Cazuza conta como a música entrou no disco:

— O arranjo ia ser funk, mas o Ezequiel disse que era uma música muito derramada, doce, e que eu devia cantá-la assim, abraçando o mundo. Valeu incluí-la no elepê porque, entre outros motivos, deixei o Barão, para me livrar do rótulo de cantor de rock, exclusivamente. Agora eu canto tudo, mas sou fiel ao rock. Como mostra o disco.

410. Recorte do jornal *O Globo*, "Segundo Caderno", de novembro de 1985: "Cazuza lança seu primeiro elepê solo"

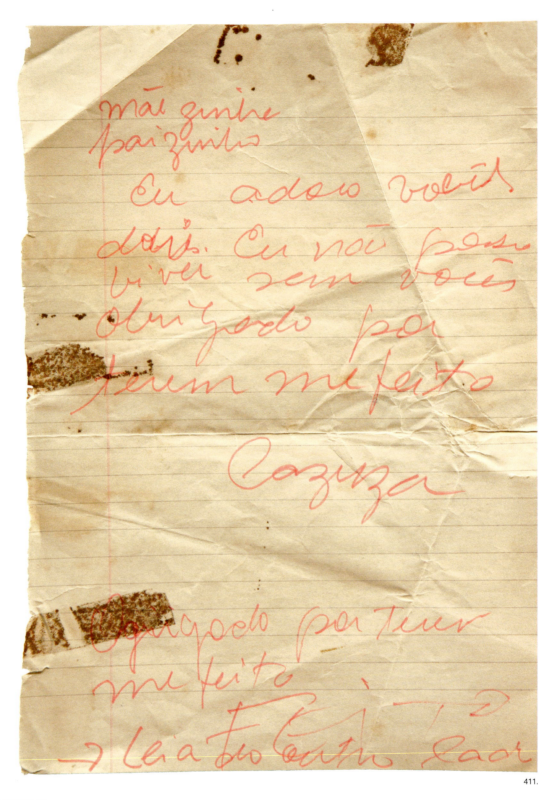

411. Bilhete de Cazuza aos pais, 1985: "Obrigado por terem me feito"

SÓ AS MÃES SÃO FELIZES
(Freját-Cazuza)

você nunca varou
a Duvivier às cinco
nem levou um susto
saindo do Val Improviso
era quase meio dia
no lado escuro da vida

nunca viu Lou Reed
"walkin' on the wild side"
nem Melodia transvirado
rezando pelo Estácio
nunca viu Allen Ginsberg
pagando um michê na Alaska
nem Rimbaud pelas tantas
negociando escravas brancas

você nunca ouviu falar em maldição
nunca viu um milagre
nunca chorou sozinha num banheiro sujo
nem nunca quiz ver a face de deus

já frequentei grandes festas
nos endereços mais quentes
tomei champagne e cicuta
com comentários inteligentes
mais tristes que os de uma puta
no Barbarella às quinze prás sete

reparou como os velhos
vão perdendo a esperança
com seus bichinhos de estimação e plantas
já viveram tudo
e sabem que a vida é bela
reparou na inocência cruel das criancinhas
com seus comentários desconcertantes
adivinham tudo
e sabem que a vida é bela

você nunca sonhou
ser currada por animais
nem transou com cadáveres
nunca traiu o teu melhor amigo
nem quiz comer a sua mãe
só as mães são felizes.

Original de uma das principais letras de Cazuza, que nossa diretora de redação ganhou das mãos do próprio autor depois de um ensaio do Barão Vermelho, no Rio de Janeiro.

412. Recorte da revista *Gol*, de 2004, com publicação do original datiloscrito de "Só as mães são felizes" (Cazuza/ Roberto Frejat, 1985), enviado por Cazuza à amiga jornalista Mônica Figueiredo, com dedicatória manuscrita: "Mônica, todos nós somos felizes, mas as mães são mais. Um beijo Cazuza"

412.

413 / 414. Cazuza celebrando seus 27 anos, e recebendo o carinho da mãe, 4 de abril de 1985

415. Guto Graça Mello, Ezequiel Neves e Cazuza, 1985

416. Cazuza em sua cobertura na praça do Jockey, na Gávea, zona sul do Rio de Janeiro, 1985

417.

418.

417. Cazuza, o eterno exagerado, comemorando os 15 anos da prima Fabiana Araujo, a Fabi: "Jogado aos seus pés/ Eu sou mesmo exagerado"

418. Fabiana Araujo, braço direito de Lucinha, responsável por administrar o legado do primo famoso

A minha história com Cazuza pode ser dividia em duas fases: aos dois anos, eu sofri uma queimadura muito forte com leite fervendo, e ele, com 15 anos, se dispôs a acompanhar todas as minhas trocas de curativo, realizadas numa banheira com água. E minha mãe dizia que ele brincava comigo para me entreter, sempre foi muito carinhoso comigo. Um carinho que só aumentou ao longo de nossa convivência. Depois, Cazuza demonstrava seu talento desde muito cedo, lembro dele com sua super-8 filmando a mim e aos meus primos. Me marcou os pequenos gestos de Cazuza. Aos sete anos tive sarampo, e ele, já famoso, foi me visitar com amigos. Ele me incentivava, cismou que eu deveria ser a "garota do *Fantástico*", queria que eu fosse modelo. Por causa dele, fiz alguns ensaios fotográficos como modelo, mas não era o meu caminho. Cazuza, vovó Alice e eu somos os arianos da família.

Ele dizia que arianos não batem na porta, arrombam a porta. A lembrança mais marcante que guardo foi na minha festa de 15 anos, uma comemoração linda, todos de branco, e ele foi com a Beth, amiga dele. Ele se jogou aos meus pés, cantou "Exagerado", quando estava no auge da carreira. Foi muito especial para mim. Ele não tinha vergonha de apresentar as primas e primos para seus amigos no camarim. Eu vi todos os shows, do primeiro ao último. Até assisti-lo no *Chacrinha* eu fui. Além de assistir às peças de teatro no início da carreira. Fui uma grande tiete. Eu tenho um imenso orgulho e gratidão de ter feito parte da vida dele. Guardo como lema de vida uma frase que ele repetia: "Quem não se mostra não se encontra". Cazuza é muito especial. Espero levar o legado dele para sempre, com o trabalho que realizo com tia Lucinha.

Fabiana Araujo

419. Cazuza com crianças que eram seus fãs, 1985

[...] azul e amarelo, cores do meu santo, Logun Edé, que é um santo criança, o mesmo santo do Gilberto Gil. Com azul e amarelo estou protegido.

Cazuza

Cazuza conheceu Zezé Motta num aniversário de Sandra de Sá. Para a atriz e cantora, Cazuza escreveu os versos de "Dia dos namorados": "Hoje é dia dos namorados/ Dos perdidos e dos achados/ Se o planeta só quer rodar/ Nesse eixo que a gente está/ O amor da gente é pra se guardar". Mas, na época, Zezé estava sem gravadora, então registrou a canção num gravador e entregou para Lucinha Araujo. Em 2017, Ney Matogrosso fez um dueto romântico virtual com o poeta, com produção de Nilo Romero, usando a gravação deixada por Cazuza.

420. Cazuza com Zezé Motta
Recorte de jornal
[não identificado]

421. Cazuza abraçado pelo pai, João Araujo, ao lado do amigo de trabalho, o diretor Daniel Filho, 1985. O filme *Cazuza: o tempo não para* (2004), dirigido por Sandra Werneck e Walter Carvalho, foi produzido por Daniel Filho

422.

423.

422 / 423. Cazuza entre
suas paixões: a praia e
os carros, 1985

424.

425.

424. Cazuza fotografado durante entrevista para o jornal *O Estado de S. Paulo*, novembro de 1985

425. Cazuza escovando os dentes em seu apartamento, 1986

Fui parceiro de Cazuza na fase solo da carreira do poeta. Nos conhecemos durante o filme *Bete Balanço* e ficamos amigos. Logo, Cazuza me convidou para produzir seu primeiro disco solo, *Exagerado*, em 1985. Nossa única parceria foi "Sonho estranho", que acabei gravando no meu terceiro disco. Tenho muito orgulho de ter sido seu amigo de verdade. Não por acaso, ele se tornou meu padrinho de casamento, apareceu na cerimônia de bermuda, era uma pessoa de muita personalidade. Mas o padre pediu para ele trocar de roupa, tivemos de arranjar uma calça para o Cazuza. Depois, mesmo com a saúde frágil, foi de cadeira de rodas ao estúdio para assistir à gravação da nossa parceria. Fiquei muito emocionado, ele era uma pessoa extremamente generosa, um verdadeiro amigo.

Nico Rezende

Na adolescência, Cazuza viajou com Miúcha, João Gilberto e Bebel para a Itália, além de ter mantido forte relação de amizade com a família durante toda a vida. Foi Cazuza quem incentivou Bebel Gilberto a dedicar-se à música.

426. Cazuza no seu aniversário de 28 anos, 4 de abril de 1986, na companhia da família e de amigos

427. Cazuza e sua máquina de escrever, 1986

427.

428.

429.

LUGARES ONDE CAZUZA MOROU

1986-1987: Ipanema, RJ
Rua Prudente de Morais
Cazuza volta a morar com os pais na cobertura em Ipanema.

428. Cazuza e sua máquina de escrever elétrica, adquirida na década de 1980, em seu apartamento do Jockey, na Gávea, Rio de Janeiro

429. Bilhete de Cazuza aos pais, 1986: "PS: peguei um *Black*"

430. Carta datiloscrita da poeta Ledusha a Cazuza, 25 de março de 1986: "[...] não fui ver teu show, cheguei até a ligar pra saber onde você ficaria hospedado, mas tava difícil, enfim, continuo perto, de qualquer maneira, em todo caso: meu telefone é 23052, apareça via telerj... estou enlouquecida para ouvir babylonest... ainda nada... agora entendo por que você falava daquela maneira apaixonada do Lobão. ele é uma delícia mesmo, intrigante. mande beijos abrasivos se o vir. [...]"

meu exageradamente q uerido caju

nenhum som,nenhuma ilha hoje brilha no mar dos meus navios.são tantos
desejos e desvios.meu gesto louco decepador furioso apaixonado & bran-
do se insinua numa mesma lágrima de cristal,minha transparência mantida
apesar de tudo.tem sido difícil,a vida e seu ofício,but...quem nos ven-
ce em vibração?e tem nina,que seduz todo o tempo meu coração vagabundo.
as compensações existem,sim.volto à literatura.leopardos farejam luvas
lívidos.melhor:lívidos leopardos farejam luvas.quero o nada,estar atenta,ver a través.que a poesia possua novamente meus pés,asas de translú-
cida dor e alegria.vida,vida.não fui te ver,fiquei namorando meu marido
por quem vez por otra me quedo apasionada como um disco de gato barbie-
ri.je veux me battre pour jouir mieux,non pour souffrir moins.tudo é
guerra,tudo é puro amor feito oceano desgovernado e que assim seja.mas
voltando:não fui ver teu show,cheguei a té a ligar pra saber onde você
ficaria hospedado,mas tava difícil,enfim.continuo perto.de qualquer ma-
neira.em todo caso:meu telefone é 23052,apareça via telerj...
estou enlouquecida pra ouvir babylonest,ainda nada...agora eu entendo
porq ue você falava daq uela maneira apaixonada do lobão.ele é uma de
lícia mesmo,intrigante.mande beijos abrasivos se o vir.
tá chovendo e eu acho lindo,nina dorme como uma princesa e só não estou ouvindo stardust porque gustavo fez o favor de desmontar o som.
queria estar com você vendo tevê entre nuvens de fumaça rindo feito bo-
bos de tudo q ue não é tão bonito como a gente gosta.diga ao zeca q ue
ontem mesmo comi lulasx e me lembrei dxlx do seu(dele)exótico costume
de pisoteá-las.meu gato,saudade é bom,amor é ótimo e eu quero é mais.
não sisqueça de mim.ich liebe dich

Caju

Campinas, 25 de março, 1986

431. Os amigos Cazuza e Lobão musicaram o poema "Brilho no sangue", de Ledusha. Nas versões gravadas por Cazuza e por Lobão há variações nos versos, no ritmo e na melodia

Cazuza e eu nos encontrávamos no Leblon, nos bares. Mas lembro que conheci primeiro a música dele, quando eu estava num estúdio na rua Assunção, em Botafogo, remixando *Cena de cinema*, no final de 1981. O Ezequiel me mostrou "Blues da piedade" e "Down em mim". Fiquei impressionado com o potencial das canções. Ele me disse que o Barão Vermelho era o grupo do filho do João Araujo. Primeiro achei que era jabá, mas, quando acabei de ouvir as músicas, eu entendi que estava diante de um grande poeta. Era uma época de muita loucura e muita poesia também, nós vivemos intensamente a noite, a boemia. Cazuza era louco e provocador, uma doce criatura sem vergonha. Fazíamos poesias nos guardanapos dos bares. "Mal nenhum" foi escrita assim, num guardanapo. Cazuza escreveu em minutos, mas disse que ia bater à máquina e me entregar depois. Ele tinha isso, tinha que passar o poema pra máquina. Quando me entregou, fiz a música no mesmo dia.

Lobão

432.

432. Antes de poeta, leitor: Cazuza com o livro *Junky drogado*, de William S. Burroughs

Quando a Brasiliense começou a lançar obras de Kerouac, Ginsberg, Burroughs, eu quase pirei, porque eu fazia algo ligado a eles e não sabia. Penso que os anos 1950 têm muito a ver com os anos 1980. Era uma época de repressão que se soltou lá pela década de 1960, como agora.
Cazuza

433. Cazuza com Dé Palmeira e Bebel, namorados na época, e Andréa Beltrão, em noite de conversas e cantorias na casa de Carlos Horcades, 1986

434.

435.

434 / 435. Ensaio para reportagem do *Estado de S. Paulo*, 1986. Cazuza usa camisa com os versos da poeta Ledusha: "Prefiro Toddy ao tédio"

436. Luiz Melodia e Cazuza, admiração e amizade

Eu era o maior tiete do Luiz Melodia, não perdia um show dele. Se fosse fazer show no interior da cova da retranca, eu ia. O disco dele saiu? Eu era o primeiro a ir para as lojas comprar. Eu sugava cada palavra que ele cantava...

Cazuza

Cazuza, antes de se tornar amigo, era fã de Luiz Melodia, referência importante de sua trajetória musical. A canção "Quarta-feira", em parceria com Zé Luis, foi feita em 1986 para Luiz Melodia gravar, mas o cantor não apareceu no estúdio. Segundo Zé Luis, Melodia faltou à primeira e à segunda sessão de gravação... Na terceira vez, Cazuza decidiu ele mesmo gravar. Melodia acabou gravando, em sua voz inconfundível, a canção "Codinome Beija-Flor" no *Acústico (Ao vivo)* (1999).

437.

438.

439.

Cazuza sempre foi amor na vida de todo mundo, tive a honra de estar perto dele. Amo Cazuza. Nós cantamos juntos "Milagres", nos anos 1980, foi lindo. Cazuza é rock and roll. Ele continua vivo, mostrando sua capacidade de ver as coisas lá na frente. Ele viu o futuro repetir o passado. Em dias sombrios como hoje, é uma mensagem muito forte, como se ele estivesse escrevendo agora.

Elza Soares

437. Cazuza herdou de Lucinha a amizade com Joanna. A cantora esteve presente em momentos importantes da trajetória de Cazuza, como sua estreia no Barão Vermelho, no Circo Voador, além de visitá-lo durante o período de internação. Para a amiga, Cazuza escreveu os versos da canção "Nunca sofri por amor", gravada no álbum *Primaveras e verões* (1989)

438. Cazuza e Celso Blues Boy foram amigos e parceiros, a admiração era recíproca. Em 1986, Cazuza aceitou o convite do amigo para gravar com ele a música "Marginal". No mesmo ano, Celso cantou com Cazuza "Largado no mundo" em show no Circo Voador

439. Cazuza e Elza Soares nas pedras do Arpoador, 2 de março de 1986, durante a gravação do videoclipe de "Milagres", com direção de Paulo Trevisan, para o *Fantástico* (TV Globo). Em 2018, Elza gravou outra canção de Cazuza, "O tempo não para", para a trilha da novela homônima da TV Globo

440.

440. Cazuza interpretando lindamente a música "Luz negra", de Nelson Cavaquinho, acompanhado de Tony Costa e Zé Luis, no programa *Chico & Caetano*, da Rede Globo, no dia 5 de abril de 1986. O programa foi exibido em 18 de julho de 1986

Essa apresentação foi linda. A história é que foi um improviso, ela não ia acontecer. Me lembro de ter ligado para ele: "Cazuza, o Nelson Cavaquinho e a Beth Carvalho estão aqui no Teatro Fênix, vem pra cá para te ensinar a música. Usamos um violão do Chico Buarque que encontramos no camarim. Tony Costa, eu e Cazuza fomos aprender a música naquele dia. O Roberto Talma, que era o diretor do programa, foi procurar o Chico no camarim e nos encontrou naquela situação, ensaiando. Ele imediatamente disse: "Vamos colocar ele no palco agora! Coloquem eles sentados no chão!" Isso porque a luz do programa já estava toda marcada. Quem ensinou a música ao Cazuza foi o próprio Nelson Cavaquinho, e a Beth Carvalho quem me deu as dicas para as frases de saxofone.
Zé Luis

441.

442.

441. Celso Blues Boy, Renato Ladeira e Cazuza nos bastidores do show do grupo Herva Doce, no Rio de Janeiro, 1986

442. Cazuza prestigiando a amiga Simone, em seu show no Scala, 1986

Minha ex-mulher, Elizabeth, começou a trabalhar com o Cazuza e me sugeriu fazer uma música com ele, já que ele começava a carreira solo e não estava mais trabalhando exclusivamente com o Frejat. Daí surgiu "Desastre mental" (1985), que ele gravou em seu primeiro disco solo. O Herva Doce também gravou a música, em nosso último LP [...]. Eu fiz uma balada e mandei para ele. Passou um tempo, eu estava em um bar no Leblon onde iam todos os doidos na época. De repente, o Cazuza aparece gritando "faz parte do meu show!" na minha direção. Ele disse: "Vamos lá em casa para você ver a nossa música!" Saímos do bar, já eram umas cinco da manhã, subimos até o Alto Leblon e ele me mostrou a letra, apagando no sofá em seguida. Ele não fez o refrão como eu tinha feito e não colocou letra na música inteira. Dois dias depois eu peguei a "meia letra" e falei pro Cazuza: "Você não fez aquela modulação no meio da música". Ele argumentou que o tom tinha ficado muito alto para sua voz.
Renato Ladeira

443. Zé Luis, Cazuza, Lobão e Marina Lima no projeto Alternativa Nativa, 1986

444. Cazuza nos bastidores do Noites Cariocas, festival criado por Nelson Motta, que ajudou a escrever a história do Rock Nacional a partir de 1980. Da esquerda para a direita: Duda Ordunha, Jamari França, Cazuza e Jay

Os jovens brancos tocavam blues e *rhythm and blues*, a música dos negros americano, e a poesia de Cazuza se encaixou perfeitamente no que eles queriam [...] O período do Barão Vermelho foi uma festa para Cazuza e os demais. Como eram todos de classe média, sem maiores problemas de "infra" cotidiana, podiam prosseguir o sonho de ser "rock stars" numa boa e acabaram chegando lá em 1984, depois de dois anos de estrada, com "Maior abandonado" e "Bete Balanço".

Jamari França

Cazuza se apresentou inúmeras vezes com o Barão Vermelho no Festival Noites Cariocas no Morro da Urca, sonho de toda banda iniciante na década de 1980. Mas a estreia de Cazuza no festival aconteceu antes, substituindo um dos integrantes do grupo João Penca e Seus Miquinhos Amestrados, por indicação do amigo Leo Jaime.

445. Cazuza e Fagner se tornaram amigos no início dos anos 1980. Juntos gravaram "Contramão", de Belchior, incluída em dois álbuns de Fagner, *Entre amigos* e *Deixa viver*, ambos de 1985

445.

Tenho um carinho imenso pelo Cazuza. Me lembro da época que se tornou meu vizinho no Leblon, quando já estava doente. Nos tornamos vizinhos, passamos a nos frequentar mais para tocar e cantar juntos, as sessões de música e boemia geraram reclamações dos moradores do condomínio. Ele me entregou um poema "Olhar matreiro", que musiquei, incluí a canção no meu álbum de 2001. Mas antes, em 1985, convidei Cazuza para cantarmos Belchior. Cazuza faz muita falta!

Raimundo Fagner

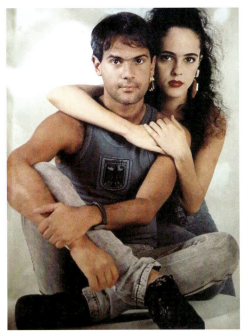

446.

447.

446. Cazuza, aos 30 anos, e Silvia Buarque, aos 18, em reportagem de Ana Gaio para a revista *Manchete*: "Os rebeldes da geração careta". Cazuza: "Agora com essa história de aids, eu me sinto meio traído por Deus"

447. Em 1986, Cazuza apoiou a fundação do Partido Verde (PV), um partido político brasileiro de centro-esquerda que defendia o desenvolvimento sustentável, a diminuição da desigualdade social, tendo entre seus articuladores Fernando Gabeira, Lucélia Santos, Alfredo Sirkis, John Neschling, Lúcia Veríssimo, Carlos Minc, Herbert Daniel, entre outros

Eu e Cazuza tínhamos como amigo em comum o Ezequiel Neves, que eu conhecia de Belo Horizonte. Cazuza muito generosamente fez um show na Urca, numa das minhas campanhas políticas. Mais para o final dos anos 1980, cheguei a fazer alguns ensaios fotográficos dele, que infelizmente se perderam. No ano de sua morte, fui visitá-lo para expressar minha gratidão pela sua vida e obra repleta de crítica social. Além disso, em suas canções, ele tinha uma visão do amor. Me lembro de Cazuza, com a saúde bastante debilitada, mas firme em sua extraordinária luta pela dignidade das pessoas que vivem com hiv/aids. Fui autor, junto com Sarney, da lei que disponibilizou o coquetel gratuitamente... Cazuza foi a grande inspiração para essa luta. E ele ainda deixou um legado musical, com poemas fortes e cantou em blues a nossa falência moral. Ele foi uma pessoa que se jogou de cabeça e viveu intensamente. Sem dúvida, Cazuza representa um dos pontos de referência mais lúcidos deste fim de século brasileiro.
Fernando Gabeira

448.

448. Cazuza com a família
e os amigos mais íntimos
no Natal de 1986: Lucinha
Araujo, Bebel Gilberto,
Ezequiel Neves e Dé Palmeira

378

449. Garoto de Ipanema: Cazuza no calçadão da praia, 1987

Continuo na minha
boemia, saio toda noite,
todo dia na rua, não vivo
sem os meus amigos, são
pessoas que não esqueço.
Essa coisa de dizer: "Agora
é artista, virou famoso",
não existe. Os meus
amigos são os mesmos
há quinze anos, vou no
mesmo ponto da praia há
trinta anos, vou no mesmo
bar há quarenta... A minha
vida é muito simples, é
bem vidinha aqui do Rio,
ir ao cinema, ir a um
teatro, à praia que eu
adoro, pego o carro e
subo até às Paineiras pra
passear na floresta...

Cazuza

450. Cazuza gostava
de passear pelos
bairros de Ipanema
e Leblon, parando
nos bares e na praia,
encontrando amigos.
Na foto da página
ao lado, Cazuza de
bicicleta na esquina
onde moravam seus
pais, 1987

450.

451. Sandra e Caju, dois irmãos conectados pela música no apartamento de João e Lucinha Araujo, em Ipanema, no dia do chá de bebê. Entre os convidados, estavam Yara Neiva, Denise Dummont, Lauro Corona, Lulu Santos, Scarlet Moon de Chevalier e Joanna

Conheci Cazuza no início dos anos 1980, por intermédio da atriz Fafy Siqueira, e até hoje gravo as canções do amigo. "17 anos de vida" foi a primeira canção que gravei de Caju, um retrato dele, de uma época. Gravei algum tempo depois da partida dele, nos anos 1990. Imagine: quando nos conhecemos, tínhamos uns vinte e poucos anos... Me lembro da primeira vez que o vi, chegando na Gafieira Elite, no Centro do Rio. A Lucinha falava muito do filho dela, foi uma sintonia imediata.

Sandra de Sá

452.

> Gravei Cazuza porque tínhamos afinidade musical. Vivemos muitas aventuras juntos. O lance dele ser padrinho do meu filho é a expressão do amor que ele tinha, uma amizade sincera. Tenho muito orgulho de ter sido sua amiga e ainda hoje cantar suas canções. A pessoa mais verdadeira que conheci, um ser humano incrível.
>
> *Sandra de Sá*

453.

452. A parceria com Sandra de Sá se estendeu para além da música: Cazuza se tornou padrinho de Jorge de Sá, filho de Sandra com Tom Saga, que nasceu em 30 de agosto de 1987

453. Cazuza segurando o afilhado Jorge de Sá, ao lado da madrinha Rita de Cássia, no dia do batizado

Além de apadrinhar Jorge, filho da Sandra de Sá com Tom Saga, Cazuza foi padrinho de batismo de Davi, filho de Moraes Moreira e Marília Mattos; Georgia, filha de Marcos Bonisson e Yara Neiva; Israel, filho de João Rebouças e Beth Ladeira; Marcelo, filho de Alberto e Lúcia Meirelles. Cazuza também foi padrinho de casamento de Nico Rezende e Renata Laviola, em 1986; e de George Israel e Bahie Banchik, em 1989.

454. Em busca do pique perdido: o professor de ginástica Alberto Carvalho, Ritchie, Cazuza, Antonio Cicero e Marcelo Pies, correndo os 5 km na Vista Chinesa, no Horto, Rio de Janeiro, 1987

455. Cazuza se divertindo com o amigo George Israel, Rio de Janeiro, década de 1980

Dois anos após a primeira internação, em março de 1987, Cazuza voltou a sentir febre e solicitou ao Dr. Abdon Issa um novo exame, cujo resultado demorou trinta dias para sair. Em 29 de abril de 1987, o amigo Zeca acompanhou Cazuza na consulta, pois seus pais, que foram informados antes pelo médico, não conseguiram estar juntos, no momento da confirmação da sorologia positiva para hiv. A imprensa especulava o estado de saúde de Cazuza, enquanto ele negava os rumores de estar com aids.

A doença de Cazuza chegou até nós como um furacão, foi avassalador. Após trinta dias do exame de Cazuza, o Dr. Abdon Issa nos chamou, eu e João, em seu consultório na Clínica São Vicente, na Gávea. Ele queria nossa ajuda para contar para Cazuza o resultado... No dia 26 de abril de 1987, ouvi do médico: "Seu filho foi tocado pela aids!" Fiquei desesperada. Mas decidimos que o médico que deveria contar o resultado para Cazuza, que levou uns três dias para ir ao consultório. Então, falamos com o Ezequiel Neves, que acompanhou o Cazuza na consulta. Era o dia 29 de abril de 1987, a data que Cazuza soube de sua sorologia postiva para o hiv/aids. Ele saiu de lá com o Ezequiel e foi andar pela praia. Cazuza chorou muito, ficou desesperado. Era véspera da estreia do show *Só se for a dois* no Teatro Ipanema. Ele chegou em casa, foi um momento de muita tristeza, medo e emoção...

Lucinha Araujo

456.

456. Cazuza em ensaio do fotógrafo e amigo Flavio Colker, que também assinou a arte do álbum *Só se for a dois*, 1987

457. Capa do disco *Só se for a dois*, gravado no segundo semestre de 1986

457.

Eu conheci Cazuza antes de ele se tornar cantor profissional, no princípio dos anos 1980, na noite do Baixo Leblon. Minha experiência com ele, era que eu conseguia acessar uma personalidade sensível, diferente daquela de "volume mais alto". Muitas vezes o encontrava de óculos, escrevendo... Ele era um poeta, um grande poeta. Para a capa de *Só se for a dois*, ele topou ir até o Cais do Porto, no Centro do Rio, para ser fotografado. Fomos eu, ele e o Alvim Hélio. Foi lindo ver os dois interagindo, o encontro de dois poetas. Além das fotos da capa do disco, Cazuza me convidou para assinar o cenário. A gente tinha uma sintonia, afinidade estética. Ele arriscou em várias áreas, no teatro, na fotografia, na música, na poesia... Era um artista, não um carreirista. Cazuza era muito real, não tinha pompa de superstar. Tinha consciência de que era um poeta, um artista, mas nunca deu bola para o circo da fama. Apesar de "carente profissional", foi muito amado, em toda a sua vida. Ele foi a pessoa mais autêntica e especial que conheci.

Flavio Colker

Ele divide prêmio com Chico Buarque e repele barreiras

Cazuza, o bom poeta do rock

MAURO DIAS

Cazuza e o rock brasileiro: algo com a dinâmica do samba e a força da guitarra elétrica

Renasce o prêmio da Associação Brasileira dos Produtores de Discos, e com o resultado algumas surpresas — a maior delas apontando o empate Chico Buarque e Cazuza como melhores letristas na categoria Música Popular Brasileira. Surpresa por haver empate com Chico Buarque, surpresa por Cazuza estar classificado na MPB — ele, espécie de símbolo roqueiro, especialista em blues. Ou surpresa porque é necessário prestar mais atenção aos poemas de Cazuza? Ele próprio responde:

— De cara, fiquei meio constrangido por dividir o prêmio com o Chico. Sou tarado pela obra dele, acho seu trabalho incomparável. Então, no início, ficou choque. Mas depois pensei melhor e achei que não devia menosprezar assim o meu próprio trabalho. Acho que sou um bom letrista, sou dedicado, sou um trabalhador das palavras que se preocupa com a estética, com a beleza, com o sentido. Não sou um poeta aleatório. E, depois, como bom filho da Tropicália, não consigo admitir a barreira que as pessoas traçam para distinguir o que é e o que deixa de ser MPB. Pode até haver uma estética rock, uma estética pagode, mas tudo tratado dentro de um contexto, um código de fala brasileira.

Cazuza pensa que, na verdade, existe uma polarização simbolizada mais no código comportamental do que no musical ou poético:

— Em primeiro lugar, temos o lado sócio-econômico, que distingue as "categorias": o sambista fica preso àquela visão do terno branco e chapéu de palhinha. O pessoal do rock tem um jeito mais descontraído de se vestir. Mas são convenções que acabam sendo sublimadas e viram marcas. Discordo disto. Quando surgiram os Novos Baianos eu pensei que ia pintar o verdadeiro rock brasileiro: eu gostaria de uma coisa assim, com a dinâmica do samba e a força da guitarra elétrica. Os Paralamas estão... bem, o negócio deles é mais reggae, mas de qualquer forma buscam a fusão. Eu sou letrista de rock por acaso. Se houvesse pintado um grupo de samba, em vez do Barão Vermelho, eu estaria compondo sambas.

E continua:

— De qualquer forma, sou muito latino, muito passional, e minha poesia reflete isto. Posso tentar caminhar no estilo Joy Division, mas quando vou ver o resultado, está muito Cartola. Pego-me imitando o Chico, o Caetano. Resvalo sempre para o romantismo. Não tenho aquela coisa cáustica do rock básico. O Alceu Valença me falou, uma vez, que se tirasse o blues de minha poesia, ela serviria para o forró, para o samba. O problema é que as pessoas ficam muito preocupadas com esta divisão, como se tudo o que é novo fosse rock, tudo o que é velho fosse MPB. E eu duvido que se consiga traçar a fronteira real. Eu e a Marina temos este carma: as pessoas não sabem como classificar a gente.

No novo filme de Lael Rodrigues (na trilha de seu "Beth Balanço", a música-tema é de Cazuza e Frejat), há um samba de Cazuza, parceria com Jorge Israel. Ele está contente com isto:

— Sou meio camaleão, transo bem entre esses mundos que as pessoas separam. Quando fui gravar o programa "Chico e Caetano", a Beth Carvalho — que é minha amiga — me deu uma verdadeira aula de Nelson Cavaquinho. Cantei "Luz negra", e não a faria bem sem as conversas com ela. Agora, sei que fui um garoto atípico. Eu ouvia Maísa, Dolores Duran... escondido, porque na minha turma, o pessoal da minha idade, minha vizinhança... para eles era proibido, cafona. No máximo Gil e Caetano. Claro, meu pai tinha uma enorme discoteca, é produtor de discos. Mas tenho que confessar: quando Bethânia, Caetano, começaram a cantar Lupiscínio, fui ouvir o original. Não descobri por acaso. Se houvesse prodígio nenhum. Fiquei interessado e fui ouvir na fonte. Aí fiquei conhecendo. E hoje faço questão de citar essas pessoas, os grandes de todos os tempos. São eles que nos fornecem base para trabalhar as palavras.

Cazuza sabe que mexeu forte com a letra do rock brasileiro — mas diz ter assumido a postura roqueira trabalhada pelo "marketing" para chegar mais longe com sua poesia. Que, no fundo, recicla os grandes temas da música brasileira de todos os tempos:

— Acho que é por aí: atualizar Lupiscínio, trazer essa tradição da poesia brasileira através de uma abordagem mais moderna, mais próxima da nossa realidade, nosso "hoje". Não posso, por exemplo, repetir Noel Rosa. Os tempos dele eram mais românticos, as pessoas pediam xícara de açúcar emprestada. Hoje as pessoas nem se olham na cara. Houve a mudança do universo comportamental, e do referencial imediato. Mas o referencial básico, fundamental, essencial, para mim, para minha alma, ainda é o mesmo. Eu sou um português, tenho mil caravelas na cabeça, grandes navegações, milhões de divagações épicas. Sou um latino apaixonado, nada racional (as idéias pintam e me aprisionam; depois que vou trabalhá-las eu sofro, choro, viro noite. Mas primeiro sou assaltado por elas) e tenho Dalva, tenho Angela; tenho também Billie Holliday e Bessie Smith, mas um dia ainda escrevo um fado.

458. Recorte do "Segundo Caderno", jornal *O Globo*, com reportagem assinada por Mauro Dias, 5 de agosto de 1987: "Cazuza, o bom poeta do rock"

459. Cazuza com Chico Buarque na cobertura dos seus pais, em Ipanema. Em 1987, Cazuza recebeu, junto com Chico, o prêmio da Associação Brasileira dos Produtores de Discos como melhor letrista na categoria Música Popular Brasileira

459.

De cara, fiquei meio constrangido por dividir o prêmio com o Chico. Sou tarado pela obra dele, acho seu trabalho incomparável. Então, no início, ficou aquele choque. Mas depois pensei melhor e achei que não devia menosprezar assim o meu próprio trabalho. Acho que sou um bom letrista, sou dedicado, sou um trabalhador das palavras que se preocupa com a estética, com a beleza, com o sentido. Não sou um poeta aleatório. E, depois, como bom filho da Tropicália, não consigo admitir a barreira que as pessoas traçam para distinguir o que é e o que deixa de ser MPB. Pode até haver uma estética rock, uma estética pagode, mas tudo tratado dentro de um contexto, um código de fala brasileira.

Cazuza

Eu estava tocando a música "Só se for a dois" quando Cazuza apareceu como um repentista, falando os versos: "Aos gurus da Índia/ Aos judeus da Palestina/ Aos índios da América Latina/ E aos brancos da África do Sul". Lembro, como se fosse hoje, da sua empolgação, era contagiante. Ele gostou tanto que levou o nome da canção para o disco, mas depois ficamos alguns dias lapidando a canção.
Rogério Meanda

460.

Como a Som Livre deixou de trabalhar com casting fixo, Cazuza lançou o LP *Só se for a dois* pela PolyGram (hoje Universal), em março de 1987. O segundo trabalho da carreira solo de Cazuza trazia como novidade o poeta mais romântico. O disco inclui o hit "O nosso amor a gente inventa (Estória romântica)" e canções como "Só se for a dois", "Solidão que nada" e "Ritual". Em sua banda, estavam nomes como o baixista Nilo Romero e o guitarrista Rogério Meanda.

460. Rogério Meanda tocando com o parceiro: "Cazuza era um poeta, um repentista"

461. Após o sucesso do primeiro disco solo, *Exagerado*, lançado pela Som Livre em 1985, Cazuza foi para a PolyGram com o novo álbum, *Só se for a dois*, lançado no Teatro Ipanema, entre 7 e 17 de maio de 1987

462. Fotos do show *Só se for a dois*, 1987

O show *Só se for a dois* ficou dez dias em cartaz no Teatro Ipanema, trazendo ao palco Cazuza no vocal, Ricardo Palmeira na guitarra e violão, Nilo Romero no baixo, Torcuato Mariano na guitarra e vocais, Fernando Moraes na bateria e João Rebouças nos teclados, violão e vocais. No dia 7 de junho de 1987, foi ao ar o especial *Rock Expresso* (TV Manchete) do show *Só se for a dois*, no Teatro Ipanema, com depoimentos de Cazuza sobre política e música.

461.

Ao sair da Som Livre, Cazuza foi disputadíssimo pelas gravadoras. Ele brincava dizendo que estava em leilão. O pai o ajudou a decidir pela PolyGram, após analisar as propostas. A crítica recebeu superbem *Só se for a dois*, ele foi chamado de "Nelson Rodrigues do rock nacional". Ele estava muito feliz e entusiasmado com a nova fase.

Lucinha Araujo

462.

463. Os parceiros do Barão, Dé Palmeira, Frejat e Guto Goffi prestigiaram Cazuza no show *Só se for a dois* no Teatro Ipanema, maio de 1987

464. No Teatro Ipanema, Cazuza recebe o carinho do parceiro Frejat e da secretária Beth Ladeira. Segundo Lucinha Araujo, Beth é "a verdadeira Bete Balanço"

465. Cazuza, a atriz e cantora Mariana de Moraes, o produtor e diretor Fernando Bicudo e, ao fundo, o Titã Tony Belloto, no camarim do Teatro Ipanema, na temporada do show *Só se for a dois*, 1987

466. Evandro Mesquita prestigia Cazuza, amigo do tempo do teatro com Asdrúbal Trouxe o Trombone no Parque Lage e no Circo Voador

467.

468.

467. Nos bastidores do show *Só se for a dois*. Da esquerda para a direita: em pé, Paulo Ricardo com Moira, Evandro Mesquita, Cazuza, Nilo Romero; sentados, ao fundo, Torcuato Mariano, João Rebouças, Fernando Morais, Dé Palmeira, Ricardo Palmeira, Denise Barroso e Ezequiel Neves, entre outros amigos

468. Gilda Mattoso, Cazuza, João Araujo e Cacaia, 1987

Nos conhecemos na PolyGram, hoje Universal. Cazuza havia mudado de gravadora e fazia carreira lá. Eu trabalhava na assessoria de imprensa, junto com Marcos Vinicius dos Santos, que acabou se tornando meu sócio até hoje. Depois trabalhamos juntos no seu derradeiro trabalho, *Burguesia*. Eu e Cazuza nos tornamos amigos, passamos a frequentar juntos o Baixo Leblon. Sou grande admiradora do trabalho, por sua poesia. Lamentamos muito quando ele descobriu o diagnóstico positivo para hiv/aids. João e Lucinha foram muito fortes e amorosos com Cazuza, moveram mundos para salvá-lo. Fico pensando o que Cazuza estaria escrevendo se estivesse vivo… Com certeza, o que permanece é a altíssima qualidade de seus versos, além da coragem com que enfrentou a aids.

Gilda Mattoso

469.

470.

469. Cazuza e Rosa de Almeida: a empresária e o marido escolheram ficar com Cazuza, quando aconteceu a separação entre o cantor e o Barão Vermelho

470. Participação de Cazuza no *Clube do Bolinha* da TV Bandeirantes, 1987

O show *Só se for a dois* foi lindo, mas acabamos não fechando as contas. Tivemos que falar com Cazuza, pois estávamos dispostos a vender o carro para pagar o prejuízo. Mas ele não deixou, Lucinha e João entraram no circuito e ajudaram. Cazuza sabia que seu talento e seu trabalho eram imensos, que teria retorno e iria ganhar muito mais... Eu tinha o Cazuza como um filho, sinto uma falta enorme. Ele aprontava muito, comecei a afastar as pessoas que davam drogas. Então, ele me xingava muito. Guardo boas lembranças dele, quando íamos com os amigos para a Fazenda Inglesa. Ele nos deixou um grande legado de poesia e coragem. Cazuza foi o grande poeta do Brasil.

Rosa de Almeida

471. Material de divulgação do filme *Um trem para as estrelas*, 1987

471.

....

O filme *Um trem para as estrelas* foi lançado em 1987, com roteiro de Cacá Diegues e Rodrigo Lombardi e direção de Cacá Diegues. No elenco: José Wilker, Guilherme Fontes, Milton Gonçalves, Taumaturgo Ferreira, Betty Faria, Cazuza, Ezequiel Neves, entre outros. Na trilha sonora, a participação de Gilberto Gil (que assina a trilha completa), Cazuza (que fez com Gil a música tema do filme) e Fausto Fawcett.

Todo período conturbado na vida de um país acaba produzindo seu poeta nacional do momento, cantor das dificuldades de seu tempo e da esperança possível no futuro. A seu modo, Cazuza foi o Rimbaud da desgraça brasileira nos anos 1980, a nossa década perdida. Na melhor tradição de Fagundes Varela e Sousândrade, ele consumiu o fogo intenso de sua curta vida no combate à hipocrisia e à violência cotidianas, inaugurando no Brasil um olhar contemporâneo sobre um novo modo de viver que não espera pela história, mas que se impõe pelo desejo, agora. Devorado por sua incompatibilidade com o horror de seu tempo, Cazuza foi nosso triste poeta da esperança.

Cacá Diegues

472. Cazuza no Cais do
Porto do Rio de Janeiro,
1987

473. Cazuza em momento de criação em sua cobertura, na praça do Jockey, Gávea, Rio de Janeiro

474. Renato Russo e Cazuza: o apolínio e o dionisíaco. Os dois se tornaram os poetas do rock da geração 80, com canções emblemáticas como "Que país é esse?" e "Brasil". A fotografia foi tirada no lançamento do álbum *Que país é esse?*, 30 de outubro de 1987, no MAM/RJ, quando Cazuza foi prestigiar o amigo

[...] Eu gosto de meninas, mas eu também gosto de meninos. Todo mundo diz que eu sou meio louco. Eu sou um cantor numa banda de rock and roll. Eu sou letrista e algumas pessoas dizem que eu sou poeta. Agora eu vou falar de um carinha. Ele tem 30 anos. Ele é do signo de Áries. Nasceu no Rio de Janeiro. Gosta da Billie Holiday e dos Rolling Stones. Ele é meio louco. Gosta de beber pra caramba. Ele é cantor numa banda de rock. Ele é letrista. E eu digo, ele é poeta. Todo mundo da Legião gostaria de dedicar este show ao Cazuza.

Renato Russo

Cazuza e Renato Russo foram os dois grandes poetas de sua geração. A diferença é que Cazuza era geneticamente alegre e Renato Russo tinha certa tristeza.

Lucinha Araujo

Eu tenho orgulho de fazer parte de uma geração que tem o Renato Russo, o Arnaldo Antunes, o Lobão, uma geração que acabou com essa história de que rock é bobagem. O rock já não é uma coisa da qual se possa debochar... A gente está com uma força de palavras, as pessoas estão ouvindo o que o Renato Russo fala, o que o Lobão fala... Por mais que cada um tenha caminhos loucos, eles estão falando. [...] Sempre que vem um pessoal novo, o pessoal mais velho fica numa de né... e você se autocritica [...]. Fiquei completamente chapado, por exemplo, com as letras do Renato. Me deu uma inveja criativa! [...] Quando o Renato Russo pintou, eu fiquei com uma inveja [...] e meu trabalho cresceu tanto a partir dessa inveja, que eu comecei a escrever coisas diferentes. Sair daquela dor de cotovelo, daquele nhem-nhem-nhem, como diz a Rita Lee. Saí para uma outra coisa, o Renato falava muito da geração dele, e eu disse: Vou falar da minha geração também, vou falar do Brasil também.

Cazuza

Após a temporada do *Só se for a dois*, nós viajamos para Boston para encontrar o Dr. Sheldon Wolff, por recomendação do Dr. Abdon Issa. O médico americano confirmou o diagnóstico de aids. Então, não tinha muito o que fazer naquele momento com as medicações sendo ainda testadas... Era levar uma vida saudável e lidar com que aparecesse. Havia muita desinformação e preconceito no início da epidemia da aids, e vivemos tudo isso. Não foi nada fácil. Cazuza levou seis meses até apresentar os sintomas cruéis da aids. Quando ele foi internado na Clínica São Vicente, a imprensa fazia plantão na porta para especular sobre sua saúde. Era um horror, um momento muito delicado. Logo depois tivemos de levá-lo novamente para Boston.

Lucinha Araujo

Após terminar a turnê do *Só se for a dois*, em julho de 1987, Cazuza viajou para Boston pela primeira vez. Dr. Abdon Issa recomendou a Lucinha e João Araujo que Cazuza se consultasse com o Dr. Sheldon Wollf – médico indicado pelo Governo americano a integrar o Programa de Combate a aids. Entre a descoberta da infecção e a manifestação séria da deficiência imunológica passaram-se seis meses. Dr. Ivo Pitanguy, ao saber o que ocorria com Cazuza por meio de Paulinho Müller, se prontificou a falar com o Dr. Sheldon a acompanhar as internações.

LUGARES ONDE CAZUZA MOROU

1987-1988: São Paulo, SP
Vila Madalena e Alto de Pinheiros
João e Lucinha Araujo resolveram se mudar para São Paulo com Cazuza, para ele realizar um tratamento alternativo de saúde; no período de um ano moraram em duas casas.

475. Imagem de Santa Rita no quarto em que Cazuza estava, no hospital de Boston, 1987

475.

Minha mãe era devota de Santa Rita e eu me tornei também, desde muito pequena. Eu não pensei duas vezes quando o médico no Brasil nos aconselhou a levar Cazuza para Boston: levei Santa Rita com a gente. Ela nos acompanhou em todas as viagens. Era o nosso consolo naquele momento de tristeza e desespero... Eu rezei muito quando saiu uma nova medicação. Rezei para que ele pudesse viver e saborear a vida e o sucesso que conquistou. O primeiro passeio de Cazuza, após dois meses de internação em Boston, foi com Zeca. Me lembro como se fosse hoje, os dois em frente ao hotel, estava nevando, Cazuza ficou muito emocionado.

Lucinha Araujo

A barra foi muito pesada, mas valeu a pena porque descobri meus amigos. Esse foi o período mais difícil da minha vida e quando fiquei mais perto das pessoas. Nenhum amigo me faltou, os mais loucos foram as pessoas mais doces, mais amigas. Sem meus pais e sem eles seria muito difícil segurar a barra.

Cazuza

476. Cazuza em ensaio na praia de São Conrado, 1986

Rio, 17/11/87

Cazu,

Estou escrevendo essa carta afim de
estalo e espero que eu consiga te dizer
mais ou menos o que estou sentindo agora.
Você me ligou, eu estava dormindo e foi
a melhor maneira de acordar que eu podia
imaginar. Fiquei satisfeito porque além de saber
que você estava bem, você tinha sacado o mais
importante de todo o lance. Você tem de estar
a fim de ganhar essa briga, não importando
se pra isso você vai ter de andar de cabeça
pra baixo pro resto da vida ou alguma coisa
mais absurda que isso. A vida (esse estado de
animação que diferencia o nosso corpo de
um corpo inanimado). é a maior das dádivas que
já recebemos e não importa o preço que se pague
pra continuar vivo. Quem gosta de você sinceramente vai continuar gostando pro resto da
vida, careta ou não, e quem não entende isso é
porque na verdade não gosta verdadeiramente de
você porque se gostasse não iria pensar dessa maneira.
Acho que você devia em vez de ir pra Los Angeles
ir pras Bahamas (é mais quente e, dizem, ser mais
bonito and it's so primitive).
Fiquei puto c/ Zeca porque ele não me contou tudo que estava acontecendo mas eu adoro ele
tanto que eu perdoei 1 segundo depois. Cazu, te adoro
vê se te cuida, pra voltar legal que é o que
todo mundo (De, Guto, Raquel, Família Frejat, Maurício e uma

477. Carta de Frejat a Cazuza, 17 de novembro de 1987

porrada de gente que te gosta muito) deseja. Não fique fulado c/ nada. Cante p/ subir, chegue aqui encarando todo mundo no olho e continue ~~tudo~~ criando e sendo a grande figura que você é independente de porres, carreiras, basis e outras coisitas mais. Beijos mil no Zeca que é uma pessoa que adoro, amo p/ caralho também (que nem você) e tudo de bom.

Beijos

Frejat

P. S.-1: Beijos na tua mãe

P. S.-2: Avisa ao Zeca que a Denise Barroso tá ótima. Que mandou zilhões de beijos p/ vocês dois!!

Cazuza ficava muito incomodado de como ele era quando estava careta. Achava que só era interessante se estivesse na loucura. E era o contrário, eu dizia a ele. A carta é sobre isso, um papo sincero de amigo. A evolução que tivemos juntos, como artistas e seres humanos, foi muito importante para mim e acredito que para ele também.

Roberto Frejat

478. Cazuza e Arnaldo Brandão, parceiros em "O tempo não para", um dos maiores sucessos da carreira de Cazuza, 1987

478.

Na época, só os amigos mais íntimos sabiam que ele estava com aids. Fui até a casa dele para entregar a melodia de "O tempo não para", lhe dei um abraço apertado, mas ele reclamou que o corpo estava muito doído. Lembro exatamente das palavras após ele ouvir a melodia: "Gostei, parece Bob Dylan, vou fazer uma canção de protesto!" Eu entreguei a fita e ele colocou os versos. Mas logo precisou viajar para Boston para tratamento de saúde. Um dia o Ezequiel Neves me ligou para ditar a letra. Na primeira versão, gravada pelo meu grupo na época, o Hanói-Hanói, eu cantei: "Nas de calor, se escolhe: é matar ou correr", pois foi como Ezequiel me passou. Depois, na gravação do Cazuza, em 1989, ele cantou: "Nas de calor, se escolhe: é matar ou morrer".

Arnaldo Brandão

Os versos de "O tempo não para" foram escritos por incentivo de Arnaldo Brandão quando Cazuza estava às vésperas de viajar para se tratar num hospital em Boston, nos Estados Unidos. A canção, que deu título ao show e primeiro álbum ao vivo da carreira solo de Cazuza, foi realizada durante o período mais produtivo e sensível de sua trajetória, marcado pela coragem e delicadeza no enfrentamento da aids. Em 1992, "O tempo não para" se tornou hino dos caras-pintadas no impeachment do então presidente da República Fernando Collor. A canção deu título ao filme dirigido por Sandra Werneck e Walter Carvalho, com roteiro baseado na vida do cantor e compositor Cazuza, interpretado por Daniel Oliveira, em 2004; ao livro de Lucinha Araujo sobre a Sociedade Viva Cazuza, escrito em depoimento a Cristina Moreira da Costa, lançado em 2011; e à novela de Mario Teixeira, exibida na TV Globo, em 2018.

479. Cazuza, poeta de muitas faces

Em 6 de outubro de 1987, Cazuza ligou para Lucinha dizendo que ia ficar uns dias na casa dos pais. Cazuza passou mal e teve uma convulsão e foi levado para a Clínica São Vicente, no Rio de Janeiro, onde ficou dezoito dias, recebeu atendimento médico e iniciou tratamento com antibióticos. Na manhã do dia 24 de outubro de 1987, os médicos aconselharam Lucinha e João a levarem Cazuza para os Estados Unidos.

480. Cazuza passeando em Nova York com Ezequiel Neves, Clara Davis e João Araujo, 1987

481. Imagem ilustrativa dos medicamentos que Cazuza usava no início do seu tratamento contra o vírus hiv/aids

Cazuza sofreu os efeitos colaterais do AZT (azidotimidina, também conhecido como zidovudina), que, desde março de 1987, foi o único medicamento anti-hiv/aids disponível para pessoas que vivem com hiv em todo o mundo. Na verdade, o AZT foi desenvolvido como um medicamento anticancerígeno na Michigan Cancer Foundation, em 1964. Somente em 1984, quando foi arquivado por ineficácia, a empresa farmacêutica Burroughs Wellcome (atual GlaxoSmithKline) começou a testá-lo como um possível medicamento anti-hiv. O custo da medicação estava fora do alcance de muitas pessoas que viviam com hiv/aids.

480.

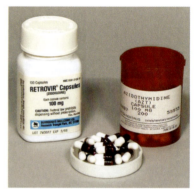

481.

Na noite de 24 de outubro de 1987, João, Lucinha, Ezequiel Neves e a Dra. Tereza Calicchio (assistente do Dr. Abdon Issa) foram com Cazuza para Boston, fazendo conexão em Nova York, onde encontraram a amiga Clara Davis, que acompanhou as internações, atuando como intérprete junto aos médicos.

Em Boston, se hospedaram no Hotel Copley enquanto Cazuza fazia exames no New England Medical Center: foi descoberto um fungo pulmonar. Cazuza foi medicado com Anfotericida e teve violentos efeitos colaterais, como convulsões e alergias.

A medicação era conhecida como "Anfoterrible".

Em 14 de novembro de 1987, Cazuza foi internado no CTI do New England Medical Center. As irmãs de Lucinha, Clara Maria e Maria Christina, a sobrinha Claudia e a amiga Isabel Ferreira viajaram ao encontro da família. Na mesma semana, ele começou a tomar uma nova droga, da Pfizer, em fase experimental: Fluconazole. No dia 16 de novembro, em 48h, Cazuza apresentou melhoras com a nova medicação e recebeu alta do CTI para o quarto, se restabelecendo e fazendo fisioterapia, aonde permaneceu por sete dias.

Christina e Isabel foram as primeiras a retornarem ao Brasil. João Araujo e Ezequiel Neves retornaram em 30 de novembro de 1987. Lucinha Araujo, Claudia (sobrinha mais velha de Lucinha) e Cazuza retornaram no dia 4 de dezembro. A imprensa continuou especulando sobre o estado de saúde de Cazuza, que negava estar com aids. Em 5 de dezembro de 1987, ao chegar ao Brasil, Cazuza pediu que Lucinha organizasse um almoço convidando os amigos mais íntimos, para contar que estava com aids, tomando AZT e relatar a experiência no CTI.

408

482. Mostra a tua cara: Cazuza foi a primeira figura pública a falar abertamente sobre sua vivência com hiv/aids, numa época de intenso preconceito e discriminação

482.

Eu vi a cara da morte e dizem que quem vê a cara da morte nunca mais volta igual [...]. A morte é um triângulo de luz e uma paz enorme, é como se fosse um gozo, um *shot* de heroína, um prazer total.

Cazuza

483.

483. Cazuza em casa, no Rio de Janeiro, 1987

484. Cazuza e seus óculos Ray-Ban

O ano de 1988 foi mais tranquilo para Cazuza, em termos de saúde. Fomos a Boston apenas para exames, foi um ano sem internações. Só uma vez teve febre de 40 graus e eu corri para Boston com ele; João estava viajando no exterior a trabalho, nos encontrou no hospital. Mas Cazuza ficou apenas 24h. Os remédios que ele tomava eram fortíssimos, tinham que fazer transfusões de sangue com frequência porque o uso de AZT provocava anemia. Neste ano, Cazuza passa a ser empresariado por Marcinha Alvarez. Mas antes ele fez um jantar de despedida para Rosa e Mariozinho, seus empresários anteriores. Ele dizia que "o casamento tinha chegado ao fim, mas sem mágoas". Foi um ano de glória, ele gravou *Ideologia* e vendeu mais de 500 mil cópias, com várias canções de sucesso: "Brasil", "Ideologia", "Faz parte do meu show"...

Lucinha Araujo

485. Bebel Gilberto, Dé Palmeira, Cazuza e Marina Lima recebendo o I Prêmio Sharp de Música, 1987

Após a "internação barra-pesada", em 1987, Cazuza passou treze meses sem precisar se hospitalizar. Em 1988, foi oito vezes a Boston, acompanhado dos pais, apenas para realizar exames e depois ia curtir Nova York. Apesar de dez quilos mais magro, foi um ano de saúde e bem-estar para Cazuza. Além do período de sucesso profissional e ser celebrado como o maior poeta de sua geração, Cazuza recebeu o I Prêmio Sharp de Música.

Fiquei impactada ao ouvir a fita da gravação, enviada por Cazuza. Eu ouvi e falei: "Epa!" Cazuza tinha feito uma balada diferente, com Dé Palmeira e Bebel Gilberto. Gravei a canção e chamou muito a atenção para Cazuza como compositor. Lembro que a música tinha o verso "fechando e abrindo a geladeira", achei um excesso, cortei. Pensei em chamar ele para gravar um trecho, falando: "Que medo". Mas Cazuza não se continha, cantava tudo, com seu jeito "exagerado". Desisti. Gravei sozinha, um tiro. Ele ficou enlouquecido com a gravação, que acabou ganhando prêmios.

Marina Lima

486.

486. Recorte de revista não identificada com os músicos do I Prêmio Sharp de Música (Ano Vinicius de Moraes), 1987. No palco, da esquerda para a direita: Gal Costa, Dorival Caymmi, Bebel Gilberto, Cazuza, Marina Lima, Gonzaguinha, Hermeto Pascoal, entre outros

487. Cazuza com o troféu do I Prêmio Sharp de Música, abraçando seus pais, Lucinha e João, 1987

No palco do Teatro D. Pedro, Hotel Nacional, Rio de Janeiro, os laureados foram aplaudidos por 1500 convidados. O I Prêmio Sharp de Música (Ano Vinicius de Moraes) foi para Cazuza (melhor cantor pop rock) e para a canção "Preciso dizer que te amo" (Cazuza/Dé Palmeira/Bebel Gilberto), interpretada por Marina Lima.

Na época de criação da parceria, Bebel Gilberto e Dé Palmeira tinham respectivamente 20 e 21 anos, eram namorados, e Cazuza tinha 29. A gravação original de "Preciso dizer que te amo" foi recuperada a partir de uma fita caseira, em 1996; é possível ouvir Cazuza falando: "Agora eu queria apresentar uma música de autoria de Dé, Bebel e Cazuza chamada 'Preciso dizer que te amo'… Bebel vai começar a cantar agora, por favor não façam barulho no ambiente! Muito obrigado. Maestro. Maestro Dé! Vai, vai… Sapo… Pato…". Esse registro foi lançado no icônico álbum *Red Hot + Rio*, destinado a promover a conscientização sobre o enfrentamento do hiv/aids. Antes disso, a música fez sucesso na voz de Marina Lima, no disco *Virgem* (1987).

487.

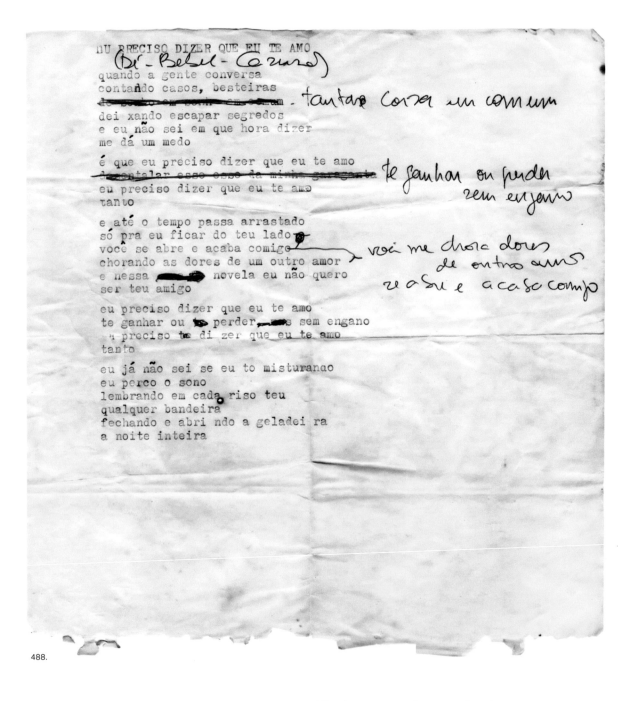

488. Datiloscrito de "Preciso dizer que te amo" (Cazuza/Dé Palmeira/Bebel Gilberto, 1987)

Nós éramos moleques de vinte e poucos anos. Imagina, a Marina?! Na época ela estava muito popular, ela cantou no Hollywood Rock, para 80 mil pessoas, foi muito emocionante, a canção estourou na voz dela. Depois a Cássia Eller gravou, a Zizi também. É um clássico dos anos 1980.

Dé Palmeira

LUGARES ONDE CAZUZA MOROU

1988: Leblon, RJ
Rua Visconde de Albuquerque

Durante seis meses Cazuza teve como vizinho o amigo e parceiro Fagner, e as sessões de música geravam reclamações dos moradores. Na época, em tratamento de saúde, o local se tornou ponto de encontro de artistas que esticavam a noite no Baixo Leblon.

1988: Boston, Massachusetts
New England Medical Center

Cazuza foi levado por seus pais para Boston, ao New England Medical Center, para tratamento com AZT, sob os cuidados da equipe do Dr. Sheldon M. Wolff. Permaneceu no hospital por dois meses.

1988-1989: Lagoa, RJ
Avenida Epitácio Pessoa

Cazuza comprou uma cobertura com vista para a Lagoa Rodrigo de Freitas, refugiou-se nela durante o intervalo do tratamento de saúde nos Estados Unidos.

489.

489. De Cazuza ao fã José Geraldo Azevedo Costa, 20 de agosto de 1988: "Ao seu fã clube fiel/ dá autógrafo no talão de cheque". Conforme os versos de "Vida fácil" (1988), parceria de Cazuza com Frejat: "Tim-tim!/ A tua corte agradece/ Um brinde!/ O nosso astro merece/ Ao teu fã-clube fiel/ Dá autógrafo em talão de cheques"

Durante internação no New England Medical Center, em Boston, onde ficou por dois meses submetendo-se a tratamento com AZT, Cazuza tinha momentos de delírios, por causa do efeito da medicação, em que recitava trechos de "Ideologia" no leito do hospital.

Cazuza era muito desligado com o lado prático e burocrático da vida. Ele tinha horror a lidar com Imposto de Renda, era muito desorganizado. Não era fácil, Cazuza anotava nos canhotos do talão de cheque compra de drogas. Então, eu ficava muito triste e era briga na certa. A primeira coisa que fiz, ao organizar seus negócios, foi tirar os documentos, pois Cazuza não tinha nada. Um ano depois, em 1984, ele comprou seu primeiro imóvel, uma pequena cobertura na Gávea, e depois, em 1987, comprou uma cobertura enorme na Lagoa.

Lucinha Araujo

490.

490. Cazuza na época da divulgação do álbum *Ideologia*, 1988

491. Capa do disco *Ideologia*, 1988

491.

O disco *Ideologia* começou a ser gravado nos estúdios da PolyGram em outubro de 1988, mas Cazuza teve de ser internado nos Estados Unidos para tratamento de hiv/aids e só retornou em dezembro. A capa do disco é uma foto tirada por Flavio Colker de uma instalação dos artistas Luiz Zerbini e Jorge Barrão, a partir de objetos garimpados após uma forte chuva na praia de São Conrado, e ilustrações de símbolos representando diferentes ideologias. O terceiro álbum da carreira solo vendeu mais de 500 mil cópias, confirmando o talento de Cazuza com sucessos como "Brasil", "Faz parte do meu show" e a faixa-título "Ideologia". É neste álbum que Cazuza fala sobre sua relação com o hiv/aids e com a morte. O show *Ideologia* foi dirigido por Ney Matogrosso e deu origem ao álbum *O tempo não para* (1989).

"Ideologia" fala sobre a minha geração, sobre o que eu acreditava quando tinha 16/17 anos. E sobre como estou hoje. Eu achava que tinha mudado o mundo e que, dali pra frente, as coisas avançariam mais ainda. Não sabia que iria acontecer esse freio. É como se agora a gente tivesse que pagar a conta da festa.
Cazuza

Cazuza já estava doente. Certo dia, ele pirou e me ligou: "Marina, preciso que você venha aqui em casa, quero te mostrar uma coisa". Chegando lá, conversamos muito, foi muito forte o encontro. De repente, ele começou a recitar os versos de "Ideologia". Fiquei muito emocionada. Depois, em outubro de 1990, cantei "Ideologia" no show *Viva Cazuza*, em homenagem ao poeta, na Praça da Apoteose.

Marina Lima

492.

493.

492. Disco de Ouro para o álbum *Ideologia*, 1988

493. Cazuza posando, junto com os pais, com os prêmios: Disco de Ouro pela vendagem de 100 mil cópias do álbum *Ideologia* (1988) e Disco de Platina pela vendagem de 250 mil cópias do álbum *O tempo não para* (1989)

494. Cazuza em ensaio fotográfico para a

artigo Fernando Gabeira

Cazuza de volta à estrada

"Vida louca vida, vida breve/ Já que eu não posso te levar/ Quero que você me leve". Esses versos são de Lobão. Ouvi-los na abertura do show de Cazuza, dia 17 [de agosto de 1988], no Aeroanta, terá um significado especial. Cazuza volta à estrada num show que vai percorrer as principais capitais do Brasil, depois de uma longa batalha pela vida. Ele está de pé, mais maduro e mais corajoso.

Com ajuda de Ney Matogrosso, que vai dirigir o show, Cazuza vai apresentar a nata de seu trabalho. É a sua filosofia de vida uma maneira de ver o Brasil sem máscara cor-de-rosa, dizendo o que se passa e como se passa.

Ao ouvi-lo no ensaio, cheguei a pensar no impacto de cada um de seus versos. Um pouco mais magro, com uma nova banda, Cazuza cantava o "Blues da piedade" e pedia piedade "pra essa gente careta e covarde".

O que ele parece ter aprendido com a doença foi dosar suas energias. É algo que o velho índio, mestre de Carlos Castañeda, insistia com seu aluno: o segredo do guerreiro é não jogar fora sua força. O aprendizado nasceu também do fato de ele estar trilhando uma carreira solo. Antes, com o Barão Vermelho, havia uma participação coletiva maior no show. Agora, ele tem de se cuidar. Durante todo o tempo, a bola está com ele e não é possível se cansar no meio do show, nem esgotar todos os movimentos cênicos logo de cara.

A presença de Ney Matogrosso vai dar força e consistência ao show. Ney vive uma fase espiritualmente rica e está olhando o trabalho de Cazuza com um olho severo: propôs que não ficasse nada superficial, nada que não expressasse a visão singular de Cazuza.

Dificilmente alguém foi tão longe em termos de retratar o Brasil hoje como ele. Uma das músicas do álbum *Ideologia* (35 mil exemplares já vendidos) está na novela das oito. Passou a ser uma expressão do "Vale Tudo" nacional. No entanto isso não foi nada de especial para ele. Talvez tenha vendido alguns discos a mais, popularizado um pouco mais seu trabalho. Cazuza tem uma visão clara do que quer. Vender milhões de discos não é o grande objetivo. Seu caminho é um pouco parecido com o de Caetano: criar um público reduzido que lhe permita seguir criando com toda liberdade.

Os jornais publicaram que ele voltou a fumar e a beber. Ele teria dito que pau que nasce torno não tem mesmo jeito. Mas parece que não é bem assim. No momento, está excitado com a volta ao trabalho e alguns desafios estéticos, como foi a gravação da música de Cartola "O mundo é um moinho". Apesar de um pouco mais magro, sente-se que Cazuza durante todo esse tempo cuidou da saúde. Faz exames periódicos, está bronzeado pelo sol da serra e consegue atravessar horas de ensaio mantendo o pique e o bom humor.

O show do Aeroanta deve ser uma repassada em toda a sua carreira, mas apresenta uma canção inédita, "O tempo não para", que supera tudo que fez em termos de sinceridade, e avança um pouco mais na sua crítica a um Brasil extremamente bem-comportado, mas corroído pela corrupção, pelo matar ou morrer que faz as pessoas se tornarem brasileiras.

Aos trinta anos, Cazuza volta à estrada bastante consciente do que vai fazer. Escolheu Porto Alegre sua próxima parada depois de São Paulo, um lugar especial. Também está querendo fazer shows com um "timing" preciso e sobretudo com equilíbrio preciso, entre o intimismo e a pauleira.

artigo Fernando Gabeira

"Não sei o caminho desse show, mas a intenção é terminar de um jeito que todas as pessoas fiquem dançando na sala." Ao levantar essa questão, Cazuza é forçado naturalmente nas múltiplas funções do som. Nem só para dançar é o seu trabalho, embora, na maioria das músicas, seja difícil ficar parado. Cazuza apresenta um estilo, uma visão de mundo e uma crítica – enfim, muito mais do que apenas um estímulo à dança. Ao vê-lo desfilar os 15 números que vai apresentar no Aeroanta, senti-me antecipando um momento histórico. Estava diante de um dos mais poderosos cronistas deste fim de século, falando e lutando, exatamente pelo que está mais ameaçado no nosso tempo: a vida.

495. Estreia do show *Ideologia / O tempo não para*, com direção de Ney Matogrosso, São Paulo, Aeroanta, 17 de agosto de 1988

495.

A direção de Ney apresentava Cazuza com uma performance mais contida no palco, buscava valorizar a poesia e as ideias do artista. Um trabalho que mostra Cazuza cheio de coragem e delicadeza, embora com a saúde frágil no período mais sensível e produtivo de sua trajetória. No dia 24 de janeiro de 1989, Cazuza subiu ao palco pela última vez para apresentar seu show no Recife. Na sua lápide, no Cemitério São João Batista, em Botafogo, no Rio de Janeiro, está escrito o título dessa que é uma das mais conhecidas de suas canções. A turnê do show transformou-se no disco ao vivo homônimo, gravado no Canecão, Rio de Janeiro.

O Ney não me dirigiu apenas nesse show, ele me dirigiu para o resto da vida. Ele me ensinou a cantar parado, movimentar as mãos e os braços juntos. Não sei como isso funciona, mas mexendo as mãos eu canto melhor. Antes dele, a minha postura no palco era de catarse, era como eu estar na minha sala de visitas, cozinha ou banheiro. O Ney me ensinou a respeitar o palco. Hoje eu entro no palco e me concentro, peço proteção a Deus pra tudo correr bem.
Cazuza

O show de Cazuza que o Ney dirigiu foi lindo. Foi Ney quem trouxe um sentido profissional ao trabalho de Cazuza no palco. Ele dizia: "Cazuza, você é texto e sua música, poesia". A palavra vida costurava o show, vários versos de Cazuza trazem a palavra "vida". Cazuza tinha alegria de viver, amava a vida.

Lucinha Araujo

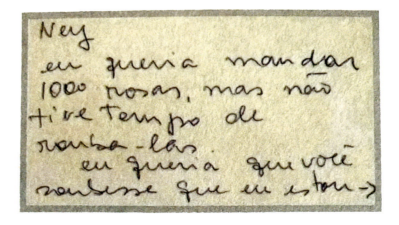

496.

497.

496. Bilhete de Cazuza a Ney: "[...] não tenho mais vergonha de usar a palavra gratidão", 1988

497. Ney e Cazuza, parceria na vida e no palco, 1988

498. Amigos roqueiros, Paulo Ricardo e Cazuza, 1988

Conheci Cazuza aos 18 anos por meio de Ezequiel Neves e desde então sua influência só aumentou! Vivemos muitas aventuras juntos. Meu querido amigo, Agenor, um grande brasileiro. Tenho imenso orgulho de Cazuza e Ezequiel terem sido testemunhas no registro de nascimento de minha filha Paula, em junho de 1987. Eles foram até o cartório, se fizeram presentes. É importante conhecê-lo além do mito, o poeta. Nas diversas vezes que fui em sua casa, ele estava trabalhando em sua máquina de escrever. Cazuza era um poeta. Além de ter um grande carisma, era o centro da festa. Tenho muito orgulho e gratidão por ter podido acompanhar de perto sua curta trajetória. Ele andava em turma, íamos à praia e depois virávamos a noite na casa dele. Cazuza era uma espécie de líder que a garotada, seus amigos, admiravam. Ele teve uma vida intensa, era um verdadeiro exagerado. Mas muito educado, talentoso e encantador. Um dos maiores artistas da minha geração, cuja influência vai muito além das inesquecíveis canções. Cazuza tinha um grande amor pela música e pela poesia *beat*. Tenho cantado Cazuza em toda minha carreira, recentemente regravei quatro clássicos que tenho alternado nos shows: "O tempo não para", "Pro dia nascer feliz", "Exagerado" e "Ideologia". Quando faço uma letra, sempre penso em Cazuza – ele é o maior. Guardo Cazuza como um irmão mais velho.

Paulo Ricardo

499. Plateia ilustre: Caetano e Lucinha, amigos de longo tempo, 1988

500. Cartão de Caetano Veloso e Paula Lavigne a Cazuza, "Caju", para os amigos, 1988

501. Cazuza e Gilberto Gil no show *Ideologia / O tempo não para* no Teatro Castro Alves, Bahia, 1988

499.

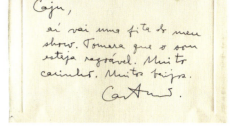

500.

501.

O encontro de Cazuza e Gilberto Gil no Teatro Castro Alves foi uma das coisas mais belas que presenciei na trajetória do Cazuza. Ele admirava muito o Gil e estava muito feliz. Nesse dia, estávamos eu e João na plateia, um homem gritou: "Dá-lhe, aidético!" Ficamos furiosos e expulsamos o rapaz do teatro. E fizemos questão que recebesse de volta o valor do ingresso. A pior doença é o preconceito. Quem não tem solidariedade não tem caráter.

Lucinha Araujo

502.

503.

504.

505.
506.

507.

502. Cazuza durante a temporada de *Ideologia / O tempo não para*, no Canecão, Rio de Janeiro, 1988. Sua banda era composta por Jurema e Jussara Lourenço (*backing vocals*), Ricardo Palmeira (guitarra), Widor Santiago (saxofone), João Rebouças (piano e teclado), Christiaan Oyens (gaita e bateria), Marçal (percussão), Nilo Romero (contrabaixo) e Luciano Maurício (guitarra)

503. Cazuza e o guitarrista Luciano Maurício

504. Cazuza e o guitarrista Ricardo Palmeira, irmão do parceiro Dé Palmeira

505. Cazuza e o músico Christiaan Oyens

506. Cazuza e o saxofonista Widor Santiago

507. Cazuza e o amigo e parceiro Nilo Romero

508. Cazuza com as *backing vocals* Jussara e Jurema Lourenço

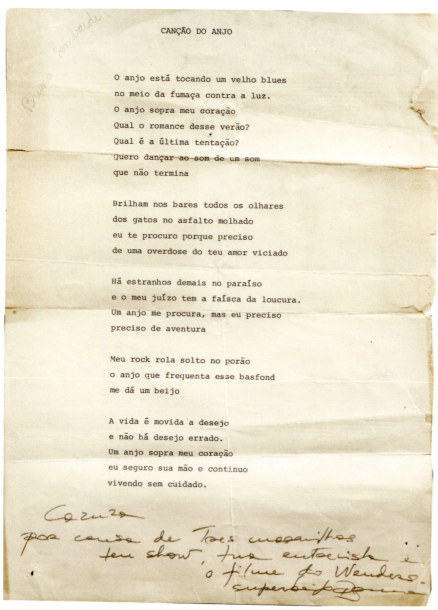

509.

509. Poema de Bruna Lombardi escrito após assistir ao último show de Cazuza, 1988

510. Ingresso do show *Ideologia / O tempo não para* no Canecão, Rio de Janeiro, 1988

511.

511. Cazuza e a avó Maria José nos bastidores do show *Ideologia / O tempo não para*, no Canecão, 1988. Foi para ela que Cazuza escreveu "Poema", 1975

512. Bilhete de Fernanda Montenegro a Cazuza enviado na ocasião da estreia do show *Ideologia / O tempo não para*, 1988. Nessa época, Fernanda estava em cartaz com o espetáculo *Dona Doida*, com textos de Adélia Prado e direção de Naum Alves de Souza

513. Bilhete de agradecimento pelas flores, de Fernanda Montenegro a Cazuza, os "doidos", 1988

514. Rascunho do bilhete de Cazuza a Fernanda Montenegro, enviado junto com um buquê de flores, em agradecimento pelo carinho, 1988

512.

513.

Fernanda

adorei saber que você presta atenção no meu trabalho porque eu tô sempre de olho no teu. Deve estar sendo um barato divulgar as [illegible] coisas cotidianas ~~pequenas~~ e delicadas ~~verdades~~ de Adília ~~pelo~~ Brasil afora.

coisas

do fã

"Seu Doido"
(Cazuza)

7256

Cazuza

(4)

As coisas cotidianas,

Rio, 18 de Outubro de 1988

Está havendo uma polêmica, um "escândalo", como dizia o JB
de terça-feira, 18 de Outubro, com o fato de eu ter cuspido
na bandeira brasileira durante a música "Brasil", no meu
show de domingo no Canecão. Eu realmente cuspi na bandeira,
e duas vêzes. Não me arrependo. Sabia muito bem o que estava
fazendo, depois que um ufanista me jogou a bandeira da platéia.
O Sr. Humberto Saad declarou que eu não entendo o que é
a bandeira brasileira, que ela não simboliza o poder, mas
a nossa história. Tudo bem, eu cuspo nessa história triste
e patética.
Os jovens americanos queimavam a bandeira americana em
protesto contra a guerra do Vietnã, queimavam a bandeira
de um país onde todos tem as mesmas oportunidades, onde
não há impunidade e um presidente é deposto pelo "simples"
fato de ter escondido alguma coisa do povo.
Será que as pessoas não tem consciência de que o Vietnã
é logo ali, na Amazônia, que as crianças índias são bombardeadas
e assassinadas com os mesmos olhinhos puxados?. Que a África
de Sul é aqui, nesse "Apartheid" disfarçado em democracia,
onde mais de cinquenta milhões de negros vivem à margem da
"Ordem e Progresso", analfabetos e famintos?.
Eu sei muito bem o que é a bandeira do Brasil, me enrolei
nela no "Rock'n Rio" junto com uma multidão que acreditava
que esse país pudesse realmente mudar.
A bandeira de um país é o símbolo de nacionalidade para um povo.
Vamos amá-la e respeitá-la no dia em que o que está escrito
nela for uma realidade.
Por enquanto estamos esperando.

(Cazuza)

R. Tasatinjuna 67 / CO-01

Japa - Rio

Os jornais queriam uma declaração sobre o assunto. Eu tentava colocar panos quentes, dizia que Cazuza tinha soprado pétalas de rosas que havia no chão do palco. Mas Cazuza logo confirmou que tinha cuspido, afirmou que faria novamente. Ele foi muito criticado na imprensa. Dias depois, escreveu um texto explicando o seu gesto, mas sua resposta ficou guardada durante dois anos até ser publicada no jornal *O Globo*, em 16 de julho de 1990.

Lucinha Araujo

515. Carta-resposta escrita por Cazuza à revista *Afinal* d'*O Estado de S. Paulo*, 18 de outubro de 1988

No dia 16 de outubro de 1988, durante a temporada do show *Ideologia / O tempo não para*, no Canecão, Rio de Janeiro, Cazuza causou polêmica ao cuspir na bandeira brasileira atirada ao palco por um fã. Em 18 de fevereiro de 1989, a revista *Afinal* escreveu sobre o episódio: "O jornal *O Estado de S. Paulo*, do alto de sua experiência de cem anos de República, não admite que a dignidade da Nação seja confundida com a mediocridade de eventuais governantes, riscou o nome do artista de suas páginas, temporariamente". Cazuza escreveu uma carta-resposta, explicando seu gesto, dois dias após a publicação do texto na revista. No entanto, o texto só foi publicado dois anos depois, em 16 de julho de 1990, após a morte do poeta.

Cazuzinha! Eu o chamava assim... A gente se encontrou muito em Itaipu, Niterói, em minha casa. Não me recordo como nos conhecemos, mas sei que logo nos conectamos. Ele sempre foi uma pessoa querida, está muito presente em minhas memórias. Existia entre nós um amor muito grande. Cazuza era genial. Louco e genial. Me lembro dele cantando, fazendo loucuras em cima do palco. E sempre muito carinhoso. Fiquei feliz com a nossa aproximação, de ter tido a oportunidade de gravar "Codinome Beija-Flor" e cantarmos juntos. Na gravação do especial da TV Globo, em 1988, umas pessoas preconceituosas vieram me dizer que não podia abraçá-lo. Mas, é claro, abracei e beijei muito... Ele não teve medo de mostrar a cara, se expôs com coragem. Cazuza faz muita falta, ele era um grande poeta, um ser amado e respeitado.

Simone

516.

517.

516. Cazuza em show do especial *Cazuza – Uma prova de amor*, 1988

517. O especial *Cazuza – Uma prova de amor* foi gravado no Teatro Fênix, no Rio de Janeiro, 24 de outubro de 1988. Cazuza fez duetos com Gal Costa, Simone, Roberto Frejat e um trio com Sandra de Sá e Roberto Frejat, além de ter cantado sucessos de seu repertório

Após a estreia do show *Ideologia / O tempo não para* no Aeroanta, em São Paulo, Cazuza viajou o Brasil com uma turnê pelo Norte e Nordeste. Em seguida, realizou duas temporadas do show no Canecão, no Rio de Janeiro, que se transformou no especial *Cazuza – Uma prova de amor*, no fim de ano da TV Globo, em 1988, com a presença de convidados especiais. Esse especial foi dirigido por Ana Arantes e Roberto Talma, com roteiro de Ana Arantes e Ezequiel Neves, produção artística de Carlos Alberto Sion. *Cazuza – Uma prova de amor* foi exibido na TV Globo no dia 1º de janeiro de 1989 e foi premiado pela Associação Paulista de Críticos da Arte (APCA) como Melhor Programa Musical.

518. Cazuza e Gal Costa durante a gravação do especial *Cazuza – Uma prova de amor*, em 24 de outubro de 1988, cantando "Brasil", sucesso como música tema da novela *Vale Tudo* (1988), de Gilberto Braga

Cazuza era um grande poeta, autor de letras maravilhosas. Era também uma figura inquietante, irreverente, um ser humano extraordinário. Gravei algumas coisas dele e adoro cantar versos como "eu quero a sorte de um amor tranquilo" ou "com sabor de fruta mordida". É o grande letrista de sua geração, ao lado de Arnaldo Antunes, dos Titãs. Outro aspecto que me parecia interessante em Cazuza é que ele conhecia bem os compositores tradicionais brasileiros. Ele tinha uma inteligência muito especial.

Gal Costa

Sem dúvida um dos grandes nomes da MPB do nosso final de século, especialmente como letrista sensível, lúcido, agressivo, consciente, de força arrebatadora. Cazuza dominou de tal forma os anos 1980 que, quando um dia quisermos fazer alguma história para reconstituir esta nossa época, seu nome vai se impor como o mais representativo, o mais sincero, o mais abrangente da geração. Como homem, não há o que dizer diante da força, da ternura, da garra demonstradas por ele ao enfrentar uma doença tão cruel quanto a aids. Sua vida breve foi uma das maiores contribuições à cultura brasileira do século. Sua morte lenta, um triste belíssimo hino de amor à vida.

Gilberto Braga

519. Cazuza recebendo os amigos em seu apartamento na Lagoa, 1988. Ney Matogrosso, Roberto Frejat, Caetano Veloso, Dé Palmeira, Yara Neiva, Bebel Gilberto, Guilherme Araújo, entre outros

520. Cazuza, sempre cercado de amor dos amigos talentosos: Ney Matogrosso e Flavio Colker, 1988

519.

520.

Em 1988, Cazuza vendeu sua cobertura na praça do Jockey e comprou uma cobertura cinematográfica na Lagoa, mas aproveitou pouco. Cazuza passou menos de um ano no imóvel, entre as viagens para tratamento e os últimos shows. Fomos a Boston oito vezes, apenas para Cazuza fazer os exames, depois íamos curtir Nova York. Cazuza tinha uma querida amiga que morava lá, a Francis Botelho, que foi importante nesta fase da vida dele. A fase mais difícil do tratamento de Cazuza foi quando ele começou a tomar AZT, que era uma medicação experimental na época. Teve crises agudas, com alteração de humor e agressividade, era insuportável para todos. Ele dizia que estava com "síndrome de doente terminal", portanto, não poupava ninguém de sua língua ferina, sem qualquer censura. Ele fazia loucuras no hospital, tinha mania de fantasiar-se de árabe e ficar passeando pelos corredores.

Lucinha Araujo

521. Cazuza e o ator Otávio Müller, seu primo de segundo grau: amizade e admiração mútua. Quando descobriu o talento do primo para atuação, Cazuza resolveu indicá-lo para o novelista Gilberto Braga, que escreveu o personagem Sardinha de *Vale tudo* (1988) especialmente para ele

Cazuza foi uma grande referência, e continua sendo, em minha vida. Eu era o primo gordinho, que ficava no canto da sala. E ele um jovem lindo, enturmado, talentoso. Eu enxergava Cazuza como um gigante iluminado. Ele era muito solar, muito praia, muito cachoeira, muito vida pulsante. Cazuza me inspirava, era um artista fascinante. Aos 16 anos eu tive a oportunidade de assistir a ele no teatro quando encenou os espetáculos *Parabéns pra você* e, posteriormente, *Paraquedas do coração*, com a turma do Perfeito no Parque Lage. Depois assisti à estreia dele no Barão Vermelho, acompanhei os shows. Algum tempo depois, quando eu já havia decidido estudar teatro na CAL, aos 19 anos, ele foi assistir a um ensaio da peça e, a convite do diretor Luís Antônio Martinez Corrêa, irmão do Zé Celso. Ele foi com o Frejat e fizeram uma canção por encomenda para o espetáculo *Ubu Rei*, de Alfred Jarry... O "Rock da descerebração". Eu fiquei muito orgulhoso. Eu fazia o protagonista e Cazuza me assistiu atuando. Ele me falou: "Você é ator?" Ele ficou tão feliz que pediu ao Gilberto Braga uma oportunidade para eu trabalhar na TV. O Gilberto escreveu o Sardinha de *Vale tudo* (TV Globo) para mim. Fiz teste para a novela, ganhei o personagem... Cazuza era essa pessoa generosa, sensível. Então, nos tornamos amigos de verdade, passamos a sair juntos na noite. Fiquei amigo dos amigos dele: Bineco, Rodolfo Bottino, Valeska... Em 1988, quando ele estava com o show *O tempo não para*, eu fui com a Lídia Brondi, pois tinha uma música do Cazuza como tema dos personagens. Nos encontramos no camarim, nos abraçamos. No dia em que ele morreu, fui com os amigos celebrar a vida dele no show da Legião Urbana, no Jockey, uma catarse. Como sinto saudade! Ele era meu *brother*, um grande amigo. Cazuza se tornou um artista gigante, herdeiro direto de Caetano e Gil. Ele trilhou um caminho lindo na música popular brasileira. Fico pensando o quanto ele ia gostar de conhecer meu filho Francisco, que é filho da Preta e neto do Gil. Cazuza ficaria muito feliz, tenho certeza.

Otávio Müller

522. Em dezembro de 1988, Cazuza participa de entrevista com Marília Gabriela e continua a negar que estivesse com aids. Dizia ter sido vítima de "uma doença grave", mas "já curada". Dois meses após a entrevista e o questionamento de Marília Gabriela, nos bastidores do programa, Cazuza resolveu abrir a sorologia publicamente em entrevista concedida ao jornalista Zeca Camargo para a *Folha de S.Paulo*, em 13 de fevereiro de 1989

Cazuza sempre quis abrir sua vivência com hiv/aids, fomos eu e João que impedimos. Ele sempre teve muita coragem. Não por acaso, escreveu "Brasil, mostra a tua cara". Como ele poderia esconder a dele. O fato é que queríamos protegê-lo do preconceito e da discriminação. Se ainda hoje, em 2024, apesar de todos os avanços científicos, o preconceito e a discriminação persistem, imagine em 1987. Na época em que ele falou publicamente da doença, nós tentávamos viajar para exames em Boston, mas o consulado americano negou... Tenho muito orgulho do meu filho, pela sua coragem e dignidade. Cazuza foi a primeira pessoa pública a falar abertamente sobre viver com aids. E isso tem um valor enorme na luta contra a discriminação e preconceitos com as pessoas que vivem com hiv/aids.

Lucinha Araujo

O medo de morrer é um medo básico... Eu não tenho mais. Tenho outro, que é morrer quando estou gostando tanto de estar vivo. Acho que vai ser um desperdício... Mas uma coisa é certa, morrer não dói.

Cazuza

523.

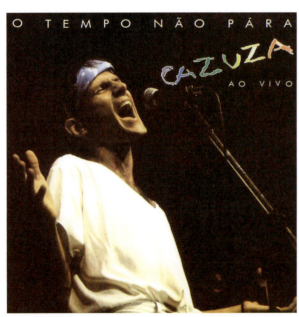

524.

523. Caetano e Cazuza cantaram juntos "Todo amor que houver nesta vida" no lançamento do *Songbook Caetano Veloso*, organizado por Almir Chediak, na boate People, Rio de Janeiro, 19 de dezembro de 1988

524. O álbum *O tempo não para – ao vivo*, produzido por Ezequiel Neves e Nilo Romero, foi gravado no Canecão nos dias 14, 15 e 16 de outubro de 1988 e, depois, lançado em janeiro de 1989

525. Capa da revista *Domingo* do *Jornal do Brasil*, 1º de janeiro de 1989, trazendo Cazuza como artista do ano

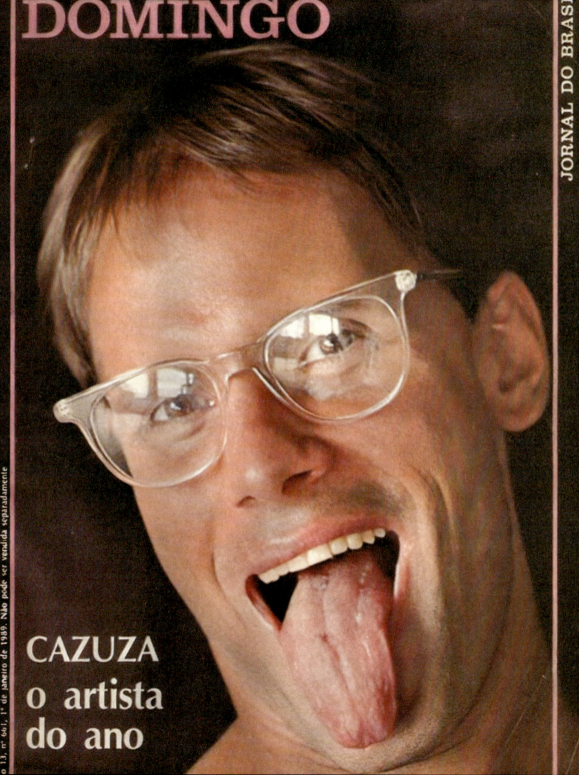

526. Cartão de Luiza Erundina em agradecimento às flores e ao apoio a sua campanha eleitoral, 1989. No cartão um desenho da "Graúna" do cartunista Henfil, e a logo da campanha política do PT na ocasião

527.

527. Apesar de estar debilitado pelo tratamento de saúde, Cazuza recebe os amigos Caetano Veloso, Ney Matogrosso, Sandra de Sá, Mariozinho Rocha e Marcia Alvarez para celebrar seus 31 anos, 4 de abril de 1989

528. Página do diário de Cazuza, 1989. Ao planejar sua festa de 31 anos, Cazuza fez uma lista de convidados com mais de 100 nomes de amigos

528.

529. Cazuza no Nordeste, durante a temporada do show *Ideologia / O tempo não para*, janeiro de 1989

530.

530. Cazuza em sua cobertura na Lagoa, Rio de Janeiro, 1989: descanso entre as viagens de tratamento de saúde nos Estados Unidos. Na noite do dia 19 de outubro de 1989, às 19h30, Cazuza viaja a Boston para tentar tratamento com o DDI, uma droga alternativa do AZT, mais usado para combater a aids

531.

531. Cazuza em Boston, 1989

Quando retornamos ao Brasil, Cazuza chegou a morar sozinho na cobertura da Lagoa, planejava fazer um show de cadeira de rodas... Mas a gente percebia que ele não estava bem, cada vez mais sem energia. Teve de ser internado na Clínica São Vicente, os movimentos do corpo estavam cada vez mais descoordenados. Então, ele resolveu se mudar para um apartamento com melhor acessibilidade, ligou para o Fagner que arrumou um apartamento para ele alugar no Leblon. Desejávamos que voltasse para casa, para levá-lo de volta ao hospital em Boston, mas o consulado dos Estados Unidos não renovou o visto dele. Uma angústia, mas não contamos isso a ele para poupá-lo de mais preocupação...

Lucinha Araujo

532. Francisca Botelho, a Francis, amiga de Cazuza, Bineco Marinho e Lucinha Araujo, 1989

O Bineco [Marinho] me apresentou ao Cazuza quando eu estava no Brasil. Depois, ele foi me visitar em Nova York e nos aproximamos mais. Então, ele passou a me chamar de amiga de Nova York. Chegamos a passar um Natal juntos, com Ezequiel, Alicinha... Tínhamos uma amizade bonita, conversávamos muito sobre música, artes plásticas, cinema... Cazuza amava Billie Holiday e Chet Baker. Me lembro de um episódio marcante, quando ele me convidou para acompanhá-lo na cerimônia do Santo Daime, junto com o Bené. Foi uma experiência intensa. No dia seguinte ele teve muitos *flashes* do transe, estava com uma cara de êxtase. Eu também estive junto com Cazuza e sua família quando ele passou mal com a publicação da revista *Veja*, foi terrível, ele ficou arrasado, teve de ser hospitalizado. Ele foi um amigo muito amado. Inteligentíssimo e rebelde. Acredita que nunca assisti a um show dele? Conheci um outro Cazuza, em sua intimidade.

Francisca Botelho

Em janeiro, após fazer uma turnê tumultuada pelo Nordeste, Cazuza volta a ser internado no Medical Center de Boston. Em 17 de março, é internado na Clínica São Vicente, no Rio de Janeiro. Mesmo com a saúde debilitada, continua trabalhando na gravação do álbum *Burguesia*. Em 26 de abril, volta a ser internado na Clínica São Vicente, após ver a sua foto estampada na capa da fatídica revista *Veja*, publicada com a manchete "Uma vítima da aids: Cazuza agoniza em praça pública". Em 22 de maio, volta a ser internado no Rio de Janeiro. Deixa o hospital dois dias depois. Em 6 de maio, Cazuza é hospitalizado pela primeira vez no hospital Albert Einstein, em São Paulo. No dia 8 deixa o hospital e vai para casa de amigos de seus pais, em São Paulo, para repouso absoluto. Seu show marcado no Jazzmania, no Rio, entre os dias 14 e 17, é cancelado por causa da internação. Em 18 de outubro, é internado no hospital Nove de Julho, em São Paulo, para melhorar seu estado de saúde e poder viajar para Boston e retomar o tratamento. Seu pai, João Araujo, concede entrevista à *Folha* e afirma que o estado de saúde de Cazuza é "estacionário".

LUGARES ONDE CAZUZA MOROU

1989: Boston, Massachusetts
Cazuza retorna a Boston, em outubro de 1989, acompanhado pelos pais. Permanece no New England Medical para tratamento de saúde até março de 1990, quando decide voltar para o Brasil.

533.

O período de internação em 1989 foi muito complicado, Cazuza estava com o comportamento alterado. Nessa fase, ele voltou-se à sua paixão de juventude: a fotografia. Ele passava os dias fotografando tudo, as visitas, os enfermeiros, o pé, a TV... Fazia autorretratos em frente ao espelho do banheiro. Ele clicava absolutamente tudo que considerava interessante. Ele usou mais de vinte rolos de filmes, que eu ia revelar e devolvia. Cazuza montava histórias com as fotos, colocava adesivos de balões e escrevia diálogos.

Lucinha Araujo

534.

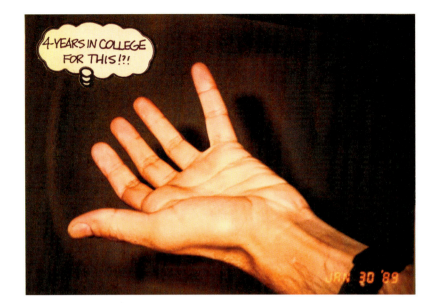

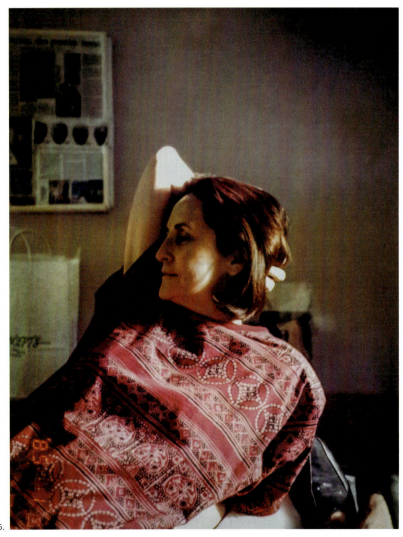

533 / 534. Cazuza fotografava seus pais, as visitas, os funcionários e seu dia a dia no hospital. Depois pedia para sua mãe imprimir as fotos e colava adesivos com falas, criando histórias como nas fotonovelas

535. Lucinha posando para Cazuza no leito do hospital em Boston, 1989

535.

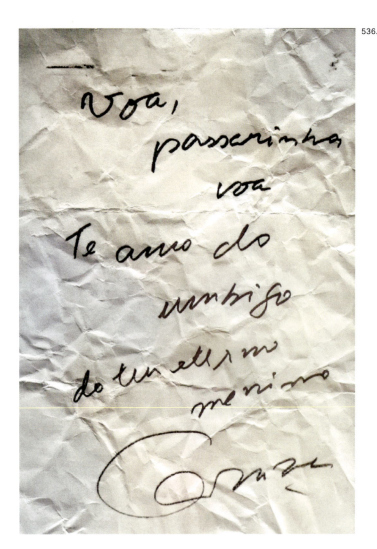

536. Bilhete de Cazuza a Lucinha, no Dia das Mães, 1989

Foi um período exaustivo, todos estavam muito cansados. Além de Cazuza ter de brigar pela vida, ainda tinha que lidar com a perseguição da imprensa que não dava trégua. Naquele fim de tarde, embarcamos para uma viagem de 16 horas, com uma escala no Brasil e outra no Panamá. Só chegamos nos Estados Unidos na manhã do dia seguinte, com nossa amiga Clara Davis e correspondentes de imprensa no aeroporto de Boston. Foi um período triste, Cazuza ficou numa longa internação. Só retornamos ao Brasil em 14 março de 1990.

Lucinha Araujo

537. No quarto do hospital, Cazuza gostava de fotografar a TV, escrever *history line* com resumo das narrativas criadas com imagens registradas, além de autorretratos. A paixão pela fotografia prevaleceu até o fim

537.

538 / 539. Além da fotografia, a poesia foi a grande companheira de Cazuza. O poeta levou sua máquina de escrever e um diário para o quarto do hospital. Na parede de frente à mesa de trabalho, instalou um mural com recortes de jornais e revistas com matérias sobre sua carreira e assuntos de seu interesse, como a poesia *beat*

538.

Eu acho que, antigamente, eu era um rebelde contra mim. Eu usava minha rebeldia meio autodestrutivamente. E agora estou usando minha rebeldia para ver se consigo, nem que seja um milímetro, mudar alguma coisa neste mundo. Acho que é por aí. Continuo com meu senso crítico bem aguçado. A gente não pode perder isso. O artista não pode perder o senso crítico nunca.

Cazuza

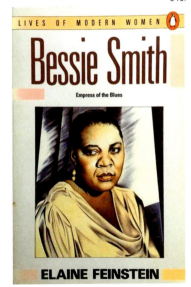

540. Último livro lido por Cazuza: *Bessie Smith: Empress of the Blues* [Bessie Smith: Imperatriz do blues], de Elaine Feinstein

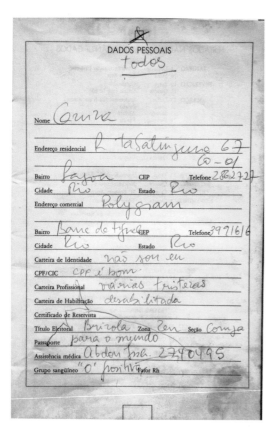
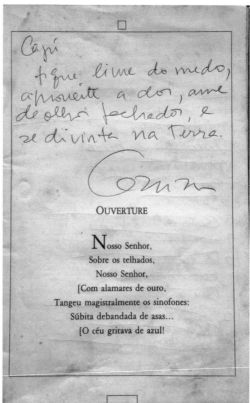
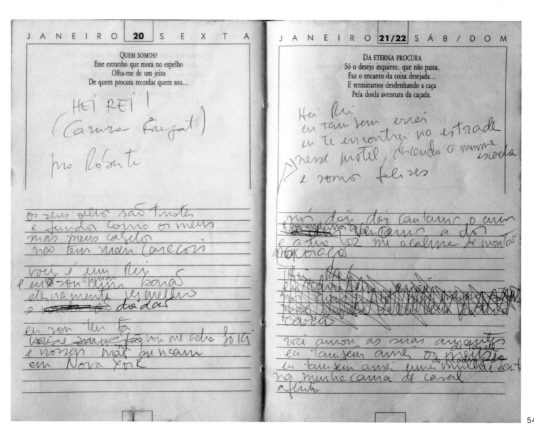

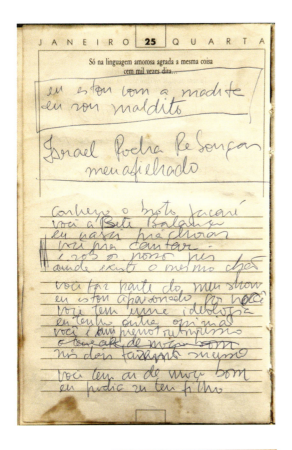
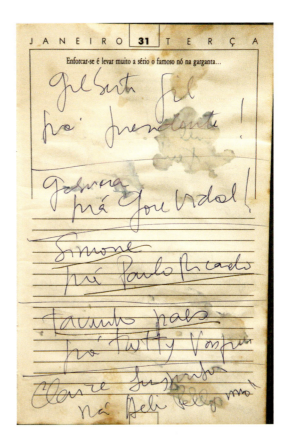
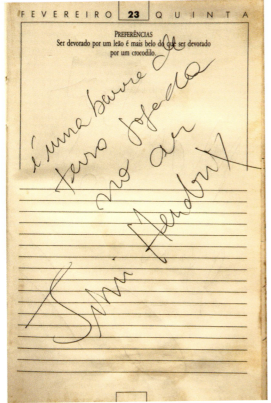

541. Capa e folha de rosto do diário de Cazuza, 1989. Na abertura, Cazuza escreveu versos em diálogo com "Poeminha do contra", de Mário Quintana: "Mário passarás!, Cazuza/ Cazuza, passarás! ass. Quintana". Com humor irônico, Cazuza preencheu os "dados pessoais" do diário: "Grupo sanguíneo – 'o' positivo"

542. Páginas avulsas do diário de Cazuza, 1989. Com seu humor irônico, o poeta preencheu os "dados pessoais" do diário: "Grupo sanguíneo – 'o' positivo"/"Estou com a maldita". Há anotações feitas sobre seu último período de internação para tratamento do hiv/aids, além de rascunhos de poemas que se tornaram canções, como a parceria "Hei, Rei!", com Frejat, e rabiscos com nomes de amigos: "Gilberto Gil pra presidente!"

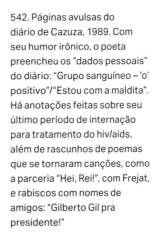

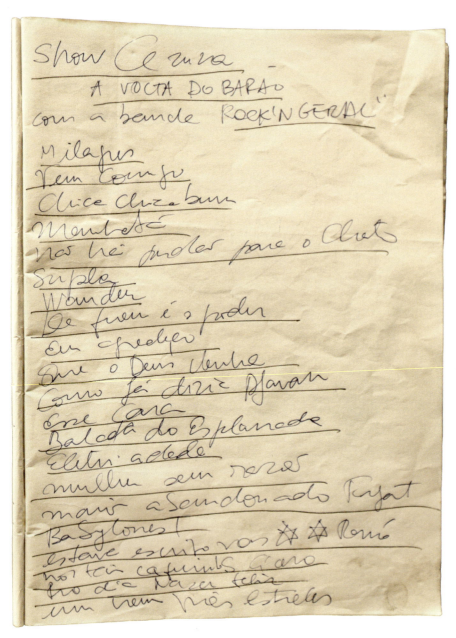

543. Página de caderno de Cazuza com anotação sobre um possível show: "Cazuza – A volta do Barão", com a banda Rock'n geral

544. Carta de repúdio de Cazuza sobre reportagem da revista *Veja* de 26 de abril de 1989: "A *Veja* não cumpriu esse dever e, com arrogância, assume o papel de juiz do meu destino. Esta é a razão da minha revolta. [...]". Ao ler a matéria, Cazuza teve um ataque cardiorrespiratório e foi hospitalizado

veja, a agonia de uma revista.

A leitura da edição da VEJA que traz meu retrato na capa produz em mim — e acredito que em todas as pessoas sensíveis e dotadas de um mínimo de espírito de solidariedade — um profundo sentimento de tristeza e de revolta.

Tristeza por ver essa revista ceder à tentação de descer ao sensacionalismo, para me sentenciar à morte em troca da venda de alguns exemplares a mais. Se os seus repórteres e editores tinham de antemão determinado que eu estou em agonia, deviam, quando nada, ter tido a lealdade e a franqueza de o anunciar para mim

mesmo, quando foram recebidos cordialmente em minha casa.

Mesmo não sendo jornalista, entendo que a afirmação de que sou um agonizante devia estar fundamentada em declaração dos médicos que me assistem, únicos, segundo entendo, a conhecerem meu estado clínico e, portanto, em condições de se manifestarem a respeito. A VEJA não cumpriu esse dever e, com arrogância, assume o papel de juiz do meu destino. Esta é a razão da minha revolta.

Não estou em agonia, não estou morrendo. Posso morrer a qualquer momento, como qualquer pessoa viva. Afinal, quem sabe com certeza o quanto ainda vai durar?

Mas estou vivíssimo na minha luta, no meu trabalho, no meu amor pelos meus seres queridos, na minha música — e, certamente, perante todos os que gostam de mim.

Cazuza

A reportagem cruel da revista *Veja*, com aquela capa horrorosa, teve um efeito devastador para a saúde de Cazuza. Ele ficou abalado emocionalmente, afetou diretamente a saúde dele, que teve de ser levado ao hospital. Foi um momento de muita angústia e tristeza. Nós abrimos as portas da casa de Cazuza para a jornalista Angela Abreu e o editor Alessandro Porro. Cazuza estava entusiasmado pois sonhava em ser capa da *Veja*... Chegamos a procurar a amiga Maria Lucia Rangel, jornalista, para interceder junto ao Alessandro por uma matéria respeitosa... Quando ele viu a capa com a manchete dizendo que agonizava em praça pública foi um horror:

Cazuza chorou muito. Tivemos de sair correndo de Petrópolis, estávamos na Fazenda Inglesa, e levamos Cazuza para a Clínica São Vicente. Mas teve muita solidariedade também, organizaram um manifesto em solidariedade ao meu filho, assinado por intelectuais e artistas. Até Adolfo Bloch nos procurou em solidariedade a Cazuza. Logo depois, tivemos de ir para São Paulo em busca de tratamento alternativo, ele teve de ser internado no hospital, mas não melhorava, então tivemos o período mais delicado da internação em Boston. Foi uma fase muito difícil.

Lucinha Araujo

MANIFESTO DE ARTISTAS E INTELCTUAIS EM SOLIDARIEDADE A CAZUZA

Brasil, mostra a tua cara – Brasil, não há aviso mais salutar de um vivo para outros vivos que este: "O tempo não para". Triste do país e do tempo que precisa de heróis. A revista *Veja* quer que se veja Cazuza como vítima, mas Cazuza não é vítima; por sua coragem, por sua generosidade, por sua poesia, todas as forças vivas do Brasil reconhecem nele um herói de nosso tempo. Porta-voz da "síndrome antiética-adquirida", *Veja* nos oferece um triste espetáculo da morbidez, vulgaridade e sensacionalismo sobre Cazuza. Com arrogância e autoritarismo, *Veja* e outros "sócios do Brasil" tentaram parar o tempo, mas o Brasil e Cazuza sabem que o tempo não para. O que Cazuza diz está dito e bendito, bendito entre os malditos e deve ser ouvido com atenção por todos nós. A indignação de Cazuza não é solitária: é também nossa.

> Querida Marília,
>
> Eu não tenho como agradecer sua força num momento
> tão difícil, quando armaram tão feio contra mim.
> Fiquei muito emocionado com a leitura que você fez
> do manifesto escrito. Mais que a atriz, naquela hora,
> era uma profissional respeitadíssima falando.
> Quero ainda dizer que para mim você será sempre grande,
> a maior atriz da sua geração.
>
> *Com algum afrozo e muito carinho,*
> um grande beijo
>
> Cazuza

545.

545. Carta de Cazuza a Marília Pêra, agradecendo a leitura no II Prêmio Sharp de Música do manifesto contra a revista *Veja*, assinado por quinhentos artistas, intelectuais e produtores artísticos, em solidariedade ao poeta

Cazuza é uma explosão de poesia, de irreverência poética, de desespero poético. Sempre me impressionou como um poeta desesperado tem fé na palavra. Uma batalha romântica pra paixão virar amor, verso, doação. Numa de suas letras ele diz que "até nas coisas mais banais, pra mim é tudo ou nunca mais". São os raios de gênio inscritos no papel, já que mentiroso é o silêncio se o coração palpita e a realidade é tão precária. Tão precária e hipócrita, fez o bronze da estátua se esconder do Arpo-a-dor. O coração da cidade é de pedra e elétrica é sua pulsação, como a tua guitarra, cigarra e voz.

Marília Pêra

17 de Maio de 1989.

Fernanda,

(minha manorada do Recife ,..)

Eu queria te dizer da grande emoção que foi ver a grande dama do teatro brasileiro denunciando, através de fatos acontecidos comigo, o grande desrespeito que existe em relação ao artista brasileiro, por parte de um certo tipo de imprensa.

O meu beijo agradecido e a vontade de te conhecer melhor, para um dia podermos andar de mãos dadas como grandes amigos.

Cazuza

546.

546. Carta de Cazuza para Fernanda Montenegro em agradecimento ao repúdio à revista *Veja*, 1989

É comum definir empatia como a capacidade de se identificar com outra pessoa, de sentir o que ela sente ou de se colocar no lugar dela. Não é bem assim! Sabemos que, na prática, é impossível estar no lugar de outro alguém. Compaixão já seria o sentimento despertado ao testemunharmos o sofrimento alheio, gerando o desejo de amenizar com estratégias específicas de cuidado, como ocorre, por exemplo, em diversas profissões. Por outro lado, quando queremos fazer algo mais específico, o sentimento a ser praticado é o de solidariedade, em que a conexão passa a existir, podendo surgir laços que favoreçam a transformação de momentos difíceis em outros mais leves, com suporte, apoio, respeito e atitudes que garantam dignidade diante da dor e mesmo de fases finais da vida. O que aconteceu ao ser publicada a matéria sobre Cazuza em 1989? Não houve empatia nem compaixão nem solidariedade. O foco não foi sequer sua luta diária sem lamúrias. Não deram destaque ao seu último show, quando já estava bastante debilitado. Pouco se importaram com a atitude quase heroica de não se esconder, mesmo piorando progressivamente, numa sociedade desinformada e preconceituosa. Pelo contrário, sua dor foi escancarada da pior maneira, com total insensibilidade, ao escreverem que "agonizava em praça pública". Cazuza foi o primeiro ídolo popular a tornar público que estava com aids, dando os primeiros passos para desmistificar a doença quando poucos falavam sobre viver com hiv ou aids. Na época, o sociólogo Betinho (Herbert de Souza) considerou importante essa decisão dele para ajudar outras pessoas e reduzir estigmas. Herbert Daniel, militante político, jornalista e fundador do Grupo Pela Vidda – RJ, também achou que a atitude dele foi um marco para reduzir preconceito, destacando, porém, que cada um tem o direito de falar ou não. Por que gerar mais dor? Por que isso? Mais uma vez o poder do preconceito?

Márcia Rachid

547. Releitura artística da capa da polêmica revista *Veja* de 1989, idealizada pelo artista Magno Pontes (com colaboração de Anderson Milfont), repensando a abordagem do hiv/aids no Brasil hoje

548.

548. Cazuza, João e Lucinha Araujo no Golden Room do Copacabana Palace, na entrega do II Prêmio Sharp de Música, que homageou Dorival Caymmi, 25 de abril de 1989

A festa de entrega do II Prêmio Sharp de Música transformou-se em palco de protesto contra a revista *Veja*, em solidariedade a Cazuza. Após a leitura do manifesto, realizada pela atriz Marília Pêra, Cazuza afirmou que é o trabalho que proporciona toda alegria ao homem e suas canções que o mantêm vivo. O artista foi premiado em três categorias: Especiais: Música do ano: "Brasil", intérprete: Gal Costa; Compositores: Cazuza, George Israel e Nilo Romero. Pop Rock: Melhor música: "Brasil", intérprete: Cazuza; Compositores: Cazuza, George Israel e Nilo Romero; na categoria Pop Rock: Melhor disco: *Ideologia*.

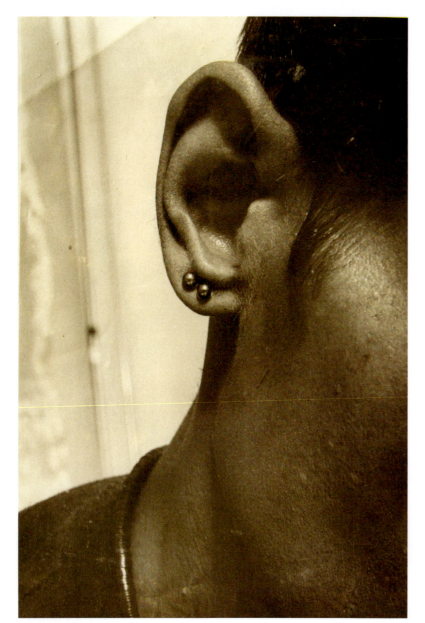

549. Detalhe da orelha de Cazuza, ensaio fotográfico do álbum *Burguesia* (1989)

549.

Cazuza sabia que lhe restava pouco tempo, então passou a criar compulsivamente. Ele escreveu muitos versos e distribuía os poemas para os parceiros musicarem. *Burguesia* representa o esforço sobrenatural do meu filho para deixar seu legado na música popular brasileira.

Lucinha Araujo

550. Capa do álbum *Burguesia*, 1989

551. Detalhe do LP *Burguesia*, com foto da mão de Cazuza e o inseparável cigarro

552. Original de "As cobaias de Deus", escrito por Cazuza para Angela Ro Ro cantar: "Me sinto uma cobaia, um rato enorme/ Nas mãos de Deus-mulher/ De um Deus de saia/ Cagando e andando/ Vou ver o E.T./ Ouvir um cantor de blues/ Em outra encarnação"

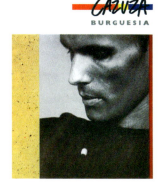

550.

551.

552.

Burguesia foi o último álbum da discografia de Cazuza. Gravado durante o período de tratamento de saúde para hiv/aids, entre abril e maio de 1989, com o artista indo para o estúdio na cadeira de rodas. O álbum duplo vendeu 250 mil cópias e rendeu a Cazuza, postumamente, o III Prêmio Sharp de Música com "As cobaias de Deus". O álbum traz 20 faixas divididas em um lado mais rock and roll e outro mais MPB; destacam-se as parcerias com Frejat, Angela Ro Ro, Arnaldo Antunes, Rita Lee, entre outros. A faixa-título "Burguesia", um hit, permanece atual com sua forte crítica social e política.

553.

Na época em que Cazuza fez o disco *Só se for a dois*, ele não queria muita gente por perto, vivia um momento delicado de saúde. As canções dessa fase, como "Paixão", foram gravadas quando Cazuza estava com a saúde debilitada. Ele chegava no estúdio carregado por seu motorista, Bené, um guardião. Eu ia para o estúdio de manhã cedo e ele já estava lá. É emocionante o amor de Cazuza pela música. Ele sentava numa cadeira, pedia um uísque e cantava com toda sua força. Eram versos enormes, ele gravava tudo e depois ouvia e cortava. Tínhamos que gravar o mais rápido possível, havia a consciência de ter pouco tempo... Cazuza se amarrava em compor, estava sempre disposto, uma pessoa extremamente generosa com os amigos. Ele não trabalhava só os versos; era musical, além de estar aberto ao diálogo. É um período que eu guardo com muito carinho.

João Rebouças

Nos conhecemos durante a temporada do show *Todas*, de Marina Lima, no Rio de Janeiro, em 1987, no Estádio de Remo da Lagoa. Cazuza gostou do nosso som com Marina e, algum tempo depois, falou para o João Rebouças nos convidar para gravar o álbum *Burguesia*. Era um momento muito delicado da vida do Cazuza. Quando voltei com "Eu quero alguém", nossa primeira parceria, Cazuza me mostrou "O Brasil vai ensinar ao mundo", que me emociona muito até hoje: "Eles têm que aprender a ser alegres/ E a conversar mais com Deus". Acabou que Cazuza é que ensinou ao mundo, a todos nós. Ele estava revoltado com Deus, mas não perdeu a alegria de viver. Eu sentia muito essa vibração de alegria presente no Cazuza.

Renato Rocketh

553. Cazuza e sua banda formada para gravar *Burguesia* posando para o fotógrafo Marcos Bonisson, 1989. Ao centro, na bateria, Cazuza; da esquerda para a direita: João Rebouças (piano, teclados), Sergio Della Monica, Renato Rocketh (baixo) e Paulinho Guitarra (guitarras)

554. Anotação de Cazuza com *set list* de *Burguesia*, 1989

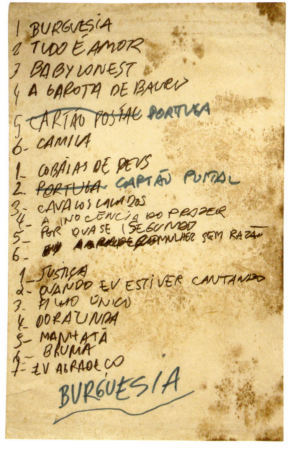

Finalmente eu consegui
definir qual é o meu
papel neste mundo.
É passar pras pessoas
a minha energia. É
aprender e, em cada
trabalho meu e em cada
disco, poder passar as
minhas conquistas.
Eu conquistei a vida
de um ano pra cá e
quero passar isso pras
pessoas. Isso é uma coisa
meio cristã. Sabe, você
repassa aquele amor que
armazenou e as pessoas
adoram.

Cazuza

555.

556.

555. Cazuza e a amiga empresária Marcia Alvarez, a Marcinha, em passeio na lancha *Cazuza*, na Baía de Guanabara, posando de stars: "Myrian Rios e Roberto Carlos", 1989

556. Bilhete de Cazuza a Marcia Alvarez, escrito em guardanapo no início da década de 1980, no Baixo Leblon, Rio de Janeiro

Quando conheci o Cazuza éramos jovens, tínhamos 17 anos e frequentávamos muito o Baixo Leblon. Cazuza era inimigo do fim, sempre era o último a sair das festas – como a Mart'nália. Nessa época, eu trabalhava com o Caetano... Lembro que fomos assistir ao Barão Vermelho em São Paulo e Caetano pirou quando ouviu "Bilhetinho azul" pela primeira vez. Depois, em 1986, quando ele preparava o segundo disco, *Só se for a dois*, passei a trabalhar como empresária dele. Era um artista fascinante, sinto muita falta dele. Cazuza tinha um lado louco, que conhecemos, mas muito lúcido. Foi tudo muito especial, principalmente a fase final em que ele fez a turnê *O tempo não para*. Uma fase em que ele precisava de cuidados, que lutava por sua cura, impulsionado por João e Lucinha. Aliás, certa vez, Lucinha me disse: "Nunca irão esquecer do meu filho!" É verdade. Até hoje suas canções permanecem atuais e estamos aqui falando dele. Cazuza é atemporal, permanece. Ele foi brilhante, fugaz, uma estrela.

Marcia Alvarez

558.

Cazuza é meu padrinho de casamento. Fiquei muito feliz com sua presença no meu casamento, pois estava bem doente. Mas ele adorava uma festa, havia feito transfusão de sangue para poder comparecer. Quando fomos tocar, Cazuza se animou e subiu no palco para cantar "O tempo não para", mas erramos a letra... Nós brindamos com champanhe no sapato da noiva. Cazuza era muito especial, tenho muito orgulho de ter sido seu amigo.

George Israel

Quem me apresentou ao Cazuza foi minha ex-namorada Fabiana Kherlakian, junto com sua mãe, [a atriz] Yara Neiva. Elas achavam que nós iríamos nos identificar e foi isso mesmo que aconteceu. [...] Creio que nos identificamos porque éramos roqueiros de mente musicalmente aberta. Eu achava engraçado o Cazuza cantando "a burguesia fede". Gostei imediatamente dele.
Ele era rock and roll. Não tinha papas na língua, falava o que vinha na cabeça. [...] Ele não tinha vergonha de ser o que era.

Supla

557. Cazuza e Supla, os amigos roqueiros são parceiros na canção "Nem tudo é verdade", 1989

558. Cazuza foi padrinho de casamento de George Israel, 1989

559 / 560.

559 / 560. Uma das últimas viagens de Cazuza, quando passeou de lancha com os amigos Bebel Gilberto, Ezequiel Neves, Yara Neiva, Marcos Bonisson, Glória Pires e Orlando Morais na casa de Angra de Reis, 1989

Nos conhecemos na praia, no Posto 9, rindo, conversando, bebendo no Baixo Leblon. Cazuza era solar. Assisti a uma peça de teatro que ele fez com a Bebel Gilberto, no início dos anos 1980. Depois eu fui para Portugal. Quando voltei ele já estava no Barão Vermelho. Ele me chamou para assistir a um show do Barão no Circo Voador; eu fiquei impressionado com as letras, a voz, a atitude dele no palco. Ele foi uma das pessoas que me fizeram ficar no Brasil, nessa época eu morava em Paris. Cazuza falou que ia falar com o pai dele para eu gravar, então me levou até o João e fiz o disco. Ele me enviou "Portuga", uma letra imensa, muito bem escrita, com pensamentos modernos, de quem conhece muito História. Fiz a música e ele adorou: "Que lindo!" Lembro da felicidade dele com a canção.
Orlando Morais

561.

561. Cazuza recebe amigos na Fazenda Inglesa, 1989. Da esquerda para a direita: Marcos Bonisson, Paulinho Lima, Cazuza, Yara Neiva, Goga e o cachorro Mané. Além desses amigos, nesta visita, estavam presentes Ezequiel Neves e Rita Matos, que fez a foto

562. Cazuza e seu cachorro, Mané, em Angra dos Reis, 1989

562.

A Fazenda Inglesa foi construída com muito esforço, com a primeira sobra de dinheiro que tivemos na vida. Cazuza amava frequentar a casa da serra com seus amigos. Ele chamava o lugar de Cineac Trianon, em referência a um cinema que existiu na Cinelândia na década de 1940. Ele tem um longo e lindo poema com esse título: "Cineac Trianon". Nós construímos a casa principal, e uma casa de dois quartos para ele ficar com os amigos. Mas ele não gostou, dizia que não era cachorro para ficar no quintal. Já a casa de praia, em Angra dos Reis, frequentou muito pouco, já estava doente... Três meses antes de morrer, em abril e maio de 1990, pediu para despedir-se das nossas casas, em Angra e em Petrópolis.

Lucinha Araujo

563.

563. Cazuza e seu cachorro, Mané

564 / 565. Na noite de Natal de 1989, em Boston: Ezequiel Neves, João Araujo e Francisca Botelho. Na segunda foto, sozinho, no leito do hospital bordando seu apelido: Caju

564.

....

Em Boston, no Natal de 1989, além de Cazuza e os pais, estavam presentes Alicinha Cavalcante (chamada por Cazuza de "Alicinha, que delícia!"), Ezequiel Neves, Bineco Marinho, Francisca Botelho e Clarice (caseira da casa em Angra dos Reis). Em janeiro de 1990, Cazuza recebeu a visita da amiga Ana Arantes, diretora do videoclipe *Burguesia*.

565.

566. Documento referente
à alta hospitalar de Cazuza,
2 de novembro de 1989

Tivemos que voltar ao Brasil, o médico Dr. Sheldon Wolff nos preparava para esse momento. Eu estava muito insegura, procuramos o Dr. Paulo Lopes para cuidar de Cazuza no Brasil. No dia de voltarmos ao Brasil, os médicos, enfermeiros e atendentes do New England Hospital fizeram uma festa de despedida para meu filho e o presentearam com cartões e uma camiseta com Mickey Mouse, guardei todas as lembranças. Mesmo após a morte de Cazuza, continuei me correspondendo com os funcionários e as enfermeiras. Em 1994, lamentei quando soube da morte do Dr. Sheldon, aos 63 anos, ele foi muito importante para a minha família. Com o nosso retorno para casa, Cazuza foi morar comigo, montamos um *home care* no meu quarto, com enfermeiras, e João e eu ficamos no quarto de hóspedes. Teresa, nossa funcionária na época, nos ajudava a cuidar de Cazuza com muito amor. O Ezequiel e o Bineco iam visitá-lo todos os dias. Foi um momento delicado, de muito cansaço emocional. Mas Cazuza estava aceitando melhor a situação... Muito difícil para uma mãe ver seu filho definhando e não poder fazer nada, a não ser amá-lo.

Lucinha Araujo

567. Marina, Gilberto Gil, Lulu Santos e Cazuza na casa de Lilibeth Monteiro de Carvalho durante o réveillon de 1989

568. Lulu Santos passou o réveillon na casa de Lilibeth Monteiro de Carvalho com Cazuza. Em junho de 1990, um mês antes do falecimento do poeta, Lulu envia a Cazuza o poema "Instantes"

INSTANTES

Se eu pudesse viver novamente a minha vida, na próxima trataria de cometer mais erros.
Não tentaria ser tão perfeito, relaxaria mais.
Seria mais tolo ainda do que tenho sido, na verdade, bem poucas coisas levaria a sério.
Seria mais livre.
Correria atrás de mais ideais ultrapassando todas as barreiras.
Correria mais riscos, viajaria mais, comtemplaria mais entardeceres, subiria mais montanhas, nadaria mais rios.
Iria a mais lugares onde nunca fui, tomaria mais sorvete e teria mais problemas reais e menos problemas imaginários.
Eu fui uma dessas pessoas que viveu sensata e produtivamente cada minuto da sua vida: claro que tive momentos de alegria. Mas, se pudesse voltar a viver, trataria de ter somente bons momentos. Pois até os momentos ruins podem ser tornar bons, basta que a gente queira.
Porque, se não sabem, disso é feita a vida, só de momentos não percas o agora.
Eu era um desses que nunca ia a parte alguma sem um pará-quedas; se voltasse a viver, começaria a andar descalço no começo da primavera e continuaria assim até o fim do outono.
Daria mais voltas na minha rua, comtemplaria mais amanheceres e brincaria mais com as crianças, se tivesse outra vez uma vida pela frente.
Por isso a sua oportunidade é somente agora, faça tudo isto nesta.

Cazuza.
pra você!
Lulu
06/06/90.

anos

1990

O poeta está vivo

Baby, compra o jornal
Vem ver o sol
Ele continua a brilhar
Apesar de tanta barbaridade...

Baby, escuta o galo cantar
A aurora dos nossos tempos
Não é hora de chorar
Amanheceu o pensamento...

O poeta está vivo
Com seus moinhos de vento
A impulsionar
A grande roda da história...

Mas quem tem coragem de ouvir
Amanheceu o pensamento
Que vai mudar o mundo
Com seus moinhos de vento...

Se você não pode ser forte
Seja pelo menos humana
Quando o papa e seu rebanho chegar
Não tenha pena...

Todo mundo, todo o mundo é parecido
Quando sente dor
Mas nu e só ao meio-dia
Só quem está pronto p'ro amor...

O poeta não morreu
Foi ao inferno e voltou

Conheceu os jardins do Éden
E nos contou...

Mas quem tem coragem de ouvir
Amanheceu o pensamento
Que vai mudar o mundo
Com seus moinhos de vento...

Mas quem...

Mas quem tem coragem de ouvir
Amanheceu o pensamento
Que vai mudar o mundo
Com seus moinhos de vento...

O poeta não morreu
Foi ao inferno e voltou
Conheceu os jardins do Éden
E nos contou...

Mas quem tem coragem de ouvir
Amanheceu o pensamento
Que vai mudar o mundo
Com seus moinhos de vento...

Mas quem...

Mas quem tem coragem de ouvir
Amanheceu o pensamento
Que vai mudar o mundo
Com seus moinhos de vento...

(Dulce Quental/Roberto Frejat, 1990)

569. Uma das últimas fotos de Cazuza em 1989, por Marcos Bonisson, durante passeio de barco com amigos. Ao retornar ao Brasil, em março de 1990, com a saúde bastante debilitada, a família evitava registros

569.

Foi meu amigo.
Uma inspiração.
Com quem eu dialogava artisticamente. Quebrou minha cabeça e minhas resistências. Quando nos conhecemos, em 1982, eu acabara de voltar da França, ele da Califórnia. Eu, mais existencialista, ele, *beatnik*. Cantamos juntos no palco.
Ele literalmente de joelhos, aos meus pés, e eu, desconcertada.

Dulce Quental

Quando Cazuza voltou do tratamento de saúde em Boston, Dulce Quental visitou o amigo e, em seguida, escreveu "O poeta está vivo". Frejat musicou os versos de Dulce. Cazuza conheceu a música, mas a canção só foi gravada após a morte do poeta.

A saudável irreverência na luta pela vida

A luta de Cazuza pela vida não é só um ato heróico. É comovente. Aos 31 anos de idade, o cantor/compositor, que conquistou o Brasil com seu talento e irreverência, enfrenta o seu maior desafio e, paradoxalmente, a irreverência de driblar a morte. É admirável o heroísmo de Cazuza que, mesmo debilitado fisicamente, não se deixa vencer: gravando mais um disco (talvez o último) ou comparecendo a **shows**, o jovem Cazuza se faz herói na medida em que se transforma no mais audacioso exemplo para aqueles que se entregam a problemas bem menos graves. Já ao assumir publicamente ser vítima da AIDS, Cazuza transformou-se, com sua coragem e determinação, numa espécie de bandeira para outros jovens portadores como ele do chamado mal do século. É comovente a luta de Cazuza na sua determinação de viver enquanto houver vida, de ser enquanto puder ser, de produzir enquanto lhe restar o mínimo de força e lucidez. O saudoso Nelson Cavaquinho dizia em sambas que "se alguém quiser fazer por mim que faça agora". É por isso que nós de AMIGA, comovidos com a luta de Cazuza, resolvemos homenageá-lo neste momento. O talento de Cazuza merece nosso aplauso e a vida de Cazuza terá sempre a nossa torcida. Afinal, como cantor, compositor e ser humano, Cazuza faz parte do **show** de todos nós. Definitivamente.

ELI HALFOUN

570. Recorte da revista *Amiga* com texto do jornalista Eli Halfoun sobre a luta de Cazuza contra a aids, edição de 1989

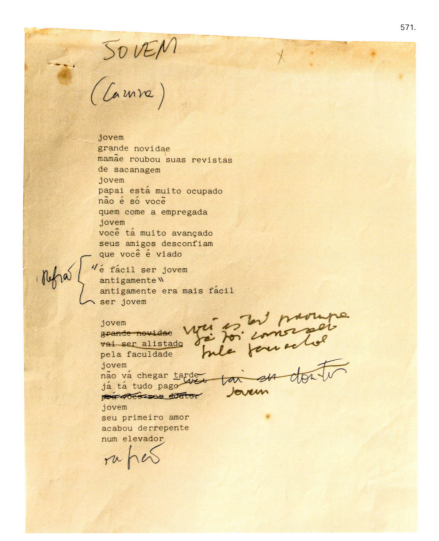

Em fevereiro de 1990, Cazuza não começa o tratamento com o DDI porque a medicação é incompatível com o remédio que vinha tomando para combater uma infecção causada pelo citomegalovírus. Na madrugada do dia 14 de março de 1990, depois de quatro meses internado no Medical Center de Boston, Cazuza volta com a família para o Rio de Janeiro – na véspera da aplicação do Plano Collor.

LUGARES ONDE CAZUZA MOROU

1990: Ipanema, RJ
Rua Prudente de Morais
Cazuza retornou ao Rio de Janeiro, para a casa dos pais, muito combalido pela doença. Morreu em 7 julho de 1990, aos 32 anos, por conta de um choque séptico causado pela aids.

571. Original de "Jovem" (Cazuza/Arnaldo Brandão, 1989), última parceria musical gravada por Cazuza

Era difícil aceitar que meu filho estava indo embora. Três dias antes de ele morrer, o Dr. Paulo Lopes telefona para me informar que o estado de saúde de Cazuza era muito ruim. Eu já sabia que ele não estava bem, mas me apegava à ideia de que ele aguentaria até a chegada de uma medicação eficaz. No dia 7 de julho, a enfermeira, que Cazuza chamava de Ed Motta, chamou o médico com urgência. Eu fiquei ao lado do meu filho, segurando o oxigênio… Às 8h30 a enfermeira saiu do quarto aos prantos, nem precisou falar nada. No enterro, eu fiquei ao lado do caixão e segurei as alças junto com os amigos mais queridos: Ezequiel Neves, Bineco Marinho, Ney Matogrosso, Roberto Frejat, Guto Goffi, Dé Palmeira, Goga e Arthur Mühlenberg. A dor de perder um filho é enorme. Penso em Cazuza todos os dias e faço questão de preservar sua memória. Essa é a motivação para organizarmos este livro, para que ele seja para sempre lembrado.

Lucinha Araujo

572. Público do show da Legião Urbana no Jockey Club, no Rio de Janeiro, levanta faixa de despedida enquanto canta músicas do poeta. O show, que reuniu 40 mil jovens, ocorreu no dia da morte de Cazuza, 7 de julho de 1990

A *causa mortis* de Cazuza atestada pelo médico Dr. Paulo Francisco Almeida Lopes: choque séptico, agranulocitose em decorrência da Síndrome da Imunodeficiência Adquirida (aids). No registro, a observação que Cazuza não deixou filhos, deixou bens e não fez testamento.

....

Cazuza foi enterrado no jazigo 21.355 B do Cemitério São João Batista, às 16h do dia 7 de julho de 1990, com a bênção do padre Max. Sua sepultura está perto das de Clara Nunes, Francisco Alves, Tom Jobim, Ary Barroso e Vicente Celestino. Na lápide de Cazuza, há a inscrição de seu verso "O tempo não para".

572.

artigo Caio Fernando Abreu

573. Um brinde à vida: Caio Fernando Abreu e Cazuza, amizade e admiração mútuas. Os dois poetas nos bastidores da estreia do show *Ideologia / O tempo não para*, em São Paulo, no Aeroanta, 1988

Homenagem

A primeira vez que vi Cazuza foi numa manhã de fevereiro em 1984 ou 1985, não me lembro o ano certo. Mas lembro que era verão, e eu precisava fazer um perfil dele para *A-Z*. Quase meio-dia, no hotel Eldorado de Higienópolis, fiquei esperando que ele descesse. Óculos escuros, ressaca, os dois de mau humor. Depois de três ou quatro conhaques, só conseguimos parar de falar quase às cinco da tarde. Nesse dia, me lembro que pedi que me contasse seus sonhos e ele, filho único, contou: toda noite imaginava que tinha dezenas de irmãos, todos dormindo num quarto único, em beliches. Antes de dormir, Cazuza conversa com cada um, ajeita cobertas, ri, faz carinhos, brinca, fala sacanagens.

Meio bêbados de conhaque, em pleno verão, ficamos os dois com os olhos cheios de lágrimas por trás dos Ray-Ban escuríssimos. Contei essa história na matéria e, nas muitas vezes que nos encontramos nos anos seguintes, que não foram muitas, ele gritava: "Lá vem o meu repórter preferido!" Me agarrava e rolávamos de rir daquela e de outras histórias. Foi assim no show da Cláudia Wonder, no Barão com Joanna, Cazuza endoidecido com a versão de Cláudia para "Walk on the Wild Side", de Lou Reed ("Vem pra barra pesada, meu"). Foi assim na praia, num almoço no Ritz, numa noite do velho e bom Madame Satã, templo *dark* insuperável dos anos 1980 em *heavy*-Sampa. Cazuza chamou de viados um bando de skinheads; cada um do tamanho de uma jamanta. De repente fomos cercados por correntes, tatuagens, jaquetas de couro e o Wilson José nos botou pra fora discretamente, pela porta dos fundos. Caímos no meio da rua de

artigo Caio Fernando Abreu

tanto rir, cheguei a esfolar as palmas das mãos, e bebemos mais e mais cervejas pelos botecos do Bixiga antes que eu o deixasse no hotel. Liguei no outro dia: me convidou para tomar um chá.

Aos poucos, eu o transformei num dos meus leitores imaginários. Eu pensava: este pedacinho o Cazuza vai achar bárbaro, e mandava ver. Usei como epígrafe, de "Linda, uma história horrível", alguns versos dele em "Só as mães são felizes", que é a minha cara. Naquele show no Aeroanta, antes de cantar a música, ele dedicou-a a mim. Foi a maior homenagem que recebi em toda minha vida, naquela noite que Vania Toledo tirou esta foto e Ledusha ganhou um presente generosíssimo de um desconhecido. Precisamos convencer Cazuza que não devia nem sentir o cheiro de tal presente. Foi justamente nessa noite que, de repente, olhando para o palco onde ele cantava, muito magrinho, todo de branco, tive uma visão. Eu o vi transformado primeiro em menino, cada vez mais menino, aos poucos tão menino, aos poucos tão menino que não era mais menino nem nada – era um raio de luz. Um raio de luz cada vez mais esguio, um fiapinho de luz.

Dez horas da manhã de sábado, acordo com Cida Moreira no telefone me contando que ele morreu. Saio correndo para o aeroporto, na esperança insensata e inútil, mas humana, precária, de vê-lo pela última vez. Vejo apenas dois, quase três metros de flores sobre o túmulo, e basta. Não sinto nada que se pareça com dor, só uma espécie de alívio encantado.

Cazuza foi o melhor que aconteceu à música popular brasileira depois de Caetano Veloso. Ponha-se Maria Bethânia, Lou Reed, Lupicínio Rodrigues e Billie Holiday num liquidificador eletrônico, tempere com conhaque, várias pitadas de pós, e sirva tão quente que pode explodir na cara. Era um pouco assim. Ele tinha a bendita sede de viver dos grandes malditos, a mesma que habitou Rimbaud ou Frida Kahlo, tão intensa que atingia, acelerada demais, o oposto da própria vida. Ah, quem me dera.

De volta a São Paulo, leio nos jornais sobre a descoberta de uma nova estrela, três dias depois. Fica a 30 mil anos-luz do sistema solar, bem no centro da Via Láctea. Pode ser vista daqui pois, vocês sabem, a Terra fica na periferia da Via Láctea. Então sonho: de lá onde ele está agora, toda noite antes de dormir vai de beliche em beliche e beija a testa de cada um de seus irmãos. Ri, brinca, fala sacanagens. Bineco, Ezequiel, Vania, Matogrosso, Gilda, Marcos, Ledusha, Bebel, um por um. Eu também, você também. Somos muitos, leva tempo sossegar e acarinhar tanta gente.

Depois Cazuza não apaga a luz. Nem dorme, nem está só. Continua brilhando. Longe da periferia, no coração da Via Láctea.

artigo Zuenir Ventura

Da rebeldia à insurreição

Um pouco à maneira dos ciclotímicos anos 1980, de cujos encantos e desencantos ele fez o seu sofrido canto, Cazuza oscilou entre a exaltação e a depressão, entre a alegria e a dor, até chegar à maturidade de uma obra que acabou ficando como o registro poético-musical mais pungente dos nossos tempos finisseculares deste fim de século com cara de fim de mundo.

Cazuza se dizia um romântico, acreditava no seu lado "português, sentimental", e a primeira fase de sua obra não o deixa mentir – aquela que está contida principalmente nos seus três primeiros discos, como Barão Vermelho, e em grande parte no primeiro solo. Eles estão carregados dos temas e motes que embalaram todos os líricos da literatura e da música: o tédio, a melancolia, a dor de corno e até mesmo o spleen baudelairiano: "Eu ando tão down, eu ando tão down".

São os anos do começo da década, quando podia se ver o poeta "torcendo cacho/ roendo a mão", "rodando de bar em bar [...]/ girando de mesa em mesa", buscando "todo amor que houver nessa vida". E anunciando: "Eu vou sofrer, eu vou amar demais". A preocupação maior parecia ser "transformar o tédio em melodia" e descobrir "algum veneno antimonotonia".

Bons tempos aqueles, os do fim do sufoco/início de abertura, em que o país redescobria timidamente sua liberdade e os jovens, os filhos do AI-5, livres da repressão política, buscavam a desrepressão sexual e queriam reinventar o amor, sem fazer do sexo um problema, "sem vergonha e sem culpa". É a época da liberação de comportamento, das amizades coloridas, das tangas lilases. O cancioneiro do Cazuza reflete então esse clima de encontros e desencontros, de transas mis, de vagas angústias existenciais e doces males do amor.

Os seus noturnos contam pequenas histórias e tropeços sentimentais nascidos nos bares e madrugadas cariocas: a menina que se mandou, deixando apenas um bilhetinho, a outra que nem arrumou a cama, uma terceira que tirou o corpo fora, aventuras de noites sem fim em que o sono é apenas pretexto para o sonho – de amor, claro. É o canto de uma tribo que perdera a inocência na ditadura, mas achava que o dia ainda podia nascer feliz, agora que o país saía das trevas:

Somos belos, bêbados cometas
Sempre em bandos de quinze ou de vinte
Tomamos cerveja
E queremos carinho

Raramente pintava grilo social – o primeiro foi "Milagres", de 1984 ("A fome está em toda parte") – já que isso ainda não fazia parte do show dessa geração. Havia a mobilização de alguns sonhos coletivos – as Diretas Já, depois Tancredo. Mesmo que uma promessa seguisse sempre uma frustração, a esperança e os artistas estavam onde o povo estava: nas ruas. O tempo era de cantar enrolado na bandeira nacional – como Cazuza fizera no Rock in Rio em 1985 – e não de cuspir nela, como no show do Canecão três anos depois. Bem ou mal, eram tempos de amor. "E é só de amor que eu respiro", suspirava o poeta em 1983.

A evolução da obra de Cazuza, porém, iria revelar – já em *Exagerado*, seu primeiro disco solo, e mais radicalmente nos três seguintes – que esse romantismo deixava aos poucos de ser inofensivo para se apresentar reformista e restaurador. "Eu quis juntar o rock com a dor de cotovelo", disse mais tarde, assumindo a sua porção assumidamente brega. "O rock considerava a infelicidade, a dor, o sofrimento cafonas, fora de moda."

artigo **Zuenir Ventura**

Meu partido
É um coração partido
E as ilusões estão todas perdidas
Os meus sonhos foram todos vendidos
Tão barato que eu nem acredito
Que aquele garoto que ia mudar o mundo
(Mudar o mundo)
Frequenta agora as festas do *grand monde*

Ao pedir uma ideologia, Cazuza não estava propondo a recuperação e um ideário maniqueísta que se traduzisse em esquerda e direita, mas num conjunto de valores, projetos, sonhos e utopias que podem ser sintetizados em uma palavra fora de uso e de moda: ideal. Não foi outra coisa o que Jurandir Costa queria dizer, citando Freud: "Não há homem sem ideal. Desnorteados eles se afogam no terror." Cazuza, como se sabe, não corria esse risco. Foi um destemido, mais até: foi imprudente e imprudente. Pecou por excesso – e não por acaso usou o exagero para construir a sua ética e a sua estética.

O seu enfrentamento com a doença, isto é, com a peste, teve lances de épica moderna. Lutou uma luta perdida como se fosse o vitorioso. Portador do vírus – portador, não cúmplice –, Cazuza derrubou a hipocrisia e, não podendo vencer fisicamente a aids, atingiu-a moralmente, atacando suas principais síndromes. Impediu que ela revogasse a imaginação, a fantasia e o prazer. Denunciou a tentativa de se refazer o casamento sinistro que a revolução sexual dos anos 1960 havia desfeito: o de Eros e Tanatos. Não aceitou introjetar o velho e perigoso sentimento vigente entre os homossexuais, o da exclusão. E, sobretudo, depois de ler Susan Sontag, arregimentou toda a sua energia para não

deixar que a doença se transformasse em metáfora – a da punição divina. Aos conservadores, ele mandou um dos seus últimos recados: "Eles não venceram não. Eu vejo as pessoas se amando muito, está todo mundo ótimo, com camisinha ou sem camisinha."

Podia não ser bem assim, mas era a sua estratégia: nada de depressão. Dizia do seu último disco: "As músicas são muito felizes, muito pra cima, cheias de luzes." E eram. Mistérios de um poeta que, ferido de morte, vivendo tempos crepusculares, fazia um canto solar. Ai de quem dirigisse a palavra compaixão em sua direção. Era capaz de qualquer grosseria. "Eu não queria que todo mundo fosse bonzinho comigo." Piedade ele pedia para outras pessoas, não para ele:

Pra essa gente careta e covarde
Vamos pedir piedade.

Representante de uma geração cuja cabeça tinha sido lobotomizada pela ditadura para que sofresse um processo de amnésia política e cultural, e por isso acreditava-se que ela tinha nascido surda e muda, Cazuza se transformou no desmentido a essa crença, numa revanche ética, num grito de dor e de poesia. Em todo caso, no melhor exemplo de que houve vida digna e inteligente nos anos 1980. Não foi apenas o mais corajoso legado que a música popular brasileira deixou para os anos 1990. Ele fica como emblema de um tempo, o ranger dos dentes de uma geração, o nervo exposto de uma juventude, ícone de uma tribo, enfim a certeza de que alguma coisa de muito boa se salvou na chamada "década perdida".

Cazuza incorporou esses sentimentos ao rock, selecionando os impulsos que tinham mais a ver com os desvios do que com a norma do Romantismo.

artigo Zuenir Ventura

A mistura antropofágica de sua loucura pessoal com a de seus ídolos – uma galeria que vai de Rimbaud, de *Une Saison en Enfer*, do Baudelaire, de *Flores do mal*, de Allen Ginsberg e os *beats*, até Humphrey Bogart, James Dean, Lupicínio Rodrigues, Orlando Silva e Dalva de Oliveira – acabou gerando um produto absolutamente novo, algo como se de repente, ele, Nelson Rodrigues, Pedro Almodóvar e David Lynch se juntassem numa mesma viagem pós-moderna para, de mãos dadas no pântano, colher flores do mal e catar, por trás das perversões, o que restou do amor.

A rebeldia dos primeiros tempos era aquela rebeldia própria da idade e da geração. A revolta de logo depois ainda era revolta edipiana, retórica, marcada por irônicos exageros de um exagerado confesso, como em "Só as mães são felizes". Não tardaria, porém, a irromper o "bravio turbilhão de brutalismo poético", na incomparável síntese de Ezequiel Neves.

A dramática passagem da rebeldia à insurreição coincidiu com os primeiros sintomas da doença de Cazuza e da doença do Brasil. Foi quando se começou a assistir a um processo paralelo: o tecido moral do país se esgarçava, enquanto o sistema imunológico do compositor se deteriorava. Com uma diferença: à medida que, definhando a olhos vistos, Cazuza reagia com fúria de fera ao ataque mortal, o país assistia, como um carneiro, à sua própria decomposição moral.

Cazuza desconfiava um pouco desse paralelismo e argumentava que a música "Brasil", por exemplo, fora feita muito antes da doença. "Não foi a doença que detonou esta crise, talvez tenha sido a crise que detonou a doença", disse ele numa entrevista a José Castello, confirmando na verdade a relação no momento mesmo em que tentava desmenti-la.

Seja como for, o fato é que nos últimos anos da década de 1980, mais precisamente em 1988, as duas doenças – a do artista e a do país – atingiram uma fase aguda, a primeira ajudando a explicar a segunda. O país se anestesiava em sua descida ao inferno, mas Cazuza adquiria, na sua "*saison en enfer*", a lucidez de quem tinha visto a cara da morte. E passou a fazer do seu canto um grito contra a "razão cínica", para usar a expressão do psicanalista Jurandir Costa.

Aliás, em 1988, ano em que a inflação atingiu 900%, em que Chico Mendes foi assassinado e uma onda de escândalos provocou a sensação de impunidade generalizada, houve uma convergência curiosa. Jurandir de um lado, e Cazuza e Gilberto Braga, de outro, desenharam a imagem do Brasil do fim do século.

O psicanalista fez o diagnóstico – o mal do país era a cultura da descrença, resultado de uma overdose de cinismo, delinquência, violência e narcisismo. Gilberto Braga entrou com a metáfora – era o país do vale-tudo. Cazuza compareceu com a trilha sonora, da novela e do Brasil: uma droga malhada.

Sem se conhecerem, Jurandir e Cazuza acabaram formando uma hipotética parceria – a melhor que poderia se criar para entender a terra da impunidade. Por uma casual sintonia, os conceitos de um pareciam integrar com o repertório de outro. Cazuza, doente, passou a ser a expressão da indignação que o psicanalista reclamava como remédio para o país enfermo. Sem queixumes, sem pieguice, sem rancor, mas cheio de ira sagrada, "o poeta do dilaceramento", "o arcanjo do sarcasmo", "o arqueiro do prazer", "o dardo da transgressão" (todas expressões insubstituíveis de Tárik de Souza) se uniram para emblematizar a sua geração.

Cazuza derrubou a
hipocrisia e, não podendo
vencer fisicamente a aids,
atingiu-a moralmente,
atacando suas
principais síndromes.
Impediu que ela revogasse
a imaginação,
a fantasia e o prazer.
Zuenir Ventura

anos

1990-
-2024

574.

575.

574 / 575. Cartaz e ingresso do show-tributo realizado no dia 17 de outubro de 1990, na Praça da Apoteose, Rio de Janeiro, cuja renda foi destinada ao Hospital Universitário Gaffrée e Guinle, referência em aids desde o início da epidemia

576. Lucinha Araujo com as crianças da Sociedade Viva Cazuza nos anos 1990: amor incondicional

Por tudo o que sofreu com a doença e morte de Cazuza – por sua dedicação e desvelo – Lucinha Araujo foi chamada de "Mãe Coragem". Mas ela não quis se apegar a essa imagem e procurou "inventar razões para seguir em frente". Afinal, aprendera com o filho que "o tempo não para", ainda que a dor da perda "não diminua, apenas se transforme". [...] Lucinha salvou muitas crianças de várias idades, mas acha que foi o contrário: "Elas que salvaram minha vida", pois funcionam como uma continuidade de Cazuza, que ela vê em "cada sorriso, cada brincadeira, cada arte, cada sonho" desses seus novos filhos.

Mary Ventura

577.

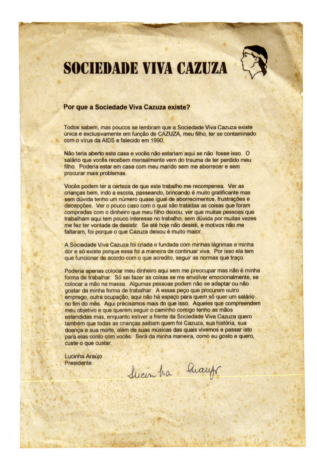

578.

577 / 578. Carta de princípios da Sociedade Viva Cazuza e a sede onde funcionou, na rua Pinheiro Machado, 30, em Laranjeiras, zona Sul do Rio de Janeiro

579.

580.

579. Lucinha e crianças atendidas pela Sociedade Viva Cazuza

580. Álbum *Viva Cazuza* (Philips, 1992), gravado no primeiro tributo a Cazuza na Praça da Apoteose, Rio de Janeiro

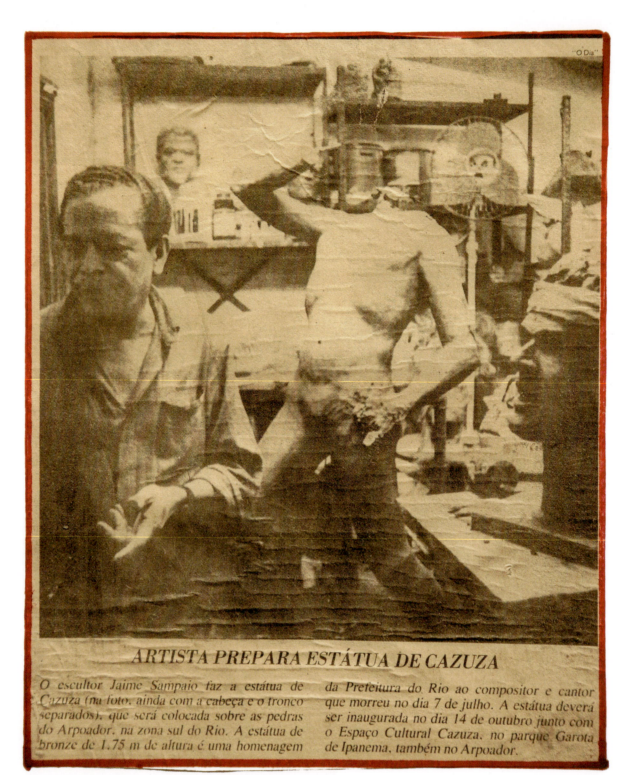

ARTISTA PREPARA ESTÁTUA DE CAZUZA

O escultor Jaime Sampaio faz a estátua de Cazuza (na foto, ainda com a cabeça e o tronco separados), que será colocada sobre as pedras do Arpoador, na zona sul do Rio. A estátua de bronze de 1,75 m de altura é uma homenagem da Prefeitura do Rio ao compositor e cantor que morreu no dia 7 de julho. A estátua deverá ser inaugurada no dia 14 de outubro junto com o Espaço Cultural Cazuza, no parque Garota de Ipanema, também no Arpoador.

581. O artista Jaime Sampaio criou, a pedido da Prefeitura do Rio de Janeiro, a primeira estátua de Cazuza, 1990.

583. Álbum póstumo de Cazuza, *Por aí* (Universal, 1992), lançado em abril de 1991. O LP foi composto por "sobras" de estúdio, sendo nove de *Burguesia* e uma de *Só se for a dois*. O disco vendeu mais de 45 mil cópias

584. A Praça Cazuza, no Leblon, Rio de Janeiro, foi inaugurada em 1992 com os versos de "Codinome Beija-Flor" inscritos no chão. Ao longo desses anos, Lucinha e os amigos de Cazuza, entre eles, Angela Ro Ro e Ezequiel Neves, organizaram dias de limpeza na praça do poeta

583.

584.

585. Lucinha Araujo e crianças da Viva Cazuza, 2011

586. A Praça Cazuza foi inaugurada em 1992, com móbile de Hélio Peregrino. A estátua assinada pela artista Christina Motta, como conhecemos hoje, foi inaugurada na Praça Cazuza, por Lucinha Araujo, 1º de dezembro de 2016, dia Mundial de Luta contra a aids, com show da cantora Teresa Cristina e a presença dos amigos Guto Goffi, Paula Lavigne, Rogério Flausino e Anna Lima. Em 2021, a obra foi restaurada e reinaugurada. Existem duas réplicas, uma no Centro Cultural Cazuza, em Vassouras, e outra na Praia do Cazuza, em Angra dos Reis

585.

586.

587. Ezequiel Neves, Ney Matogrosso, Roberto Frejat e Cássia Eller na Pizzaria Guanabara durante a gravação do documentário curta-metragem *Cazuza: Sonho de uma noite no Leblon* (1997), de Sérgio Sanz e Marcello Ludwig Maia

588. Cássia Eller cantou Cazuza com ferocidade e reverência, 1997

589. O ator Daniel de Oliveira, protagonista de *Cazuza: O tempo não para* (2004), dirigido por Sandra Werneck e Walter Carvalho, recebendo o carinho de Lucinha Araujo e Marieta Severo, que a interpretou no cinema

590. Lucinha Araujo com o elenco do musical *Cazas de Cazuza*, dirigido por Rodrigo Pitta, 2000

591. Lucinha Araujo e Emílio Dantas, ator que interpretou Cazuza na primeira temporada de *Cazuza: Pro dia nascer feliz, o Musical* (2013), direção de João Fonseca

592 / 593. Edições da biografia *Cazuza: Só as mães são felizes* (Editora Globo, 1997 e 2016), de Lucinha Araujo, em depoimento a Regina Echeverria, que serviu de base para a cinebiografia *Cazuza: O tempo não para* (2014), de Sandra Werneck e Walter Carvalho, tendo o ator Daniel de Oliveira como Cazuza

594. Livro *Preciso dizer que te amo: Todas as letras do poeta* (Editora Globo, 2001), organizado por Lucinha Araujo e Regina Echeverria

595. Lucinha Araujo lança o livro *O tempo não para: Viva Cazuza* (Editora Globo, 2011), em depoimento a Christina Moreira da Costa

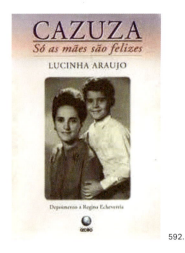
592.

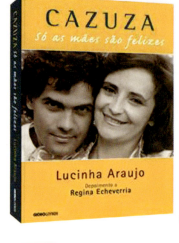
593.

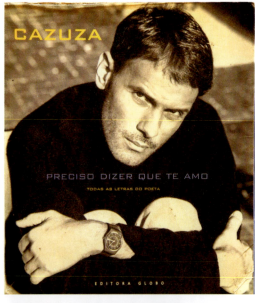
594.

595.

596.

597.

596 / 597. "Por que a gente é assim?", o famoso verso de Cazuza, intitula o livro organizado por Ezequiel Neves, Guto Goffi e Rodrigo Pinto (Editora Globo, 2007) e o documentário, dirigido por Mini Kerti (2017), sobre a trajetória do Barão Vermelho

598. A exposição "Cazuza – Mostra sua cara", com curadoria de Gringo Cardia, retratou a carreira do poeta no Museu da Língua Portuguesa, em São Paulo, entre 2013 e 2014

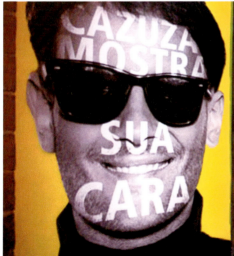

598.

599.

600.

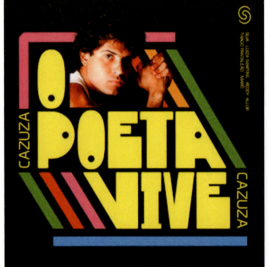

601.

599. Show *Viva Cazuza, sempre* no Boulevard Olímpico, Rio de Janeiro, 2017. Entre os convidados, Lucinha Araujo, Rogério Flausino, Bebel Gilberto, Baby do Brasil e Teresa Cristina

600. O cantor Jão recebe Lucinha Araujo no palco do Rock in Rio durante homenagem a Cazuza, 2022

601. *Cazuza: O poeta vive* (Som Livre, 2023) traz releituras de clássicos do poeta com participações de Silva, Luiza Martins, Thiago Pantaleão, Marô e Reddy Allor

602. O Centro Cultural Cazuza foi inaugurado em 2018, ano em que Cazuza faria sessenta anos, em Vassouras, interior do estado do Rio de Janeiro

603.
604.

603. Praia do Cazuza, no condomínio Portogalo, em Angra dos Reis, Costa Verde do Rio de Janeiro

604. Embarcação Cazuza, da família Araujo, aportada em Angra dos Reis: passeios de barco com amigos era a diversão preferida do poeta

605. Após trinta anos de atividades da Sociedade Viva Cazuza, em prol das crianças que vivem com hiv/aids, Lucinha Araujo, aos 87 anos, encerrou os trabalhos de acolhimento da ONG. Atualmente a instituição dedica-se a assistir 300 famílias de pessoas que vivem com hiv/aids, por meio de doações de cestas básicas

606. Lucinha Araujo e a sobrinha Fabiana, adotada de coração e de papel passado como filha

O que dizer da minha tia... o significado do nome já diz tudo: Senhora soberana e luminosa. A pessoa com a maior alegria de viver que conheço, fez a opção de ser feliz. A felicidade é uma escolha e o sofrimento não, ela escolheu ser feliz. Uma energia sem fim, de fato inimiga do fim. Ser Lucinha é ser "exagerada", acreditar que o dia vai sempre nascer feliz – e ainda bem que faço parte desse show. Minha tia por nascimento e minha mãe por escolha, amor infinito.

Fabiana Araujo

607. Lucinha Araujo com os amigos de longa data: Gilberto Gil e Flora Gil. Foi Flora quem Lucinha procurou para ser responsável pela produção dos livros sobre a obra e vida de Cazuza

Conheci Cazuza na década de 1980, no Baixo Leblon nas noites pós-show, depois das apresentações no Canecão... Eu era recém-casada com Gil, não tinha filhos, nós tínhamos uma vida solta, sem responsabilidade de voltar para casa por causa das crianças. A Lucinha e o João também estavam sempre presentes nos shows. Quando me aproximei deles, o João trabalhava em gravadora, então tínhamos um relacionamento mais profissional. Mas eu sabia que o João também gostava de jogar pôquer, assim, fizemos uma turma e íamos para casa dele jogar. Era uma mesa só de mulheres: eu, Paula Lavigne, Fafá Giordano, Elaine Macedo e Nanã Gantois. João era nosso professor de pôquer. Assim nasceu nossa amizade com João e Lucinha e nunca mais parou, com encontros e viagens. Me lembro que fizemos uma viagem de turnê internacional, do *Tropicália II*. É uma amizade forte com um misto de amor, respeito e admiração pelo Cazuza, pelo João e pela Lucinha. E a amizade com Lucinha permanece até hoje, ela já fez umas seis viagens de turnê internacional. Lucinha é muito presente na minha vida, vai muito em nossa casa. Em uma dessas visitas, ela viu o livro das letras do Gil e disse que queria muito fazer livros com a vida e obra do Cazuza. Ela queria deixar a história do Cazuza registrada. Eu falei que podíamos estudar como fazer e começamos a fazer reuniões. Lucinha, sempre muito direta, leonina, disse como queria. Então, formamos uma equipe e assim surgiu essa beleza deste livro, com o legado do Cazuza. É muito importante para mim atender a um desejo da Lucinha. Certamente, João e Cazuza, onde quer que estejam agora, devem estar adorando. O amor de Lucinha está revelado neste livro; é emocionante.

Flora Gil

608. Artistas vítimas da aids foram homenageados pela diva pop Madonna no encerramento da turnê *The Celebration Tour*, na Praia de Copacabana, entre eles, Cazuza (à direita), Keith Haring (ao centro) e Gabriel Trupin (à esquerda)

608.

Artista à frente de seu tempo, Madonna sempre convidou seus fãs a refletirem sobre questões sociais, como o enfrentamento da aids – desde o início da epidemia. Em seu show *The Celebration Tour*, enquanto cantou a canção "Live to tell" (em português, "Viva para contar"), Madonna homenageou artistas como Freddie Mercury, Sylvester, Keith Haring e Herb Ritts. Em 2024, no encerramento da turnê, na Praia de Copacabana, com um público estimado de 2 milhões de pessoas, Madonna incluiu brasileiros vítimas da aids, entre eles, Cazuza, Betinho e Caio Fernando Abreu. A foto de Cazuza escolhida pela cantora é justamente a imagem que ilustra a capa do livro de poemas *Meu lance é poesia* (Editora WMF Martins Fontes/Viva Cazuza, 2024).

513

Celebrar a vida e
a obra de Cazuza
é enaltecer a
história da música
brasileira. Mais do
que isso, resgatar
a memória de
Cazuza é afirmar
sua importância
como artista e
como ser humano,
que contribuiu
com dignidade na
luta contra a aids.
Lucinha Araujo

609. Lucinha
Araujo em 2024,
na Praça Cazuza,
ao lado da estátua
assinada pela
artista Christina
Motta, com Cazuza
"posando de *star*"

609.

apêndices

Sobre Cazuza
biografia
discografia
trilhas sonoras
videoclipes
Cronologia hiv/aids [1981 – 2024]
Entrevista [Cazuza por José Castello]

610.

sobre Cazuza

611. Cazuza: alegria, coragem e irreverência até o fim

sobre Cazuza

BIOGRAFIA

Poeta, compositor e cantor, **Agenor de Miranda Araujo Neto** (1958-1990) nasceu no Rio de Janeiro. Ainda durante a gravidez de sua mãe, Lucinha Araujo (Maria Lúcia da Silva Araujo, 1936), foi apelidado de **Cazuza** pelo pai, João Alfredo Rangel de Araujo (1935-2013). A palavra "cazuza" significa "moleque" no Nordeste. Ou, simplesmente, Caju, para os amigos mais íntimos.

Criado no Rio de Janeiro, em Ipanema, cresceu no bairro do Leblon. Estudou no Colégio Santo Inácio até mudar para o Colégio Anglo-Americano, para não ser reprovado. Em 1972, durante férias em Londres, Cazuza conheceu as canções de Janis Joplin, Led Zeppelin e Rolling Stones. Em 1976, abandonou a faculdade de Comunicação e iniciou a vida profissional como assessor de imprensa na gravadora Som Livre, fundada por seu pai, João Araujo. Apaixonado por mapas e Geografia, Cazuza chegou a pensar em ser engenheiro ou arquiteto – esse era o desejo de sua mãe.

Em 1979, estudou Fotografia e Artes Visuais em São Francisco, Estados Unidos. Nessa viagem, interessou-se pela literatura da geração *beat*, os poetas malditos, que teve grande influência em sua trajetória. Sete meses depois, voltou ao Brasil sem se formar. Em 1981, ingressou no curso de teatro ministrado por Perfeito Fortuna, do grupo Asdrúbal Trouxe o Trombone no Parque Lage. Na encenação de *Paraquedas do coração*, Cazuza cantou no palco pela primeira vez.

Desde a infância viveu cercado por grandes nomes da música brasileira. Tinha preferência pelas canções dramáticas de Cartola, Dolores Duran, Lupicínio Rodrigues, Noel Rosa, Maysa e Dalva de Oliveira. Também foi influenciado pela literatura, especialmente pela poesia. Tornou-se um leitor apaixonado de Carlos Drummond de Andrade, Fernando Pessoa, Allen Ginsberg, Nelson Rodrigues e Clarice Lispector. Começou a escrever poemas ainda na infância, mostrando seus versos à avó materna, Alice (1908-1975).

Em 1982, por indicação do amigo Leo Jaime, ingressou na banda de rock Barão Vermelho para ser o vocalista, ao lado de Roberto Frejat, na guitarra; Dé Palmeira, nos teclados; Guto Goffi, na bateria; e Maurício Barros, no baixo. Após uma fita demo da banda chegar às mãos do produtor musical Ezequiel Neves, crítico musical e produtor da Som Livre, João Araujo contratou o Barão Vermelho. Com o grupo, Cazuza gravou três álbuns: *Barão Vermelho* (1982), *Barão Vermelho 2* (1983) e *Maior abandonado* (1984).

Em 1985, Cazuza iniciou carreira solo, tendo como parceiros, entre outros: Rogério Meanda, Zé Luis, Lobão, Reinaldo Arias, Laura Finocchiaro, João Rebouças, Nilo Romero, Renato Rocketh, Ledusha, Angela Ro Ro, Leoni, Arnaldo Brandão, Arnaldo Antunes e Orlando Morais. Nessa fase, lançou os discos *Exagerado* (1985), *Só se for a dois* (1987), *Ideologia* (1988), *O tempo não para* (1988) – gravado ao vivo durante a turnê do álbum anterior, com show dirigido por Ney Matogrosso – e *Burguesia* (1989).

Em julho de 1985, após internação por causa de uma febre forte, Cazuza realizou seu primeiro teste de hiv, com resultado negativo. Em 1987, fez um novo teste, com resultado positivo. No dia 13 de fevereiro de 1989, em entrevista concedida ao jornalista Zeca Camargo, então da *Folha de S.Paulo*, Cazuza declarou viver com hiv/aids, apesar do estigma e preconceito no início da epidemia. Seu último álbum, *Burguesia*, foi lançado no período de tratamento da doença.

Iniciou tratamento alternativo em São Paulo, depois em Boston, lá ficando até março de 1990. Retornou ao Rio de Janeiro, onde morreu, na casa dos pais, em 7 de julho de 1990, aos 32 anos – tornando-se o símbolo do enfrentamento da aids no Brasil. Cazuza foi enterrado no Cemitério São João Batista, no Rio de Janeiro. Em seu túmulo está gravado o título de seu último grande sucesso, "O tempo não para". No mesmo ano, Lucinha e João Araujo fundaram a Viva Cazuza, para atender crianças vivendo com com hiv/aids e preservar o legado do filho.

Em 1991, foi lançado o álbum póstumo *Por aí*.

sobre Cazuza

DISCOGRAFIA

no barão vermelho

Barão Vermelho (*Som Livre*, 1982)
Posando de star – *Cazuza*
Down em mim – *Cazuza*
Conto de fadas – *Cazuza e Maurício Barros*
Billy Negão – *Cazuza, Guto Goffi e Maurício Barros*
Certo dia na cidade – *Cazuza, Guto Goffi e Maurício Barros*
Rock'n geral – *Cazuza e Roberto Frejat*
Ponto fraco – *Cazuza e Roberto Frejat*
Por aí – *Cazuza e Roberto Frejat*
Todo amor que houver nessa vida – *Cazuza e Roberto Frejat*
Bilhetinho azul – *Cazuza e Roberto Frejat*

Barão Vermelho 2 (*Som Livre*, 1983)
Intro – *Maurício Barros*
Menina mimada – *Cazuza e Maurício Barros*
O que a gente quiser – *Roberto Frejat e Naila Skorpio*
Vem comigo – *Cazuza, Dé Palmeira e Guto Goffi*
Bicho humano – *Cazuza e Roberto Frejat*
Largado no mundo – *Cazuza e Roberto Frejat*
Carne de pescoço – *Cazuza e Roberto Frejat*
Pro dia nascer feliz – *Cazuza e Roberto Frejat*
Manhã sem sonho – *Cazuza e Dé Palmeira*
Carente profissional – *Cazuza e Roberto Frejat*
Blues do iniciante – *Cazuza, Roberto Frejat, Maurício Barros, Dé Palmeira e Guto Goffi*

Maior abandonado (*Som Livre*, 1984)
Maior abandonado – *Cazuza e Roberto Frejat*
Baby, suporte – *Cazuza, Maurício Barros, Pequinho e Ezequiel Neves*
Sem vergonha – *Cazuza e Roberto Frejat*
Você se parece com todo mundo – *Cazuza e Roberto Frejat*

Milagres – *Cazuza, Roberto Frejat e Denise Barroso*
Não amo ninguém – *Cazuza, Roberto Frejat e Ezequiel Neves*
Por que a gente é assim? – *Cazuza, Roberto Frejat e Ezequiel Neves*
Narciso – *Cazuza e Roberto Frejat*
Nós – *Cazuza e Roberto Frejat*
Dolorosa – *Cazuza e Roberto Frejat*
Bete Balanço – *Cazuza e Roberto Frejat*

Singles

Tema do filme Bete Balanço (*Som Livre*, 1984)
Bete Balanço – *Cazuza e Roberto Frejat*
Amor, amor – *Cazuza, Roberto Frejat e George Israel*
Plunct Plact Zuuum II (*Som Livre*, 1984)
Subproduto do Rock – *Cazuza e Roberto Frejat*

solo

Exagerado (*Som Livre*, 1985)
Exagerado – *Cazuza, Ezequiel Neves e Leoni*
Medieval II – *Cazuza e Rogério Meanda*
Cúmplice – *Cazuza e Zé Luis*
Mal nenhum – *Cazuza e Lobão*
Balada de um vagabundo – *Waly Salomão e Roberto Frejat*
Codinome Beija-Flor – *Cazuza, Ezequiel Neves e Reinaldo Arias*
Desastre mental – *Cazuza e Renato Ladeira*
Boa vida – *Cazuza e Roberto Frejat*
Só as mães são felizes – *Cazuza e Roberto Frejat*
Rock da descerebração – *Cazuza e Roberto Frejat*

Só se for a dois (*PolyGram*, 1987)
Só se for a dois – *Cazuza e Rogério Meanda*
Ritual – *Cazuza e Roberto Frejat*
O nosso amor a gente inventa (Estória romântica) – *Cazuza, João Rebouças e Rogério Meanda*

sobre Cazuza

Culpa de estimação – *Cazuza e Roberto Frejat*
Solidão, que nada – *Cazuza, George Israel e Nilo Romero*
Completamente blue – *Cazuza, Rogério Meanda,
George Israel e Nilo Romero*
Vai à luta – *Cazuza e Rogério Meanda*
Quarta-feira – *Cazuza e Zé Luis*
Heavy love – *Cazuza e Roberto Frejat*
O lobo mau da Ucrânia – *Cazuza, Rogério Meanda,
Nilo Romero, João Rebouças, Ezequiel Neves e
Fernando Moraes*
Balada do Esplanada – *Cazuza sobre poema de
Oswald de Andrade*

Ideologia (*PolyGram*, 1988)
Ideologia – *Cazuza e Roberto Frejat*
Boas novas – *Cazuza*
O assassinato da flor – *Cazuza*
A orelha de Eurídice – *Cazuza*
Guerra civil – *Cazuza e Ritchie*
Brasil – *Cazuza, George Israel e Nilo Romero*
Um trem para as estrelas – *Cazuza e Gilberto Gil*
Vida fácil – *Cazuza e Roberto Frejat*
Blues da piedade – *Cazuza e Roberto Frejat*
Obrigado (por ter se mandado) – *Cazuza e Zé Luis*
Minha flor, meu bebê – *Cazuza e Dé Palmeira*
Faz parte do meu show – *Cazuza e Renato Ladeira*

O tempo não para (*PolyGram*, 1988/2008) [*Ao vivo*]
Vida louca vida – *Lobão e Bernardo Vilhena*
Boas novas – *Cazuza*
Ideologia – *Cazuza e Roberto Frejat*
O nosso amor a gente inventa (Estória romântica) –
Cazuza, João Rebouças e Rogério Meanda
Completamente blue – *Cazuza, Rogério Meanda,
George Israel e Nilo Romero**
Vida fácil – *Cazuza e Roberto Frejat**
A orelha de Eurídice – *Cazuza**
Blues da piedade – *Cazuza e Roberto Frejat**
Todo amor que houver nessa vida – *Cazuza e
Roberto Frejat*

Codinome Beija-Flor – *Cazuza, Ezequiel Neves e
Reinaldo Arias*
Preciso dizer que te amo – *Cazuza, Dé Palmeira e
Bebel Gilberto**
Só as mães são felizes – *Cazuza e Roberto Frejat*
Mal nenhum – *Cazuza e Lobão*
Brasil – *Cazuza, George Israel e Nilo Romero**
Exagerado – *Cazuza, Ezequiel Neves e Leoni*
O tempo não para – *Cazuza e Arnaldo Brandão*
Faz parte do meu show – *Cazuza e Renato Ladeira*
* *Faixas inéditas incluídas em 2008*

Burguesia (*PolyGram*, 1989) [*álbum duplo*]
Burguesia – *Cazuza, George Israel e Ezequiel Neves*
Nabucodonosor – *Cazuza e George Israel*
Tudo é amor – *Cazuza e Laura Finocchiaro*
Garota de Bauru – *Cazuza e João Rebouças*
Eu agradeço – *Cazuza, George Israel e Nilo Romero*
Eu quero alguém – *Cazuza e Renato Rocketh*
Babylonest – *Cazuza, Ledusha e Lobão*
Como já dizia Djavan (Dois homens apaixonados) –
Cazuza e Roberto Frejat
Perto do fogo – *Cazuza e Rita Lee*
As cobaias de Deus – *Cazuza e Angela Ro Ro*
Mulher sem razão – *Cazuza, Dé Palmeira e
Bebel Gilberto*
Quase um segundo – *Herbert Vianna*
Filho único – *Cazuza e João Rebouças*
Preconceito – *Fernando Lobo e Antônio Maria*
Esse cara – *Caetano Veloso*
Azul e amarelo – *Cazuza, Lobão e Cartola*
Cartão postal – *Rita Lee e Paulo Coelho*
Manhatã – *Cazuza e Leoni*
Bruma – *Cazuza e Arnaldo Brandão*
Quando eu estiver cantando – *Cazuza e João Rebouças*

Por aí (*PolyGram*, 1991) [*póstumo*]
Não há perdão para o chato – *Cazuza,
Arnaldo Antunes e Zaba Moreau*
Paixão – *Cazuza e João Rebouças*

sobre Cazuza

Portuga – *Cazuza e Orlando Morais*
Hei, Rei! – *Cazuza e Roberto Frejat*
Camila, Camila – *Thedy Corrêa, Sady Homrich e Carlos Stein*
Por aí – *Cazuza e Roberto Frejat*
Androide sem par – *Cazuza, George Israel e Nilo Romero*
Cavalos calados – *Raul Seixas*
Summertime – *DuBose Heyward e George Gershwin*
Oriental – *Cazuza e Rogério Meanda*
O Brasil vai ensinar ao mundo – *Cazuza e Renato Rocketh*

principais coletâneas e tributos

Cazuza & Barão Vermelho – Melhores momentos (Som Livre, 1989/2015)

Incluiu canções como "Eclipse oculto", de Caetano Veloso; "Eu queria ter uma bomba"; e "Luz negra", gravada para o especial *Chico & Caetano* (TV Globo, 1986). Foi relançado em 2015, somente nas plataformas digitais, com "Amor, amor" de faixa bônus.

Viva Cazuza (Philips, 1992)

Gravação do tributo *Viva Cazuza – Faça parte deste show*, realizado na Praça da Apoteose, no Rio de Janeiro, no dia 17 de outubro de 1990, com participações de Barão Vermelho, Emílio Santiago, Marina Lima, Leila Pinheiro, Caetano Veloso, Fagner, Kid Abelha, Leo Jaime, Lulu Santos, Telefone Gol e Renato Russo.

Barão Vermelho ao vivo (Som Livre, 1992)

Barão Vermelho ao vivo no Rock in Rio I, 1985 (Warner Music, 1996/2007)

Barão Vermelho ao vivo é o segundo álbum ao vivo do grupo, gravado durante a turnê do disco *Maior abandonado*, nos dias 15 e 20 de janeiro de 1985, no Rock in Rio, com um público de aproximadamente 85 mil pessoas. Em 2007, foi relançado com o título *Barão*

Vermelho ao vivo no Rock in Rio I, 1985, em CD e DVD. No show estão canções como "Subproduto do rock", "Todo amor que houver nessa vida", "Down em mim", "Milagres", "Bete Balanço" e "Pro dia nascer feliz", além de "Mal nenhum", inédita na ocasião, que integra o primeiro disco solo de Cazuza. Ao final da apresentação, Cazuza cantou "Pro dia nascer feliz" enrolado na bandeira do Brasil para comemorar o fim da ditadura com a eleição do presidente Tancredo Neves.

Som Brasil Cazuza (Som Livre, 1995)

Gravado ao vivo no programa *Som Brasil* (TV Globo), no Metropolitan, no Rio de Janeiro, em 1995, com participações de Barão Vermelho, Lulu Santos, Cássia Eller, Zélia Duncan, Paulo Ricardo, Kid Abelha, Lobão, Pedro Camargo Mariano, Sandra de Sá, Simone e Caetano Veloso.

Cazuza (PolyGram, 1995) [Estojo]

Texto em português e inglês e seleção de repertório de Jamari França; além de fotos históricas de Cazuza. CD 1: *O poeta está vivo*; CD 2: *Maior abandonado* (com Barão Vermelho); CD 3: *Mostra a tua cara* (solo); CD 4: *Museu de grandes novidades* (solo).

Codinome Cazuza (PolyGram, 1998) [Box]

O box reúne álbuns da carreira solo de Cazuza: *Exagerado* (1985), *Só se for a dois* (1987), *Ideologia* (1988), *O tempo não para – ao vivo* (1988) e *Burguesia* (1989). Além dos discos solo, há uma coletânea de sucessos que leva o nome do projeto: *Codinome Cazuza*.

Cazuza Remixes – seus grandes sucessos (Som Livre, 1998)

Remixes de Hitmakers, DJ Cuca, Alessandro Tausz, Digital Track DJ's Radio, G-Vo e A.W.

Tributo a Cazuza (Som Livre, 1999)

Gravado ao vivo no Metropolitan, no Rio de Janeiro, em 26 novembro de 1999, com participações de Barão Vermelho, Ney Matogrosso, Kid Abelha, Zélia Duncan,

Sandra de Sá, Paulinho Moska, Arnaldo Antunes, Engenheiros do Hawaii, Baby do Brasil, Leoni, Banda Harmadilha, Gilberto Gil, LS Jack e Elymar Santos.

O poeta não morreu (*Universal, 2000*)
Coletânea de sucessos de Cazuza, marcando os dez anos da morte do poeta.

Cazas de Cazuza (*Som Livre, 2000*)
Registro do musical *Cazas de Cazuza*, escrito e dirigido por Rodrigo Pitta, com interpretações dos atores/cantores Jay Vaquer, Lulo Scroback, Débora Reis, Fernando Prata, Rosana Pereira, Vanessa Gerbelli, Bukassa Kabengele.

Preciso dizer que te amo – Toda a paixão do poeta
(*Universal, 2001*)
Álbum lançado com a publicação do livro *Preciso dizer que te amo: Todas as letras do poeta* (2001), de Lucinha Araujo e Regina Echeverria. Além de canções escritas e cantadas pelo poeta, há suas interpretações de "Luz Negra" (Nelson Cavaquinho/Amâncio Cardoso) e "O mundo é o moinho" (Cartola).

Seda pura – Simone (*Universal, 2001*)
Primeira gravação da canção de Cazuza e Roberto Frejat que deu título a esse disco de Simone, e ao subsequente show da cantora, dirigido por Nelson Motta.

O poeta está vivo – Show Só se for a dois, Show no Teatro Ipanema, 1987 (*Som Livre, Globo Universal, 2005*)
Realizado a partir da gravação do show *Só se for a dois*, de Cazuza; produzido por José Daniel, traz raridades como "Brasil" e "Um trem para as estrelas" apresentadas ao vivo pela primeira vez.

Cazuza – Discografia completa (*Universal, 2008*)
[*Box*]
A caixa contém os seis álbuns da carreira solo de Cazuza e o DVD *Pra sempre Cazuza*, que reúne: o programa de TV *Mixto quente* (1985/1986) e o especial de

TV *Cazuza – Uma prova de amor* (1989); depoimentos e entrevistas de Cazuza, Ney Matogrosso, Sandra de Sá e Simone; os videoclipes de "Faz parte do meu show" e "O mundo é um moinho" – este gravado por Cazuza para o disco *Cartola – Bate outra vez...* (1988).

Tributo a Cazuza (*Som Livre, 2008*) [*CD e DVD*]
Gravado ao vivo no show homônimo realizado na Praia de Copacabana, no Rio de Janeiro, em 1º de maio de 2008, com participações de Barão Vermelho, Ney Matogrosso, Zélia Duncan, Arnaldo Brandão, Caetano Veloso, Paulo Ricardo, Gabriel O Pensador, George Israel, Sandra de Sá, Leoni, Preta Gil, Angela Ro Ro, Gabriel Thomaz, Liah e Rodrigo Santos.

George Israel – 13 parcerias com Cazuza
(*Som Livre, 2010*)
Tributo marcando os vinte anos de ausência do amigo e parceiro, com participações de Roberto Frejat, Rafael Frejat, Fred Israel, Leo Israel, Ney Matogrosso, Elza Soares, Marcelo D2, Sandra de Sá, Tico Santa Cruz, Paulo Ricardo e Evandro Mesquita.

Agenor – Canções de Cazuza (*Joia Moderna, 2013*)
Idealizado pelo DJ Zé Pedro, com curadoria da jornalista Lorena Calábria, reuniu artistas da nova geração da música brasileira: Do Amor, Tono, China, Domenico Lancellotti, Felipe Cordeiro, Wado, Botika, Kassin, Letuce, Silva, Bruno Cosentino, Mombojó, Mariano Marovatto, Qinhones, Catarina Dee Jah, Brunno Monteiro e Momo. A capa é assinada pelo poeta e artista Omar Salomão.

Marcelo Quintanilha – Caju – Canções de Cazuza
(*Deck, 2018*)
Lançado em comemoração aos sessenta anos do poeta; produção do maestro Rodrigo Petreca.

Paulo Ricardo canta Cazuza (*PR Music, 2019*)
EP com: "O tempo não para", "Ideologia", "Exagerado" e "Pro dia nascer feliz".

sobre Cazuza

Bloco Exagerado (*independente, 2019/2022*)
Com o apoio de Lucinha Araujo, o Bloco Exagerado gravou um dos maiores sucessos de Cazuza, "Exagerado", em ritmo de Carnaval, para marcar os 35 anos da canção. Em 2022, o ator e cantor Emílio Dantas, que interpretou Cazuza no musical *Cazuza – Pro dia nascer feliz* (2013), foi convidado para cantar "Bete Balanço" em celebração a Cazuza e aos quarenta anos do Barão. O hit foi carnavalizado com batidão de funk carioca.

Faz parte do meu show – Cazuza em bossa
(*Som Livre, 2020*)
Álbum gravado por Leila Pinheiro, Roberto Menescal e Rodrigo Santos (ex-baixista do Barão Vermelho) a partir do show-tributo homônimo, realizado no Rio de Janeiro e em São Paulo, em 2018.

Tudo é amor – Almério canta Cazuza
(*Parças do Bem/Altafonte, 2021*)
Com participações especiais de Ney Matogrosso e Céu; repertório por Marcus Preto.

Cazuza – O tempo não para – Show completo
(*Universal, 1988/2022*)
Registro integral do show, mixado e masterizado por Walter Costa e Ricardo Garcia.

Exagerados (*Universal, 2023*)
No tributo, os cantores Mahmundi, Carol Biazin e Bryan Behr se uniram para celebrar a poesia de Cazuza. Cada artista escolheu sua canção preferida. Depois, eles se encontraram para criar uma releitura de "Exagerado".

Cazuza – O poeta vive (*Som Livre, 2023*)
O tributo reúne gravações de Cazuza e do Barão Vermelho, além de quatro inéditas com artistas da nova geração: Thiago Pantaleão e Marô, Luiza Martins, Reddy Allor e Silva.

TRILHAS SONORA DE NOVELAS & SÉRIES

Down em mim – com Barão Vermelho: *Final feliz* (TV Globo, 1982), de Ivani Ribeiro.

Você me acende – com Barão Vermelho: *Louco amor* (TV Globo, 1983), de Gilberto Braga; tema de Cláudia Torres (Glória Pires).

Largado no mundo – com Barão Vermelho: *Partido alto* (TV Globo, 1984), de Gloria Perez e Aguinaldo Silva; tema de Werner (Kadu Moliterno).

Baby, suporte – com Barão Vermelho: *Corpo a corpo* (TV Globo, 1984), de Gilberto Braga; tema de Heloísa (Isabela Garcia).

Maior abandonado – com Barão Vermelho: *Armação ilimitada* (TV Globo, 1985); série criada por Kadu Moliterno, André de Biase e Daniel Filho.

Eu queria ter uma bomba – com Barão Vermelho: *A gata comeu* (TV Globo, 1985), de Ivani Ribeiro; tema de Rafael Benavente (Eduardo Tornaghi).

O nosso amor a gente inventa (**Estória romântica**) – com Cazuza: *O outro* (TV Globo, 1987), de Aguinaldo Silva; tema de Marília e João Silvério (Beth Goulart e Miguel Falabella).

Vida fácil – com Cazuza: *Fera radical* (TV Globo, 1988), de Walther Negrão; tema de Paxá (Tato Gabus Mendes).

Faz parte do meu show – com Cazuza: *Vale tudo* (TV Globo, 1988), de Gilberto Braga; tema de Solange Duprat e Afonso Roitman (Lídia Brondi e Cássio Gabus Mendes).

Brasil – com Gal Costa: *Vale tudo* (TV Globo, 1988), de Gilberto Braga; trilha de abertura.

sobre Cazuza

Preciso dizer que te amo – com Marina Lima: *Bebê a bordo* (TV Globo, 1988), tema de Antônio Ladeira, Tonico (Tony Ramos).

O tempo não para – com Simone: *O salvador da pátria* (TV Globo, 1989), de Lauro César Muniz; tema de Severo Toledo Blanco (Francisco Cuoco).

Codinome Beija-Flor – com Luiz Melodia: *O dono do mundo* (TV Globo, 1991), de Gilberto Braga; tema de Taís e Beija-Flor (Letícia Sabatella e Ângelo Antônio) – o nome do personagem foi uma homenagem a Cazuza e, inclusive, usava uma camiseta da Sociedade Viva Cazuza.

Malandragem – com Cássia Eller: *Malhação* (TV Globo, 1995), de Andréa Maltarolli e Emanuel Jacobina; tema de Luiza e Dado (Fernanda Rodrigues e Cláudio Heinrich).

Preciso dizer que te amo – com Leo Jaime: *Explode coração* (TV Globo, 1995), de Gloria Perez; tema de Serginho (Rodrigo Santoro).

Vida fácil – com Cazuza: *Salsa e merengue* (TV Globo, 1996), de Miguel Falabella e Maria Carmem Barbosa; tema de Adriana Campos Queiroz (Cristiana Oliveira).

Exagerado – com Cazuza: *O amor está no ar* (TV Globo, 1997), de Alcides Nogueira; tema de Cuca Chicotada (Georgiana Góes).

Preciso dizer que te amo – com Cazuza: *Paraíso tropical* (TV Globo, 2007), de Gilberto Braga e Ricardo Linhares; tema de Camila e Mateus (Patrícia Werneck e Gustavo Leão).

Mulher sem razão – com Adriana Calcanhotto: *A favorita* (TV Globo, 2008), de João Emanuel Carneiro; tema de Donatela e Zé Bob (Claudia Raia e Carmo Dalla Vecchia).

Maior abandonado – com Leo Jaime: *Três irmãs* (TV Globo, 2008), de Antônio Calmon; tema de Alma e Galvão (Giovanna Antonelli e Bruno Garcia).

Sorte ou azar – com Barão Vermelho: *Salve Jorge* (TV Globo, 2012), de Gloria Perez; tema de Antônia e Carlos (Letícia Spiller e Dalton Vigh).

O mundo é um moinho (Cartola) – com Cazuza: *Verdades secretas* (TV Globo, 2015), de Walcyr Carrasco; tema de Angel (Camila Queiroz).

Um trem para as estrelas – com Cazuza: *Babilônia* (TV Globo, 2015), de Gilberto Braga, Ricardo Linhares e João Ximenes Braga; tema de Alice e Murilo (Sophie Charlotte e Bruno Gagliasso).

Pro dia nascer feliz – com Titãs: *Malhação* (TV Globo, 2016), de Emanuel Jacobina; trilha de abertura.

Ideologia – com Cazuza: *Os dias eram assim* (TV Globo, 2017), de Angela Chaves e Alessandra Poggi.

O tempo não para – com Elza Soares: *O tempo não para* (TV Globo, 2018), de Mario Teixeira.

Exagerado – com Marcelo Quintanilha: *As aventuras de Poliana* (SBT, 2018), de Íris Abravanel (adaptação do livro Pollyanna, escrito por Eleanor H. Porter em 1913).

Maior abandonado – com Thiago Petit: *Além da Ilusão* (TV Globo, 2022), de Alessandra Poggi.

sobre Cazuza

VIDEOCLIPES

1982: *Billy Negão* * – com Barão Vermelho: Cazuza, Roberto Frejat, Guto Goffi, Dé Palmeira e Maurício Barros; direção não identificada.

1983: *Menina mimada* * – com Barão Vermelho; direção n. id.; ***Pro dia nascer feliz*** * – com Ney Matogrosso; narração de Dirceu Rabelo; direção José Emilio Rondeau; ***Pro dia nascer feliz*** * – com Barão Vermelho; direção n. id.

1984: *Baby, suporte* * – com Barão Vermelho; direção de Herbert Richers Jr.; ***Maior abandonado*** – com Barão Vermelho; direção de Paulo Trevisan.

1985: *Exagerado* * – com Cazuza; direção de Paulo Trevisan; ***Por que a gente é assim?*** – com Ney Matogrosso; direção de Paulo Trevisan; ***Sem conexão com o mundo exterior*** * – com Sandra de Sá e Cazuza; direção de Herbert Richers Jr.; ***Eu queria ter uma bomba*** * – com Barão Vermelho; apresentação de César Filho; direção de Paulo Trevisan.

1986: *Milagres* * – com Elza Soares e Cazuza; direção de Paulo Trevisan; ***Codinome Beija-Flor*** * – com Cazuza; direção de Paulo Trevisan; participação da atriz e bailarina Regina Restelli.

1987: *O nosso amor a gente inventa* (*Estória romântica*) * – com Cazuza; roteiro de Gilberto Braga; direção musical de Boninho; ***Um trem para as estrelas*** * – com Cazuza e Gilberto Gil; apresentação de Guilherme Fontes e direção de Ignácio Coqueiro; ***Heavy love*** – com Cazuza; direção n. id.

1988: *Brasil* * – com a atriz Maria Zilda Bethlem cantando em homenagem a Cazuza; direção de Paulo Trevisan; ***Brasil*** * – com Gal Costa; direção de Carlos Magalhães; ***Blues da piedade*** * – com Cazuza e Sandra de Sá; direção n. id.; ***Ideologia*** * – com Cazuza; arte assinada por Luiz Zerbini e Barrão; direção de Ana Arantes; ***Faz parte do meu show*** – com Cazuza; direção Boninho. ***O mundo é um moinho*** (Cartola) – com Cazuza; direção n. id.; gravado nos Estúdios Sigla (RJ).

1989: *Ponto fraco* * – com Barão Vermelho; direção n. id.; ***Burguesia*** * – com Cazuza; direção de Ana Arantes; vencedor do 32º New York Festival (1990); ***O tempo não para*** – com Cazuza; direção n. id.

1990: *Perto do fogo* * – com Rita Lee e Roberto de Carvalho; direção de Boninho.

1991: *Amor quente* – com Humberto Gessinger; videoclipe para a campanha "Isso é amor", da Sociedade Viva Cazuza; direção n. id.; criação de Ana Arantes e Bineco Marinho.

1997: *Malandragem* * – com Cássia Eller; direção n. id.

1999: *Poema* * – com Ney Matogrosso; direção n. id.

2018: *Coração vermelho* – com Valentina Francisco; direção de Bruno Duarte; direção artística de Miguel Cariello; lançado pela Universal Music nas plataformas digitais; poema "Xuxu vermelho", musicado por Carlinhos Brown e Alexandre Castilho.

2021: *Mina* – videoclipe de animação, criado pelo artista Humberto Barros; nova versão da canção, regravada por Nilo Romero; lançado nas plataformas digitais; ***Festa de São João*** – com Nanda Garcia; videoclipe de animação realizado por Thais Leal e ilustração de Clara Gavilan; lançado nas plataformas digitais.

2022: *Blues da piedade* – com imagens do show *O tempo não para*; direção de Bárbara Coimbra; lançado nos canais oficiais de Cazuza nas redes sociais.

* *Lançado no* Fantástico (TV *Globo*)

cronologia do hiv/aids

613. Cazuza, exemplo de coragem e dignidade na luta contra a aids

Entre as décadas de 1960 e 1980, começaram a surgir casos de doenças que os médicos não conseguiam explicar. Os pacientes apresentavam uma combinação de sintomas que incluíam, geralmente, sarcoma de Kaposi (um tipo de câncer), fadiga, perda de peso, baixa imunidade e pneumonia. A infecção por hiv só foi identificada em 1981.

1981

Descreve-se pela primeira vez a Síndrome da Imunodeficiência Adquirida, porém, sem nomeá-la cientificamente.

Em junho do mesmo ano, o Centro de Controle e Prevenção de Doenças (CDC) dos Estados Unidos publica um relatório sobre cinco homens homossexuais, previamente saudáveis, apresentando pneumonia por um fungo até então considerado inofensivo (Pneumocystis jirovecii).

1982

Pesquisadores do CDC estavam colhendo dados a respeito de nomes de pessoas homossexuais que houvessem mantido relações sexuais entre si, a fim de mapearem a doença, até então não compreendida em relação à sua forma de transmissão. Grande parte das pessoas entrevistadas relata ter conhecido um mesmo homem, um comissário de bordo de origem franco-canadense, o "paciente zero". No Brasil, os primeiros sete casos confirmados ocorreram em São Paulo, todos pacientes de prática homo/bissexual, tendo sido o Hospital Emílio Ribas a atendê-los. Os pesquisadores ainda não haviam chegado a um consenso sobre o nome para esta doença, que era tratada pela imprensa como "Peste Gay" ou GRID – Gay-Related Immune Deficiency. Ainda neste ano, casos de aids foram relatados em 14 países ao redor do mundo.

cronologia do hiv/aids

1983

Instala-se grande pânico ao redor do mundo quando se cogita que a doença poderia ser transmitida pelo ar e utensílios domésticos, após terem sido relatados casos de infecção em crianças nos Estados Unidos. Ocorre a primeira Conferência sobre aids, em Denver, Estados Unidos. A doença é relatada em 33 países. Estavam confirmados três mil casos da doença nos Estados Unidos, com um total de 1.283 óbitos. Pesquisadores isolam o vírus da aids pela primeira vez. No Brasil, o primeiro caso notório de óbito em decorrência da aids foi o do estilista Markito (Marcos Vinícius Resende Gonçalves 1952-1983) – um dos nomes mais influentes da moda brasileira nos anos 1970, falecido aos 31 anos em Nova York.

1984

Descobre-se o retrovírus considerado agente etiológico da aids. Dois grupos de cientistas reclamaram ter sido o primeiro a descobri-lo: um do Instituto Pasteur de Paris, chefiado pelo Dr. Luc Montangnier, e o outro dos Estados Unidos, chefiado pelo Dr. Robert Gallo. Neste mesmo ano, morre Gaëtan Dugas, conhecido popularmente como "paciente zero", pois acreditaram que teria sido ele um dos primeiros a espalhar a doença nos Estados Unidos. Em 2016, estudos publicados na *Nature* mostraram que Dugas foi mais uma entre as milhares de vítimas infectadas pela doença na década de 1970. O erro se originou porque se confundiu a letra "O" com o numeral zero. Um "paciente ó" era alguém infectado com vírus hiv de fora do Estado da Califórnia. Fecham-se as saunas gays na cidade de São Francisco, Estados Unidos. A secretária de Saúde e Serviços Humanos dos Estados Unidos declara que em muito pouco tempo, antes do ano de 1990, haveria uma vacina e a cura contra a aids. No final deste ano, sete mil americanos tinham a doença.

1985

Chega ao mercado um teste sorológico de metodologia imunoenzimática, para diagnóstico da infecção pelo hiv, que podia ser utilizado para triagem em bancos de sangue. Após um período de conflitos de interesses político-econômicos, esse teste passa a ser usado mundo afora e diminui consideravelmente o risco de transmissão transfusional do hiv. Morre o ator Rock Hudson, a primeira figura pública conhecida a falecer em função de aids. Ryan White, um menino de 13 anos e hemofílico, é expulso da escola. Ocorre a primeira Conferência Internacional de aids em Atlanta. Ao final do ano, a aids havia sido relatada em 51 países. É relatada no Brasil a primeira ocorrência de transmissão perinatal, em São Paulo.

1986

Na segunda Conferência Internacional de aids, ocorrida em Paris, foram reportadas experiências iniciais do uso do AZT. No mesmo ano, o órgão norte-americano de controle sobre produtos farmacêuticos, o FDA (Food and Drug Administration), aprova o seu uso, o que revela um impacto discreto sobre a mortalidade geral de pacientes infectados pelo hiv. A Organização Mundial de Saúde (OMS) lança uma estratégia global de combate à aids. Em relação aos usuários de droga injetável, a estratégia recomendava que esterilizassem seringas e agulhas. No Brasil, Herbert de Souza, o Betinho, conhecido sociólogo e ativista político brasileiro, hemofílico, confirma sua condição de viver com hiv. No mesmo ano, ele funda, com Herbert Daniel, a ABIA – Associação Brasileira Interdisciplinar de aids, entidade que vira referência na luta por maior controle dos bancos de sangue e contra a discriminação.

1987

O governo britânico lança uma campanha publicitária com a frase "Não morra de ignorância" e entrega em cada residência um folheto sobre a aids. A princesa Diana abriu o primeiro hospital especializado em tratamento da aids na Inglaterra. O fato de ela não ter usado luvas quando apertou as mãos de pessoas com aids foi amplamente divulgado pela imprensa e ajudou a mudar atitudes preconceituosas. O presidente Kenneth Kaun-

cronologia do hiv/aids

da, da Zâmbia, anuncia que seu filho morrera de aids. O presidente americano Ronald Reagan faz seu primeiro discurso sobre aids quando 36 mil americanos já possuíam diagnóstico e 20 mil já haviam morrido. Ao redor do mundo, no mês de novembro, 62.811 casos já tinham sido oficialmente reportados pela OMS, de 127 países. Desde este ano, o governo norte-americano repassa recursos para o desenvolvimento de programas globais de prevenção ao hiv/aids. No Brasil, Cazuza tem diagnóstico positivo para hiv/aids confirmado.

1988
A Inglaterra, em função do alto índice de contaminação de usuários de drogas, começa a discutir estratégias específicas focadas em programas de prevenção que foram mandadas para 148 países. O programa enfatiza a educação, a troca de informações e experiências e a necessidade de proteção dos direitos e da dignidade humana. Morrem os dois irmãos do sociólogo Betinho, também hemofílicos, de aids: o cartunista, jornalista e escritor Henfil e o músico Chico Mário. Betinho afasta-se da ABIA, desesperançado. No mesmo ano, a OMS institui o Dia Mundial da aids, 10 de dezembro, tendo a primeira edição o tema "Junte-se ao esforço mundial".

1989
Um grande número de novas drogas torna-se disponível no mercado para tratamento das infecções oportunistas. O preço do AZT cai 20%. Um novo antirretroviral, DDI, é autorizado pelo FDA para pacientes com intolerância ao AZT. O tema do Dia Mundial da aids, 1º de dezembro, é "Cuidemos uns dos outros".

1990
Morre Ryan White, aos 19 anos. O programa de troca de agulhas e seringas da cidade de Nova York é fechado por questões políticas. Em dezembro, mais de 307 mil casos de aids haviam sido oficialmente reportados pela OMS, porém havia estimativas de números próximos a um milhão. No Brasil, morre, aos 32 anos, o poeta e cantor Cazuza devido a complicações causadas pela aids; no mesmo ano, seus pais, Lucinha e João Araujo, fundam a Sociedade Viva Cazuza. O tema do Dia Mundial da aids é: "aids e mulheres".

1991
O famoso jogador de basquete americano "Magic" Johnson anuncia viver com hiv. Morre Freddie Mercury, vocalista do grupo de rock Queen. O terceiro antirretroviral DDC é autorizado pelo FDA para pacientes intolerantes ao AZT. Contudo, nessa época, ficou claro que o AZT e as outras drogas estavam limitadas ao tratamento da aids, pois o hiv desenvolvia resistência aos medicamentos que diminuíam sua eficácia. Ao final de 1991, chega a 200 mil o número de casos nos Estados Unidos, com 133 mil mortes. O tema do Dia Mundial da aids é: "Compartilhando um desafio". No Brasil, inicia-se o processo para a aquisição e distribuição gratuita de antirretrovirais (medicamentos que dificultam a multiplicação do hiv). É lançado o medicamento Videx (didanosina), um inibidor de transcriptase reversa. São identificados 11.805 casos de aids no Brasil e 10 milhões de infectados por hiv no mundo.

1992
A estrela do tênis Arthur Ashe anuncia estar infectado pelo hiv em função de uma transfusão de sangue em 1983. O FDA aprova o uso do DDC em combinação com o AZT para pacientes adultos com infecção avançada. Essa foi a primeira combinação terapêutica de drogas para o tratamento da aids a apresentar sucesso. O tema do Dia Mundial da aids é: "Vamos juntos contra a aids de mãos dadas com a vida".

1993
Mais de 3,7 milhões de novas infecções ocorreram mundialmente. Mais de 10 mil por dia. Durante este ano, mais de 350 mil crianças nasceram infectadas. O

cronologia do hiv/aids

bailarino russo Rudolf Nureyev morre de aids em janeiro. Em fevereiro, menos de um ano após ter anunciado a sua infecção, morre Arthur Ashe. "Previna-se da vida, não das pessoas" é o tema do Dia Mundial da aids.

1994

Passa a ser estudado um novo grupo de drogas para o tratamento da infecção, os inibidores da protease. Essas drogas demonstraram potente efeito antiviral isoladamente ou em associação com drogas do grupo do AZT (daí a denominação "coquetel"). Há diminuição da mortalidade imediata, melhora dos indicadores da imunidade e recuperação de infecções oportunistas. Chega-se a falar na cura da aids. Entretanto, logo se percebeu que o tratamento combinado (coquetel) não eliminava o vírus do organismo dos pacientes. Some-se a isso os custos elevados do tratamento, o grande número de comprimidos tomados por dia e os efeitos colaterais dessas drogas. Por outro lado, um estudo comprova que o uso do AZT reduzia em 2/3 o risco de transmissão de hiv de mães infectadas para os seus bebês. A despeito desses inconvenientes, o coquetel reduz de forma significativa a mortalidade de pacientes com aids. O ator Tom Hanks ganha um Oscar por sua atuação no filme *Filadélfia*, onde interpreta um gay com aids. A aids se torna a principal causa de morte entre americanos com idade entre 25 e 44 anos. Desde o início da infecção, 400 mil pessoas nos Estados Unidos haviam desenvolvido a aids com 250 mil mortes. É criado o Unaids, integrado por cinco agências de cooperação de membros da ONU com o objetivo de defender e garantir uma ação global para a prevenção do hiv/aids (Unicef, Unesco, UNFPA, OMS e UNDP), além do Banco Mundial. Betinho é indicado pelo presidente brasileiro, Fernando Henrique Cardoso, para o Prêmio Nobel da Paz, por sua atividade no combate à fome. Betinho estava pesando 45 kg. O tema do Dia Mundial da aids é: "aids e família".

1995

O FDA aprova o uso do Saquinavir, a primeira droga de um novo grupo, antirretroviral, de inibidores de protease. "Compartilhemos direitos e responsabilidades" é o tema do Dia Mundial da aids. Mais de 80 mil casos de aids já tinham sido registrados no Brasil pela Coordenação Nacional de DST e aids da Secretaria de Projetos Especiais de Saúde do Ministério da Saúde. Nasce o Plano de Cooperação Técnica Horizontal entre países da América Latina e Caribe.

1996

Magic Johnson retorna ao basquete profissional. Durante este ano, um crescente número de drogas é aprovado pelo FDA nos EUA, para administração em combinação com outras drogas. Ocorre a Conferência Internacional em Vancouver, onde se anunciou a combinação de três drogas com efeitos mais efetivos que a terapia dual. Surgiu a dúvida a respeito de quanto tempo esses efeitos poderiam ser mantidos, considerando-se as dificuldades e peculiaridades do tratamento. No final deste ano, a Unaids reporta que o número de novos infectados havia declinado em vários países em que práticas de sexo seguro haviam sido disseminadas (Estados Unidos, Austrália, Nova Zelândia e países do norte da Europa). O tema do Dia Mundial da aids neste ano é: "Unidos na esperança". Em dezembro, no Brasil, realiza-se o 1º Congresso Brasileiro de Prevenção das DST e aids, em Salvador. No Brasil, morre o cantor Renato Russo, aos 36 anos, e o escritor Caio Fernando Abreu, aos 48 anos, devido a complicações da aids.

1997

A Unaids reporta que os números mundiais de aids estavam piores do que o esperado, sugerindo que havia 30 milhões de pessoas vivendo com hiv/aids e 16 mil novas infecções por dia. Em 9 de agosto, morre Betinho, 11 anos depois de confirmar sua sorologia positiva para hiv, aos 61 anos, vítima de Hepatite C. O Brasil comove-se. A USAID/Brasil propõe estratégia de cinco anos para a prevenção do hiv/aids.

cronologia do hiv/aids

1998

No Dia Mundial da aids, a temática é a mesma do ano anterior: "Num mundo com aids, as crianças e os jovens são responsabilidades de todos nós". Na América Latina e Caribe, estima-se que aproximadamente 65 mil indivíduos entre 15 e 24 anos adquiriram o hiv (Unaids, 1999).

1999

O Dia Mundial da aids tem como tema: "Você pode fazer um mundo melhor. Escute, aprenda e viva com a realidade da aids". Até esse ano, 155.590 casos de aids foram registrados no Brasil, dos quais 43,23% na faixa etária entre 25 e 34 anos.

2000

Entre 6 e 11 de novembro, no Rio de Janeiro, ocorre o Fórum 2000 – 1º Fórum e a 2ª Conferência de Cooperação Técnica Horizontal da América Latina e do Caribe em hiv/aids e DST. Em Durban, na África do Sul, ocorre a 13ª Conferência Internacional sobre aids, que denuncia a mortandade no continente africano, onde 17 milhões de pessoas morreram em decorrência das doenças, dentre as quais, 3,7 milhões de crianças. Durante a Conferência ainda é revelado que 8,8% dos adultos africanos estão infectados pelo hiv. O então presidente da África do Sul, Thabo Mbeki, choca o mundo ao sugerir que o hiv não causa a aids. Cinco grandes companhias farmacêuticas concordam em diminuir o preço dos medicamentos utilizados no tratamento da aids nos países em desenvolvimento, o que ocorreu devido a um acordo promovido pelas Nações Unidas. No Brasil, os casos da doença começam a aumentar entre as mulheres, alcançando o índice de uma mulher para cada dois homens infectados.

2001

No Brasil, é implementada a Rede Nacional de Laboratórios para Genotipagem. Organizações médicas e ativistas denunciam o alto preço dos medicamentos nos países em desenvolvimento. Algumas patentes começam a ser quebradas pelo governo brasileiro, o que leva à negociação com a indústria farmacêutica internacional e à redução dos preços dos medicamentos vendidos no país. O hiv Vaccine Trials Network (HVTN) planeja a realização de testes com vacinas em vários países, incluindo o Brasil. De 1980 a 2011, o total de casos no Brasil chega a 220 mil.

2002

Visando captar e distribuir recursos utilizados por países em desenvolvimento para controlar as três doenças infecciosas que mais matam no mundo, é criado o Fundo Global para o Combate à aids, Tuberculose e Malária. Um relatório realizado pela Unaids afirma que a doença pode matar 70 milhões de pessoas nas duas décadas seguintes, atingindo com mais intensidade a África. Em Barcelona, ocorre a 14ª Conferência Internacional sobre aids. O número de casos de aids notificados no Brasil, desde 1980, é de 258 mil.

2003

Ocorre em Havana, Cuba, o II Fórum em hiv/aids e DST da América Latina. O Programa Nacional de DST/aids recebe US$ 1 milhão da Fundação Bill & Melinda Gates como reconhecimento às ações de prevenção e assistência no país. Os recursos são repassados para ONGs que trabalham com pessoas que vivem com hiv/aids. O Programa é considerado por diversas agências de cooperação internacional como referência mundial. Os registros de aids no Brasil são 310.310.

2004

Duas importantes lideranças transexuais, a advogada e militante Janaína Dutra e a ativista Marcela Prado, que colaboraram com o Programa Nacional de DST e aids, morrem. Foi lançado o algoritmo brasileiro para testes de genotipagem. Em Recife, ocorrem três congressos simultâneos: o V Congresso Brasileiro de Prevenção em DST/aids, o V Congresso da Sociedade Brasileira de

cronologia do hiv/aids

Doenças Sexualmente Transmissíveis e aids e o I Congresso Brasileiro de aids. O número de casos da doença chega a 362.364.

2005

Makgatho Mandela, filho de Nelson Mandela, morre em consequência da aids, aos 54 anos. O tema do Dia Mundial de Luta Contra a aids no Brasil aborda o racismo como fator de vulnerabilidade para a população negra. Os casos no Brasil chegam a 371.827.

2006

É promulgado que todo terceiro sábado de outubro será o Dia Nacional de Combate à Sífilis. Em Toronto, Canadá, ocorre a 16a Conferência Mundial sobre aids, que recebe mais de 20 mil pessoas. A campanha do Dia Mundial de Luta contra a aids foi protagonizada por pessoas vivendo com aids. À noite, em uma ação inédita, a inscrição da RNP+ "Eu me escondia para morrer, hoje me mostro para viver" foi projetada nas duas torres do Congresso Nacional, que ficou às escuras, como forma de lembrar os mortos pela doença. No país, o preço do antirretroviral Tenofovir é reduzido em 50%. Registros de aids no Brasil ultrapassam 433 mil.

2007

O Programa Nacional de DST/aids institui o Banco de Dados de violações dos direitos das pessoas portadoras do hiv. No mês de janeiro, a Tailândia decide produzir uma cópia do antirretroviral Kaletra, e em maio o Brasil decreta o licenciamento compulsório do Efavirenz. Um acordo reduz o preço do antirretroviral Lopinavir/Ritonavir. A UNITAID reduz preços de medicamentos antirretrovirais em até 50%. A sobrevida das pessoas que vivem com hiv/aids aumenta no Brasil, onde o número de casos de infecção pelo hiv chega a 474.273. A Campanha do Dia Mundial de Luta Contra a aids tem como tema os jovens e é lançada no Cristo Redentor.

2008

É inaugurada a primeira fábrica estatal de preservativos do Brasil e a primeira do mundo a utilizar o látex de seringal nativo no Acre. É concluído o processo de nacionalização de um teste que permite detectar a presença do hiv em apenas quinze minutos. A Fiocruz passa a fabricar o teste, ao custo de US$ 2,60 cada. O Governo gastava US$ 5 por teste. O Brasil investe US$ 10 milhões na instalação de uma fábrica de medicamentos antirretrovirais em Moçambique. É realizado o VII Congresso Brasileiro de Prevenção das DST e aids, em Florianópolis, Santa Catarina. O Prêmio Nobel de Medicina é entregue aos franceses Françoise Barré-Sinoussi e Luc Montagnier pela descoberta do hiv, causador da aids. O alemão Harald zur Hausen também recebe o prêmio pela descoberta do HPV, vírus causador do câncer do colo de útero.

2009

O Ministério da Saúde bate recorde de distribuição de preservativos, chegando a 465,2 milhões. O Programa Nacional de DST e aids torna-se departamento da Secretaria de Vigilância em Saúde do Ministério da Saúde e o Programa Nacional para a Prevenção e Controle das Hepatites Virais é integrado a ele. Desde 1980, já são 544.846 casos de aids no país.

Apresentação do primeiro caso oficial de cura da infecção pelo hiv. O paciente, originalmente dos Estados Unidos, morava em Berlim e não tinha a identidade revelada, tornando-se conhecido como "Paciente de Berlim". A infecção pelo hiv foi diagnosticada em 1995 e a leucemia mieloide aguda, em 2006. Recebeu transplante de medula em 2007, de um doador resistente ao hiv, e não mais precisou de tratamento antirretroviral, mantendo-se livre do vírus. Timothy Ray Brown, como se chamava, passou a dar entrevistas alguns anos depois. Faleceu em setembro de 2020 devido à progressão da leucemia.

2010

É realizada, em Viena, Áustria, a XVIII Conferência Internacional de aids. Dirceu Greco assume a diretoria do

cronologia do hiv/aids

Departamento de DST, aids e Hepatites Virais. Parceria entre governos do Brasil e África do Sul distribui 30 mil camisinhas e fôlder sobre a prevenção da aids e outras DST durante a Copa do Mundo de Futebol. É lançada a Pesquisa sobre Comportamento, Atitudes e Práticas Relacionadas às DST e aids da População Brasileira de 15 a 64 anos (PCAP 2008). Mais de duas mil agências dos Correios promovem campanha inédita contra a aids. É lançada a campanha de carnaval de combate à aids em dois momentos: antes e durante – estimulando o uso do preservativo e depois – incentivando a realização dos testes. É aprovado o relatório brasileiro de "Metas e compromissos assumidos pelos estados-membros na Sessão Especial da Assembleia Geral das Nações Unidas em hiv/aids (UNGASS)", versão 2008-2009. O governo economiza R$ 118 milhões na compra de antirretrovirais. Travestis preparam material educativo sobre identidade e respeito e lançam campanha de combate ao preconceito no serviço de saúde e na sociedade. É realizado, em Brasília, o VIII Congresso Brasileiro de Prevenção das DST e aids, I Congresso Brasileiro de Prevenção das Hepatites Virais, IV Mostra Nacional da Saúde e Prevenção nas Escolas e da I Mostra Nacional do Programa Saúde na Escola (SPE). O número de casos identificados no Brasil chega a 592.914.

2011

As Casas de Apoio de atendimento a adultos com hiv/aids passam a contar com incentivo financeiro do governo federal destinado ao custeio das ações desenvolvidas com crianças e adolescentes. Representantes do Programa Nacional de DST e aids da Bolívia conhecem estratégia de comunicação e prevenção do Departamento de DST, aids e Hepatites Virais brasileiro. Com a finalidade de avaliar avanços e obstáculos na resposta à epidemia de aids, ocorre em Nova York, nos Estados Unidos, a Reunião de Alto Nível sobre aids. O governo brasileiro doa US$ 2 de cada passagem internacional para medicamentos de aids. A Campanha Mundial Cabeleireiros contra aids celebra dez anos com ação solidária. A Frente Parlamentar Nacional em hiv/aids e outras DST é relançada no Congresso Nacional com a participação de 192 deputados e senadores. O Brasil anuncia a produção nacional de dois novos medicamentos para aids – atazanavir e raltegravir – por meio de Parcerias Público-Privadas e versão genérica do tenofovir, indicado para o tratamento de aids e hepatites. Brasil e França celebram dez anos em cooperação científica nas áreas de DST, aids e hepatites virais. O Ministério da Saúde distribui medicamento atazanavir em todo o Brasil.

2012

A campanha de conscientização do carnaval tem como foco principal os jovens homossexuais de 15 a 24 anos, porque, de 1998 a 2010, o percentual de casos nessa faixa subiu 10,1%, conforme boletim epidemiológico de 2011. Após o carnaval, é lançada campanha para a promoção do diagnóstico e a conscientização da necessidade da realização do teste. Em maio é lançada a campanha Dia das Mães – Unaids: "Acredite. Faça a sua parte", no intuito de conscientizar sobre a contaminação de crianças pelo hiv. Em julho, ocorre em Washington, Estados Unidos, a XIX Conferência Internacional sobre aids. Em agosto ocorrem, simultaneamente, o IX Congresso Brasileiro de Prevenção de DST e aids, o II Congresso Brasileiro de Prevenção das Hepatites Virais, o VI Fórum Latino-americano e do Caribe em hiv/aids e DST e o V Fórum Comunitário Latino-americano e do Caribe em hiv/aids e DST em São Paulo, Brasil. Em novembro ocorre o XVI Encontro Nacional de Pessoas Vivendo com aids, o Vivendo, promovido pelos Grupos Pela Vidda do Rio de Janeiro e Niterói. Ainda nesse mês, ocorre em Vitória da Conquista, Bahia, o III Encontro de Travestis e Transexuais da Bahia. A campanha do Dia Mundial de Luta contra a aids tem como tema: "Não fique na dúvida, fique sabendo", e mostra cenas reais da vida dos participantes reforçando que o diagnóstico precoce do hiv é essencial para o controle da doença.

cronologia do hiv/aids

2013

No Brasil, o Ministério da Saúde lança portaria que define as modalidades dos serviços de Atenção às DST e aids. Testes rápidos para hiv, sífilis e hepatites virais passam a ser realizados por enfermeiros. O Departamento de Vigilância, Prevenção e Controle das IST, do hiv/aids e das Hepatites Virais publica novas recomendações para tratamento de pessoas vivendo com hiv e aids (PVHA) no Brasil. O país é sede de reunião sobre Hepatites Virais na Assembleia Mundial de Saúde. É aprovado novo Protocolo Clínico de Tratamento de Adultos com hiv e aids, que garante tratamento a todos os brasileiros com hiv. Realizada campanha em redes sociais voltada a profissionais do sexo com o slogan "Prostituta que se cuida usa sempre camisinha".

2014

Campanha do Dia Mundial de Luta contra a aids, com intuito de dar maior visibilidade às questões do viver com hiv/aids e à importância do teste e do tratamento como prevenção. Campanha do Dia Mundial de Luta contra a aids – CNBB e Pastoral da aids, com o slogan "Cuide bem de você e de todos os que você ama". Campanha Proteja o Gol Unaids, com o objetivo de usar a popularidade e o poder de união do esporte para promover a prevenção do hiv, principalmente entre os jovens, em nível mundial. Ministério da Saúde lança campanha de vacinação contra o HPV.

2015

Campanha do Dia Mundial de Luta contra a aids com o slogan "Com o tratamento, você é mais forte que a aids". Para dar continuidade à estratégia de comunicação no combate ao hiv, o vírus da aids, o Ministério da Saúde ingressa em uma nova fase: as grandes festas brasileiras. Uma estratégia para dar maior força à campanha #PartiuTeste com uma nova roupagem, mas com a mesma linguagem e conteúdo, mantendo a coesão. As festas escolhidas foram uma combinação de tradição, popularidade e apelo jovem, principal público-alvo. Es-

ses desdobramentos foram veiculados nos principais meios como TV, rádio, mobiliário urbano e internet. 36,7 milhões de pessoas vivem com hiv no Brasil, foram registradas 2,1 novas infecções e 1,1 milhão de mortes.

2016

Campanha do Ministério da Saúde com foco na Prevenção Combinada; o slogan: "aids. escolha sua forma de prevenção". Campanha do Dia Mundial de Luta contra a aids – CNBB e Pastoral da aids com o slogan: "Nós podemos construir um futuro sem aids". Em 2016, 19,5 milhões dos 36,7 milhões de pessoas vivendo com hiv tiveram acesso ao tratamento e mortes relacionadas à aids caíram de 1,9 milhão em 2005 para 1 milhão em 2016. Entre as pessoas vivendo com hiv, 18,2 milhões têm acesso à terapia antirretroviral. Em julho, o estudo PARTNER conta com a participação de 1.166 casais heterossexuais, no qual uma das pessoas apresentava hiv, para avaliar risco de transmissão sem uso de preservativos quando a carga viral se mantinha sempre indetectável com o tratamento antirretroviral. Nenhuma transmissão é constatada após cerca de 58 mil relações sexuais. É definida como carga viral indetectável quando se mantém inferior a 200 cópias/ml.

2017

Brasil sedia a Cúpula Mundial de Hepatites. Anvisa libera comercialização de autoteste para o hiv em farmácias. Profilaxia Pré-Exposição (PrEP) passa a ser ofertada pelo SUS. Campanha do Dia Mundial de Luta contra a aids com o slogan: "Vamos combinar?". O número de novas infecções por hiv aumenta em cerca de cinquenta países e novas infecções globais por hiv caem apenas 18% nos últimos sete anos, de 2,2 milhões em 2010 para 1,8 milhão em 2017. É criado o slogan "U=U" (Undetectable = Untransmittable), considerando evidência científica robusta de que pessoas aderentes ao tratamento que alcançam carga viral indetectável deixam de transmitir o hiv (Indetectável=Intransmissível em português; I=I). Curitiba é a primeira cidade brasileira

cronologia do hiv/aids

a receber a certificação de cidade livre da transmissão do hiv de mãe para filho (Certificação de Eliminação da Transmissão Vertical do hiv). Em julho, o teste rápido chega às farmácias do Brasil.

2018

Departamento de Vigilância, Prevenção e Controle das IST, do hiv/aids e das Hepatites Virais (DIAHV), da Secretaria de Vigilância em Saúde (SVS) e do Ministério da Saúde (MS) publicam novas recomendações de substituição de esquemas de terapia antirretroviral contendo inibidores da transcriptase reversa não-nucleosídeos ou inibidores de protease para esquemas com dolutegravir para tratamento de pessoas vivendo com hiv, maiores de 12 anos e supressão viral. A Campanha Indetectável, que retrata as histórias de 13 pessoas que vivem com hiv e se tornaram indetectáveis após adesão ao tratamento está dividida em duas etapas, sendo a primeira com pessoas que vivem com hiv e receberam o diagnóstico recentemente e outras que descobriram ser hiv positivo nos anos 1980 e 1990, logo no início da epidemia de aids no mundo. Todos os personagens contam em suas histórias como receberam o diagnóstico, a luta pela aceitação e as dificuldades para aderirem ao tratamento. A mortalidade relacionada à aids diminui 33% desde 2010.

2019

37,9 milhões de pessoas no mundo vivem com hiv, sendo que 23,3 milhões têm acesso à terapia antirretroviral. São estimados 1,7 milhão de novas infecções e 770 mil mortes de doenças relacionadas à aids. Desde o início da epidemia, foram registrados 74,9 milhões de pessoas infectadas, com 32 milhões de mortes. Em janeiro começa a distribuição gratuita pelo Ministério da Saúde do teste rápido para uso pela própria pessoa na residência (autoteste). Em março é apresentado o segundo caso de cura da infecção pelo hiv, que ficou conhecido como "Paciente de Londres". O diagnóstico da infecção pelo hiv foi em 2003 e o de linfoma de

Hodgkin, em 2012. O transplante de medula foi realizado em 2016. Dos sessenta doadores avaliados, havia um resistente ao hiv e não foi mais necessário manter o tratamento antirretroviral. Em junho de 2019, 24,5 milhões de pessoas estavam em tratamento antirretroviral. Em setembro, o Brasil registra importante avanço no controle da infecção pelo hiv. O município de Umuarama, no Paraná, é o segundo a receber a Certificação de Eliminação da Transmissão Vertical do hiv. São elegíveis à certificação os municípios com mais de 100 mil habitantes e que atendam a critérios estabelecidos pela Organização Panamericana de Saúde e pela OMS, que são a taxa de detecção de hiv inferior a 0,3 casos por mil nascidos vivos, e proporção anual inferior a 2% de crianças expostas ao vírus que soroconverteram (quando se tornam positivas para o hiv). Em novembro, uma publicação da OMS destaca que a infecção pelo hiv continua sendo um problema de saúde global. Mais de 30 milhões de vidas foram perdidas ao longo dos anos. No fim de 2018, aproximadamente 38 milhões de pessoas viviam com hiv no mundo e pouco mais de 60% estavam em tratamento. Foram 770 mil mortes de causas ligadas à aids em 2018 e ocorreram quase dois milhões de novas infecções. Em dezembro, a Unaids escolhe o tema "Communitie make the difference" para alertar sobre a importância das comunidades no enfrentamento à epidemia, garantindo que a aids permanecesse na agenda política e que os direitos humanos fossem respeitados.

2020

Em março é apresentado o terceiro caso de cura da infecção pelo hiv após transplante de medula para tratamento de leucemia mieloide aguda proveniente de doador resistente ao hiv. O "Paciente de Düsseldorf", como ficou conhecido, permaneceu livre do vírus mesmo sem tratamento antirretroviral. Em outubro, após trinta anos, Lucinha Araujo encerra as atividades da Sociedade Viva Cazuza. Desde sua fundação, a Viva Cazuza acolheu e cuidou de 328 crianças que vivem com hiv/aids

cronologia do hiv/aids

– muitas delas, abandonadas pelas próprias famílias. A instituição manteve a entrega de medicações e cestas básicas para trezentos adultos que vivem com hiv/aids. Em dezembro a Unaids escolhe o tema "Global solidarity, resilient services" para lembrar que a epidemia de hiv não acabou e que com a Covid houve piora e grande impacto em diversos países e comunidades. Ocorrem interrupções de tratamento e redução do acesso aos serviços de saúde pelo aumento das vulnerabilidades. Em 2019, existiam 38 milhões de pessoas vivendo com hiv e uma em cada cinco desconhecia seu diagnóstico. Cerca de 37,6 milhões de pessoas viviam com hiv, sendo 1,5 milhão infectadas naquele ano. O número de morte por complicações relacionadas à aids foi estimado em 690 mil e 27,4 milhões tinham acesso à terapia antirretroviral.

2021

Em dezembro, a Unaids escolhe o tema "Step up, be bold, end aids, end inequalities and end pandemics" devido à necessidade urgente de expandir o acesso ao tratamento e às tecnologias, além de garantir manutenção e ampliação de direitos. Cerca de 38,4 milhões de pessoas vivem com o vírus do hiv, tendo 1,5 milhão sido infectadas neste ano. A estatística aponta para 650 mil mortes relacionadas à aids, e 28,7 milhões tendo acesso à terapia antirretroviral.

2022

Cerca de 39 milhões de pessoas vivem com hiv no mundo, sendo que aproximadamente 1,3 milhão foram infectadas em 2022. Entre as pessoas que vivem com hiv/aids, cerca de 29,8 milhões estavam recebendo terapia antirretroviral, e 630 mil morreram de doenças relacionadas. A estimativa é de que desde o começo da epidemia, entre 64 e 113 milhões de pessoas foram infectadas e até 51 milhões morreram de doenças relacionadas à aids.

Em junho, o CDC (Centers for Disease Control and Prevention), nos Estados Unidos, passa a considerar 27 de junho como dia especial para enfatizar a importância da realização do teste para diagnóstico da infecção pelo hiv para que todas as pessoas conheçam seu estado sorológico, objetivando o cuidado integral com a saúde e o início precoce do tratamento, caso o resultado seja reagente. O teste deve ser incluído, rotineiramente, como autocuidado.

2023

Uma vacina alardeada como uma possível solução não obteve êxito. Testes mostram que a vacina contra o hiv da Janssen é segura, mas ineficaz; o estudo foi encerrado em 2023. Estudo Mosaico, um dos principais na corrida mundial em busca de uma vacina contra o hiv, envolveu 3,9 mil voluntários entre 2019 e 2022, inclusive no Brasil. Ao longo de dez dias, o projeto "HIVIDA – Celebrar a Vida para Eliminar a Epidemia de aids", liderado pela Unaids em parceria com o Ministério da Saúde, aconteceu em Brasília, entre o Dia Mundial da Luta Contra a aids (01/12) e o Dia Internacional dos Direitos Humanos (10/12), uma ampla gama de expressões artísticas, debates, exposições, além de serviços de saúde e cidadania, visando promover os direitos humanos e combater o estigma e a discriminação associados ao hiv/aids. O poeta e cantor Cazuza foi homenageado pelo poeta Ramon Nunes Mello e pela cantora Valéria Barcellos.

2024

Voz ativa na luta contra o hiv/aids, Madonna homenageou as vítimas da aids durante o show de encerramento da turnê *The Celebration Tour*, no dia 4 de maio, nas areias de Copacabana, no Rio de Janeiro. Entre os homenageados, estavam os artistas brasileiros Cazuza, Betinho, Caio Fernando Abreu e Renato Russo, que morreram devido à doença.

A Cronologia do hiv/aids foi cedida pela médica Márcia Rachid, a partir de seu livro Sentença de Vida (*Máquina de Livros, 2020). A atualização dos dados foi realizada por Ramon Nunes Mello, com auxílio de Wagner Alonge Bonfim.*

614. Cazuza, o "junkie bacana": "Paz na Terra/ É só pra quem tem coragem"

Naqueles dias, a aids era vista como uma peste. Todos escondiam, ou a negavam. Minha missão era levar Cazuza, o grande artista, uma pessoa vivendo com hiv/aids, a falar de sua doença. Cheguei cheio de dedos. Precisava abdicar da arrogância e de minha obsessão pela verdade. Logo percebi, contudo, que Cazuza me recebia de coração aberto. Que não tinha medo de mim, nem de minhas detestáveis perguntas. Que estava pronto para ser quem era. Ainda assim, avancei com delicadeza. Sentia, porém, que a cada pergunta mais ousada, ou mais direta, mais ele se fortalecia, mais confiava em mim e se desarmava. No avançar de nossa conversa, jogamos nossas armas fora. Elas ficaram largadas pelo chão, como trastes inúteis. Éramos só dois homens, um tanto desamparados, lutando para cumprir seus papéis diante do real. Sempre acreditei que o bom jornalismo não é um interrogatório, ou uma invasão. A coisa só funciona quando você consegue deixar de ver seu entrevistado como um objeto a ser dissecado, e passa a vê-lo como um reflexo. Como alguém que você poderia ser. Quando Cazuza me mostrou seu velho exemplar de *Água viva*, de Clarice Lispector, lido mais de cem vezes como um oráculo, entendi que ele não me via como inimigo. Não chegamos a ser amigos, mas éramos dois homens frágeis e perdidos, perfilados diante da dor.

José Castello
[2023]

Cazuza, a força do sofrimento

Um difícil problema se coloca, hoje, para quem entrevista o roqueiro Cazuza: perguntar se ele está com aids. Cazuza fala sempre de sua doença com desembaraço, tirando dela as mais positivas lições de vida, mas não lhe dá um nome. Diz, no máximo, que teve "um grave problema de fungos no pulmão". Ele é taxativo: "Não admito que me perguntem se tenho aids". E justifica: "Minha doença é um problema estritamente pessoal, que interessa apenas a mim e a meu médico".

Cazuza aconselha os jornalistas que lhe fazem frontalmente a maldita pergunta a refletir um pouco mais sobre os limites do jornalismo e da ética na sua profissão. Uma reflexão amadurecida, típica dos roqueiros de hoje, que deixaram de ser malditos para pensar na "decência, na honestidade e no futuro do país". O terceiro LP solo de Cazuza, que está sendo lançado pela PolyGram, mostra um compositor mais sereno, menos fixado em suas próprias paixões, e mais aberto ao drama do país. Um artista que tirou do sofrimento a lição de que a vida é boa e vale a pena.

JB – *Nos anos 60 e 70, o rock encarnou sempre o papel de um poder contestador, que afrontava os valores mais sagrados da sociedade. Hoje, os roqueiros estão aí pedindo decência, honestidade, integridade, fazendo em suma a inovação de uma nova moral. Pedindo valores. O que mudou?*

Cazuza – A minha geração foi muito alienada, posta à força para fora do sistema. Por isso nós contestamos os valores e glorificamos a desordem. Os roqueiros de hoje, ao contrário, estão pedindo ordem. Eles querem ordem e progresso. Você tem razão: no rock de hoje existe um pedido de decência, um desejo de que o país volte a ficar direito, até um pedido de disciplina.

JB – *O rock hoje é a norma?*

Cazuza – Mas é claro. O rock hoje é o *status quo*. O garoto marginalizado é aquele que ronda as gravadoras com uma fita de chorinho. Ele sim vai ser considerado meio estranho, meio marginal. Vão pensar se ele não é pirado, ou até se é homossexual, todos os estigmas vão cair em cima dele, não do roqueiro. Nós estamos a salvo. Os roqueiros de hoje não querem ser rebeldes, eles querem reivindicar. Querem que as coisas deem certo.

JB – *Você hoje não é mais exagerado?*

Cazuza – O "Exagerado" foi uma música que me marcou muito, se tornou a minha imagem pública. Um estilo de vida: do boêmio, alucinado, apaixonado, da pessoa que vive na noite, na loucura, procurando sempre uma coisa que não acha. Foi uma personalidade que forjei a partir de meus heróis, do Humphrey Bogard, do James Dean, do Lupicínio Rodrigues. Era meu personagem, eu vivi disfarçado nele muito tempo. Eu sempre quis juntar o rock com a dor de cotovelo, fazer rock passional, meio brega mesmo. O rock considerava a infelicidade, a dor, os sofrimentos cafonas, fora de moda. E tentei trazer esses sentimentos de volta pro rock.

JB – *Isso o marginalizou?*

Cazuza – A moda da época era o sexo grupal, a política do corpo, a liberação, o alto astral, o Caetano. Os roqueiros estranhavam este meu lado romântico. O Ezequiel Neves, meu produtor, sempre dizia que eu não fazia música dor de cotovelo, era fratura exposta mesmo.

JB – *Você tem dito que o que te mudou foi a doença. Mas não é curioso que um acontecimento de cunho estritamente pessoal, que você mesmo diz ter marcado muito fundo, tenha feito justamente você desistir dessa música de estilo pessoal?*

Cazuza – É verdade. Mas, apesar das mudanças, o mais

entrevista Cazuza por José Castello

importante para o artista continua sendo o que acontece em sua vida pessoal. Ficar doente me deixou muito tempo sozinho, no hospital e depois dentro de casa, o que me fez pensar muito e encarar as coisas de um outro ponto de vista. Mas, antes da doença, eu já vinha nesse processo. A música "Brasil", por exemplo, foi feita muito tempo antes da doença. Eu já andava grilado comigo, me achando repetitivo, preso nos mesmos temas. Não foi a doença que detonou essa crise, talvez tenha sido a crise que detonou a doença.

JB – *A solidão provocada pela doença foi muito dura?*
Cazuza – A doença me obrigou a aprender a ficar sozinho, a aprender a pensar. Eu sempre andei em bandos, até porque eu precisava dos amigos para me proteger. Nos dois meses que passei internado nos Estados Unidos, outubro e novembro do ano passado, eu só tinha a companhia dos meus pais. Não tinha contato com mais ninguém. Quando você fica preso numa cama, você não para de pensar, é uma loucura. Então, eu fiz uma espécie de retrospectiva geral da minha vida.

JB – *E o que você concluiu?*
Cazuza – Primeiro de tudo, que o meu trabalho é a coisa mais importante da minha vida. Eu nunca tinha pensado isso. Tanto que eu me curei, praticamente, fazendo esse disco. Me curei pelo trabalho. Mesmo no hospital em Boston, eu não parava de pensar em trabalhar. Cheguei a fazer três letras no hospital: "Blues da piedade", "Boas novas" e "Orelha de Eurídice". Foi o disco que me curou. Eu tive uma doença muito séria, mas num tempo que considero muito rápido fiquei bem.

JB – *O sofrimento e o medo da morte te amadureceram?*
Cazuza – Demais. A minha vida, sempre foi muito fácil. Consegui, na minha carreira, um respeito muito grande das cabeças pensantes do país. Eu sempre tive muito medo de ser rejeitado pelos meus próprios ídolos, mas a primeira pessoa que deu força ao meu trabalho foi o Caetano Veloso, que era o meu maior ídolo.

Quer dizer, comigo não acontecia nada errado. Aí veio a doença. Foi a primeira vez na minha vida que eu parei para pensar. Eu nunca tinha precisado lutar para ficar vivo, aí tive que lutar.

JB – *Que armas você usou?*
Cazuza – Eu só precisava ficar bom, sair daquele pesadelo. O único problema da minha vida passou a ser o de permanecer vivo. Era eu e eu mesmo, e Deus, seja Deus o que for.

JB – *Deus está presente já em seu primeiro disco. Mas parece que agora a sua visão de Deus mudou.*
Cazuza – Antes Deus existia, mas eu nunca tinha precisado dele. Eu nunca precisei buscar nada dentro de mim, as coisas saíam espontaneamente. Eu tinha muita energia, mas com a doença essa energia acabou. A pior sensação da doença, para mim, foi a de estar vivo, mas sem nenhuma energia. Tudo cansa, é tudo chato, tudo dói. Eu precisei então criar Deus dentro de mim.

JB – *Você se converteu?*
Cazuza – Eu nunca tive religião. Tive educação religiosa, estudei dez anos no Colégio Santo Inácio, mas, pelo contrário, a minha relação com a religião é de ódio, eu tenho horror a padre até hoje. Eu confundia Deus com religião. A religião é um clube, apenas isso. A doença me fez separar as duas coisas. Me deixou mais responsável. Hoje eu sei que eu tenho um canal, eu posso gravar um disco por ano, posso pegar essas 12 faixas e dizer nelas o que eu quiser. Poucas pessoas têm o mesmo poder. Eu nunca tinha parado pra pensar nisso.

JB – *O que você pretende fazer agora com este poder?*
Cazuza – Eu recebo muitas cartas de fãs, e meus fãs são todos meio malucos. Gente internada em clínica por causa de drogas, homossexuais com medo de se assumirem, menina que quer fugir de casa mas tem medo, e essas pessoas me veem como um cara igual a elas que apostou na loucura e se deu bem. Elas se identificam

entrevista Cazuza por José Castello

comigo e escrevem querendo saber o que fazer da vida. Mas eu nunca respondi nenhuma dessas cartas. Não quero viver de bandeira para ninguém.

JB – *Engraçado, ao mesmo tempo você diz que está buscando uma ideologia, e a ideologia é justamente a bandeira, a experiência de fazer a cabeça dos outros. Isto não é contraditório?*
Cazuza – Eu acho que as pessoas não estão entendendo bem a minha música "Ideologia". Ela é uma espécie de balanço da minha vida. Nela, eu penso em meus amigos de dez anos atrás, e de como eles estão agora. Há dez anos, eles estavam cheios de projetos, mas hoje a maioria está trabalhando com o pai, em empregos que não gosta, se desviou de seu caminho. Não levou adiante seus projetos. Eu até me grilei quando a gravadora escolheu "Ideologia" como música de trabalho do LP, porque ela é muito pessimista. O pedido de ideologia é, na verdade, a saudade de uma época em que a gente podia acreditar nas coisas, uma época em que as ideias funcionavam. Antigamente, era mais fácil você ser de esquerda ou de direita, ser careta ou ser doidão, as coisas eram mais definidas. Hoje é indefinição total. O Brizola é de esquerda mas conchava com a direita, o outro é de direita mas vota com a esquerda, os papéis ficaram muito frágeis. Ninguém mais pode escolher caminhos porque os caminhos perderam a nitidez.

JB – *Então você gostaria de ter uma ideologia hoje?*
Cazuza – Eu tenho uma ideologia. Na política voto no PT, no Partido Verde, eu sei em quem confio. Eu sou socialista e acho que o único caminho para um país do Terceiro Mundo é através do socialismo.

JB – *O rock politizado que está surgindo segue este sonho socialista?*
Cazuza – Ah, não sei... (dá muitas risadas). Não sei se chega a ser um rock socialista, mas é um rock político. Na Inglaterra o rock hoje também é muito politizado. Eu adoro o rock inglês, escuto muito mais os Smiths que o rock americano. Mas não sei se acredito em rock socialista.

JB – *Tempos atrás, você deu uma entrevista em que declarou, a propósito de uma polêmica sobre Édipo, que você apenas não dormiria com sua mãe, com seu pai também. Você mantém essas respostas?*
Cazuza – Mantenho, é claro. Depois que fiquei doente, as pessoas entraram numa de dizer: "O Cazuza encaretou. Teve uma crise, se defrontou com a morte, tornou-se religioso..." Isso tudo é uma besteira. Eu estou levando uma vida mais calma, sim, mas por problemas de saúde. Não é que eu tenha nada contra as drogas. Eu, inclusive, sou um defensor. Acho que a gente tem que saber usar as coisas, e não deixar as coisas usarem a gente. As drogas, principalmente as lisérgicas, me ajudaram a ser uma pessoa mais segura de mim mesmo. A minha experiência com drogas foi fantástica, só me fez bem. Mas foi uma coisa da adolescência, depois eu me tornei mais biriteiro.

JB – *Mas há uma enorme onda conservadora tomando força após o aparecimento da aids. Isso não te atinge?*
Cazuza – Eu acho que a aids está sendo usada para justificar um movimento conservador, para se tentar um retrocesso de tudo o que se ganhou com a revolução sexual. A retomada do amor, do romantismo, eu acho o máximo, acho maravilhoso. Mas temos que tomar cuidado porque a educação sexual nos colégios hoje está sendo assim: "Você tem que casar virgem com a sua namoradinha virgem, senão você morre". É o que estão armando, aliando o sexo à morte o tempo todo. Isso é uma enorme maldade, por dois motivos: primeiro porque a aids pode ser evitada, não é uma epidemia que você pega no ar como a gripe espanhola. Você pode evitar a aids, só pela via sexual e pelo sangue, então basta tomar cuidado, usar camisinha. Segundo porque os conservadores estavam quietinhos há muito tempo, sem argumentos para enfrentar a liberação dos costumes, esperando uma oportunidade para dar o troco. Agora têm a aids como argumento. Às vezes fico pensando que a aids parece mesmo coisa da CIA misturada com o Vaticano. Sei que é um pouco de loucura pensar isso, mas que faz sentido, faz. Faz muito sentido.

entrevista Cazuza por José Castello

JB – *De todo modo, o vírus existe, e ele provoca uma limitação na vida sexual que independe de qualquer movimento conservador.*

Cazuza – É claro, você tem que usar camisinha, não fazer sexo anal, tem que ir compondo, como fazem os políticos. É a política na cama. Mas o que dizem as propagandas de aids no Brasil? Elas dizem que você tem que ter menos parceiros, transar com uma pessoa só de preferência, levar uma vida monogâmica. Em outras palavras, eles querem acabar com a liberação sexual. A doença está sendo usada para justificar uma campanha de moralização. É a nova Idade Média. No meu primeiro LP tem uma música chamada "Medieval" que fala nisso. Na Europa não existe esta relação entre a aids e a repressão, esta história só está acontecendo nos Estados Unidos e aqui.

JB – *Você já foi convidado para participar da campanha oficial a respeito da aids?*

Cazuza – Já fui convidado, mas não aceitei. E jamais participaria de uma campanha feita nestes moldes. Eu tive medo de ser usado num ataque a ideias em que acredito. Sempre acreditei que sexo é a melhor coisa do mundo, e continuo acreditando.

JB – *Seu medo da morte, depois da doença, aumentou ou diminuiu?*

Cazuza – Diminuiu. Por exemplo, eu tinha medo de avião, um terror, pânico. A partir da doença, depois que achei que ia morrer mesmo, e mesmo assim consegui superar a doença, perdi o medo. Estou muito mais corajoso.

JB – *O que fez você perder o medo da morte e enfrentar a doença?*

Cazuza – Eu li um livro que me ajudou muito: *A doença como metáfora*, de Susan Sontag. Um livro sobre a tuberculose, que era a aids da época. Li no hospital, em dias de muita fraqueza, e ele me ajudou demais. Em toda doença existe uma parte mental, um estigma que atua

sobre você e também te adoece. Uma parte da doença é você não reagir contra ela. E isto você pode enfrentar. É óbvio, não basta querer ficar bem para se curar. Mas ajuda, ajuda. Depois que descobri isso, passei a fazer em mim um verdadeiro massacre mental. E acordava já pensando: "eu vou ficar bom, eu sei que vou me recuperar, eu não vou me deixar abater", e não pensava mais em outra coisa.

JB – *Que reflexões você faz sobre a doença?*

Cazuza – Hoje fico pensando: até que ponto a gente não fica doente porque a gente não está gostando da gente? Talvez tenha sido por isso que os médicos americanos me aconselharam duas coisas quando eu me preparava para voltar: fazer análise e trabalhar. Estou fazendo as duas coisas.

JB – *Independente do diagnóstico real de uma doença, que você prefere manter reservado, quando você adoeceu logo se espalhou pelo país a notícia que você estava com aids. Isso também aconteceu com outros artistas nos últimos meses. O que você pensa disso?*

Cazuza – O brasileiro, infelizmente, ainda pensa nos artistas como um bando de homossexuais e prostitutas. Pensa que artistas vivem em grandes bacanais, regados à Champagne, que as mulheres são todas promíscuas e os homens só pensam em sexo. A aids é uma doença que já veio com este karma da promiscuidade em cima. Foi sopa no mel. Fábio Jr. ficou doente? Está com aids. Rita Lee não está bem? Está com aids. Teve tantos artistas com aids ultimamente... Isso é uma coisa muito cruel. A leviandade com que as pessoas tratam a doença, no Brasil, me choca. Se o mineiro é solidário no câncer, o brasileiro nem na aids é solidário.

Hoje fico pensando:
até que ponto a gente não
fica doente porque a gente
não está gostando da gente?
Talvez tenha sido por isso
que os médicos americanos
me aconselharam duas
coisas quando eu me
preparava para voltar: fazer
análise e trabalhar. Estou
fazendo as duas coisas.
Cazuza

créditos

das imagens

dos depoimentos

das matérias e dos artigos de imprensa

créditos das imagens

A lista a seguir corresponde à numeração dos créditos e legendas das imagens (fotografias e documentos).

APRESENTAÇÃO
Acervo Lucinha Araujo: 1

INTRODUÇÃO
Acervo Lucinha Araujo: 2

PREFÁCIO
Janduari Simões: 3

DEDICATÓRIAS
Acervo Lucinha Araujo: 4

ABERTURA DO CADERNO DE IMAGENS
Acervo Lucinha Araujo: 5

CADERNO DE IMAGENS 1950-1990
1950
Acervo Lucinha Araujo: 6, 7, 8, 9, 10, 11, 12, 13, 14, 15, 16, 17, 18, 19, 20, 21, 22, 23, 24, 25, 26, 27 e 28

1960
Acervo Lucinha Araujo: 29, 30, 31, 32, 33, 34, 35, 36, 37, 38, 39, 40, 41, 42, 43, 44, 45, 46, 47, 48, 49, 50, 51, 52, 53, 54, 55, 56, 57, 58, 59, 60, 61, 62, 63, 64, 65, 66, 67, 68, 69, 70, 71, 72, 73, 74, 75, 76, 78, 79, 80, 81, 82, 83, 84, 85, 87, 88, 89 e 90
Paulo Scheuenstuhl: 77
Reprodução/Acervo Lucinha Araujo*: 86
Acervo Vinicius de Moraes: 91

1970
Acervo Lucinha Araujo: 92, 93, 94, 95, 96, 97, 98, 99, 100, 101, 102, 104, 105, 106, 107, 108, 109, 110, 111, 112, 113, 114, 115, 117, 118, 120, 121, 122, 123, 124, 125, 126, 127, 128, 129, 130, 131, 132 a/b, 133, 134, 135, 140, 141, 142, 143, 146, 147, 148, 149, 150, 151, 152, 153, 155, 156, 157, 158,166, 167, 169, 172, 173, 178,

179, 183, 186, 187, 188, 189, 194, 195, 196, 197, 198, 199, 200, 201, 204, 205, 206, 207, 208, 209, 210, 211, 212 e 213
Reprodução/Acervo Lucinha Araujo*: 103
Eurico Dantas/Agência *O Globo*: 116
Reprodução/*TV Brasil:* 119
Paulinho Müller: 137
Cazuza: 136
Agência *O Globo*: 138 e 176
Reprodução/*TV Manchete*: 139
Reprodução/The National Gallery: 144 e 145
Marcos Bonisson: 159, 160 e 163
Cazuza/Acervo Xicão Alves: 161
Marcos Bonisson/Acervo Xicão Alves: 162
Eduardo Viveiros: 164 e 165
Vania Toledo: 168
Stefano Bianchetti: 170
Arquivo Fernando Pessoa: 171
Thereza Eugênia: 174, 177 e 190
Acervo Dolores Duran/Coleção José Ramos Tinhorão: 175
Douglas Canjani: 180, 181 e 182
Reprodução/RCA: 184 e 185
Arquivo Noel Rosa: 191
Jorge Peter/Agência *O Globo*: 192
Silvio Ferreira/Agência *O Globo*: 193
Acervo Goga: 202 e 203
Fotógrafo não identificado : 154

1980
Acervo Lucinha Araujo: 215, 217, 226, 245, 246, 249, 250, 251, 257, 259, 263, 266, 267, 268, 269, 270, 275, 278, 289, 297, 300, 349, 366, 367, 368, 369, 384, 396, 397, 398, 399, 400, 406, 417, 418, 419, 429, 430, 448, 451, 452, 453, 461, 475, 477, 480, 489, 492, 496, 500, 509, 510, 512, 513, 514, 515, 521, 525, 526, 527, 528, 529, 530, 531, 532, 536, 538, 539, 540, 541, 542, 543, 544, 545, 546, 551, 552, 554, 564, 565, 566 e 568
Reprodução/Acervo Lucinha Araujo*: 242, 271, 288, 291, 305, 313, 314, 327, 333, 339, 340, 354, 357, 359, 362, 382, 383, 394, 410, 411, 412, 458 e 481

créditos das imagens

Lita Cerqueira: 214, 370, 415, 464, 523 e 567

Ronaldo Câmara: 216

Cazuza: 218, 219, 220, 533, 534, 535 e 537

Cazuza/Acervo Xicão Alves: 221 e 248

Ricardo Nauenberg: 222

Reprodução/Bola: 223, 224 e 225

Gustavo Henrique de Paula Lopes/Acervo Lucinha Araujo: 227

Acervo Ledusha Spinardi: 228, 229 e 230

Reprodução/"A Farra do Circo": 231

Sidney Waismann/Acervo Katia Bronstein: 232, 233, 234, 235, 236, 239, 240 e 241

Acervo Katia Bronstein: 238, 243 e 244

Pedro de Moraes: 247

Acervo Yara Neiva: 252

Lucas Reis/Centro Cultural Cazuza: 253

Cazuza/Acervo Sergio Dias Maciel: 254

Acervo Sergio Dias Maciel: 255 e 256

Frederico Mendes: 258, 285, 290, 293, 294, 301, 302, 303, 306, 319, 331, 336, 337, 348, 378 e 476

Arte Frederico Mendes/Acervo Lucinha Araujo: 287

Murillo Raposo de Carvalho/Acervo Lucinha Araujo: 261, 262, 276, 277 e 350

Marco Rodrigues/Revista AZ: 272

Ricardo Chaves: 273

Antônio Nery: 279, 280, 281, 282, 283 e 284

Reprodução/*Som Livre*: 286, 304, 334, 335 e 404

Acervo Sergio Serra: 295

Reprodução/Arquivo Nacional: 296

Claudia Dantas: 298, 422 e 423

Thereza Eugênia: 312 e 315

Mário Sergio Rodrigues: 317

Eliana Assumpção/*Folha Press*: 320

Cristina Granato: 321, 322, 323, 324, 325, 326, 328, 364, 388, 389, 390, 431, 442, 443, 485, 487 e 511

Reprodução/Acervo Denise Dummont: 329 e 330

Luizinho Coruja: 332

Fernando Pimentel: 338

Divulgação/"Bete Balanço": 341, 342, 343 e 344

Marco Rodrigues: 346

Marcos Bonisson: 351, 473, 490, 494, 549, 553, 557, 559, 560, 562 e 563

Paulo Marcos: 352

Vania Toledo: 355, 356, 519 e 520

Luiz Carlos David/*Tyba*: 363

Agência *O Globo*: 365

Acervo Marcos Lobão: 371 e 375

Jorge Gorgen: 372, 373 e 376

Dante Longo: 374

Marcos Lobão: 377

Rogério Reis: 379

Pedro Martinelli: 380

Sérgio de Souza: 381

Armando Gonçalves: 385, 386 e 387

Acervo Maria Rita Botelho: 391 e 392

Acervo Branco Mello: 393

Paulo Araujo: 395

J. R. Duran: 401, 402 e 403

Jorge Rosenberg: 405

Joaquim Nabuco/Agência *O Globo*: 408

Marco Antonio Cavalcanti: 409

Luiz Toledo: 413 e 414

Ronaldo Salgado: 416

André Douek/*Estadão Conteúdo*: 424

Paulo Whitaker/*Folha Press*: 425

Carlos Horcades: 426, 433 e 440

Flavio Colker: 427, 456, 472 e 483

Irineu Barreto Filho/*Abril Imagens*: 428

Masaomi Mochizuki: 432

André Roveri e Bernardo Magalhães (Nem de Tal)/*Agência Estado*: 434 e 435

Reprodução/*TV Globo*: 438

Lilian Santos: 444

Acervo Raimundo Fagner: 445

Armando Borges: 446

Robson de Freitas/Agência *O Globo*: 449 e 450

André Camara: 454

Acervo George Israel: 455 e 558

Reprodução/*Universal Music*: 457, 491, 524 e 550

Fernando Gomes/Agência *O Globo*: 460

créditos das imagens

Silvio Pozzatto: 462

Acervo Rosa de Almeida: 469

Reprodução/"Um trem para as estrelas": 471

Alexandre Sant'Anna: 479 e 482

Acervo Dé Palmeira: 488

Ana Carolina Fernandes/*Estadão Conteúdo*: 495 e 499

Fernando Arellano/*Estadão Conteúdo*: 497 e 498

Janduari Simões: 501

Miriam Prado: 502, 503, 504, 505, 506, 507 e 508

Lívio Campos: 516, 517 e 518

Reprodução/*TV Bandeirantes*: 522

Reprodução/ Magno Pontes (com Anderson Milfont): 547

Nilton Ricardo/*Revista Manchete*: 548

Acervo Marcia Alvarez: 555 e 556

Rita Matos: 561

Fotógrafo não identificado : 237, 260, 264, 265, 274, 292, 299, 307, 308, 309, 310, 311, 316, 318, 345, 347, 353, 358, 360, 361, 407, 420, 421, 436, 437, 439, 441, 447, 459, 463, 465, 466, 467,468, 470, 474, 478, 484, 486 e 493

1990

Marcos Bonisson: 569

Reprodução *Revista Amiga*/Foto Frederico Mendes: 570

Acervo Lucinha Araujo: 571

Guilherme Pinto/Agência *O Globo*: 572

Vania Toledo: 573

CADERNO DE IMAGENS 1990-2024

Acervo Lucinha Araujo: 574, 575, 577 e 578

Fernando Seixas: 576

Fotógrafo não identificado: 579

Reprodução/*PolyGram*: 580

Reprodução *O Dia*/Foto Marcela Vigo: 581

Reprodução/*Viva Cazuza*/Helio Pellegrino: 582

Reprodução/*Universal Music*: 583

Fabio Motta/*Estadão Conteúdo*: 584

Adriana Lorete/Editora *O Globo*: 585

André Freitas/*AgNews*: 586

Cristina Granato: 587

Nana Moraes/*Abril Imagens*: 588

Wania Corredo/*Jornal Extra*: 589

Divulgação/Cazas de Cazuza: 590

Fernanda Dias/*Jornal Extra*/*Info Globo*: 591

Reprodução/Editora *O Globo*: 592, 593, 594, 595 e 596

Divulgação/"Por que a gente é assim": 597

Divulgação/"Cazuza – Mostra sua cara": 598

Felipe Panfili: 599

Marcos Serra Lima: 600 e 605

Reprodução/*Som Livre*: 601

Lucas Reis/Centro Cultural Cazuza: 602

Acervo Fabiana Araujo: 603, 604 e 606

Acervo Flora Gil: 607

Alexandre Macieira/*RioTour*: 608

Henrique Alqualo: 609

APÊNDICES

Vania Toledo: 610 e 614

Bruno Veiga/*Jornal do Brasil*: 611

Frederico Mendes: 612

J.R. Duran: 613

CRÉDITOS, ÍNDICES E SUMÁRIO

Flavio Colker: 615, 616, 617 e 619

ORGANIZADORES

Henrique Alqualo: 618

Todos os esforços foram feitos para localizar a origem das imagens e dos fotógrafos que as produziram. Nem sempre isso foi possível. A editora se compromete a creditar os responsáveis, caso se manifestem.

* As fontes dos recortes de jornais e revistas reproduzidos do Acervo Lucinha Araujo estão com as fontes especificadas em Créditos de Matérias de Imprensa.

créditos dos depoimentos

Para organização deste livro, Ramon Nunes Mello, ao longo de 2023, teve inúmeros encontros com Lucinha Araujo. Durante esse período, foram realizadas entrevistas, além de pesquisas no acervo de fotografia e no arquivo de documentos e memorabilia de Cazuza. Em 7, 8 e 9 de janeiro de 2024 foram realizados os últimos encontros, registrados em vídeo por Wagner Alonge Bonfim.

Depoimentos inéditos de amigos e parceiros de Cazuza concedidos a Ramon Nunes Mello para esta fotobiografia: Alice de Andrade, Antônio Carlos Siqueira Harres (Bola), Antonio Khel, Arnaldo Brandão, Carla Camurati, Celina Falcão, Claudia Otero, Dé Palmeira, Douglas Canjani, Debora Bloch, Denise Dummont, Fabiana Araujo, Fernando Gabeira, Flavio Colker, Flora Gil, Francisca Botelho, Frederico Mendes, George Israel, Gilda Mattoso, Guto Goffi, Yara Neiva, João Rebouças, José Castello, Katia Bronstein, Leo Jaime, Leoni, Lobão, Liège Monteiro, Luís Guilherme de Araujo Müller (Lig), Luiz Zerbini, Malu Morenah, Marcia Alvarez, Maria da Glória Pato Gonçalves (Goga), Márcia Rachid, Marcos Bonisson, Marcos Lobão, Ney Matogrosso, Nico Rezende, Nilo Romero, Orlando Morais, Otávio Müller, Patricia Casé, Paulinho Müller, Paulo Ricardo, Pedro Bial, Perfeito Fortuna, Raimundo Fagner, Reinaldo Arias, Renato Rocketh, Rita Matos, Roberto Frejat, Rogério Meanda, Rosa de Almeida, Rosane Gofman, Sergio Dias Maciel (Serginho), Sérgio Serra, Simone, Zé Luis e Xicão Alves.

Os depoimentos de Cazuza foram pesquisados no Arquivo Viva Cazuza, em entrevistas concedidas entre 1982 e 1990 nos veículos: *Amiga, Around Bizz, Contigo, Correio Braziliense, Folha de S.Paulo, Goodyar, Interview, IstoÉ/Senhor, Jornal da Tarde, Jornal do Brasil, Jornal Hoje (TV Globo), Manchete, O Estado de S. Paulo, O Globo, O Dia, Playboy* e *Status*.

Depoimentos publicados anteriormente:

Antônio Carlos Siqueira Harres (**Bola**), transcrição da fita com a leitura astrológica do mapa natal de Cazuza – livro Cazuza – *Só as mães são felizes*, de Lucinha Araujo e Regina Echeverria (Editora Globo, 1997).

Bebel Gilberto – programa *Por trás da canção* (Canal BIS, 2018).

Bernardo Vilhena – catálogo do *Projeto Cazuza* (1991/1992), organizado por Arthur Mühlenberg.

Cacá Diegues – catálogo do *Projeto Cazuza* (1991/1992), organizado por Arthur Mühlenberg.

Caetano Veloso – livro *Preciso dizer que te amo: Todas as letras do poeta*, organizado por Lucinha Araujo e Regina Echeverria (Editora Globo, 2001); especial *Ideologia*, TV Brasil, 1990.

Dulce Quental – publicado no jornal *O Povo*, em 7 de julho de 2010.

Elza Soares – publicado em diversos veículos, a partir de coletiva de imprensa na ocasião de lançamento da versão "O tempo não para", 2018.

Ezequiel Neves – encarte *Cazuza* (TV Globo, 1990); livro *Songbook Cazuza, vol. 1*, organizado por Almir Chediak (Lumiar Editora, 1990); catálogo do *Projeto Cazuza* (1991/1992), organizado por Arthur Mühlenberg.

Gilberto Braga – catálogo do *Projeto Cazuza* (1991/1992), organizado por Arthur Mühlenberg.

Gal Costa – livro *Songbook Cazuza, vol. 1*, organizado por Almir Chediak (Lumiar Editora, 1990).

créditos dos depoimentos

João Araujo – livro *Preciso dizer que te amo: Todas as letras do poeta*, organizado por Lucinha Araujo e Regina Echeverria (Editora Globo, 2001).

Jamari França – livro *Songbook Cazuza, vol. 1*, organizado por Almir Chediak (Lumiar Editora, 1990).

Marília Pêra – encarte *Cazuza* (TV Globo, 1990).

Maurício Barros – livro *Preciso dizer que te amo: Todas as letras do poeta*, organizado por Lucinha Araujo e Regina Echeverria (Editora Globo, 2001).

Mary Ventura – livro *O tempo não para: Viva Cazuza*, de Lucinha Araujo e Christina Moreira da Costa (Editora Globo, 2001).

Nelson Motta – livro *Songbook Cazuza, vol. 1*, organizado por Almir Chediak (Lumiar Editora, 1990).

Paulo Marcos – "Caderno D", do jornal *O Dia*, 31 de janeiro de 1995.

Rita Lee – livro *Songbook Cazuza, vol. 1*, organizado por Almir Chediak (Lumiar Editora, 1990).

Renato Ladeira – *Jornal do Brasil*, em entrevista a Leandro Souto Maior, 2008.

Renato Russo – show do Legião Urbana no Jockey Club, no Rio de Janeiro, em 07 de julho de 1990 - dia do falecimento de Cazuza.

Supla – livro *Supla: Crônicas e fotos do Charada brasileiro* (Edições Ideal, 2021).

Tárik de Souza – encarte *Cazuza* (TV Globo, 1990).

Tizuka Yamasaki – catálogo do *Projeto Cazuza* (1991/1992), organizado por Arthur Mühlenberg.

Waly Salomão – livro *Preciso dizer que te amo: Todas as letras do poeta*, organizado por Lucinha Araujo e Regina Echeverria (Editora Globo, 2001).

Zuenir Ventura – encarte *Cazuza* (TV Globo, 1990); *Jornal do Brasil*, 13 de novembro de 1988.

créditos das matérias e dos artigos de imprensa

As matérias de imprensa reproduzidas neste livro foram selecionadas em pastas de clippings do Acervo Lucinha Araujo.

1968
• Coluna "Na grande área", de Armando Nogueira, *Jornal do Brasil*.

1971
• Matéria de revista [fonte não encontrada] "Faz mal ler deitado".

1981
• Crítica – Teatro Infantil, de Flora Süssekind – "Parabéns pra você", "Caderno B", *Jornal do Brasil*, 27 de novembro.

1982
• Coluna "Zeca'n roll" de Ezequiel Neves na revista *SomTrês*, "Barão Vermelho, o rock carnívoro", junho.
• Resenha do álbum *Barão Vermelho* (1982), *Jornal do Brasil*, 07 de novembro.
• Coluna "Zeca'n roll" de Ezequiel Neves na revista *SomTrês*, "Barão Vermelho: demencial", julho.

1983
• Resenha de Jamari França, "Caderno B", *Jornal do Brasil*, "Barão Vermelho 2", 04 de setembro.
• Jornal *O Globo*, "Uns de Caetano, no Canecão", Helena Salem sobre shows.
• Coluna "Etc... e tal" de Monica Figueiredo, "Cazuza: poeta, músico e cantor"/ anúncio Rede Globo, "Ney Matogrosso lança novo disco e canta 'Pro dia nascer feliz'".

1984
• Revista *Fatos e Fotos – Gente*, coluna "Música & Discos" de Antônio Carlos Miguel, "Homenagem a Júlio Barroso", junho.
• Coluna "Música - Maurício Kubrusly", "Barão, acorda para ganhar dinheiro!".

• Revista *Capricho*, perfil e fotos de infância dos integrantes do Barão Vermelho.
• *Jornal da Tarde*, São Paulo, "O sucesso do Barão Vermelho - Passando por cima do nariz franzido da crítica", Maria Amélia Rocha Lopes, 23 de janeiro.
• Jornal *O Globo*, "Rio Show", "Blitz, Barão, OSB, OSTM e coral: É o Rock-Concerto amanhã na Apoteose", 14 de setembro.
• Jornal *O Dia*, "Barão Vermelho preso por droga", 22 de outubro.
• Capa do jornal *O Pasquim*, dezembro. Entrevista exclusiva com Cazuza realizada pelos poetas Tavinho Paes e Jorge Salomão, o artista visual Torquato de Mendonça (ex-editor do jornal underground *Flor do Mal*), o cantor Walter Queiroz e o jornalista Ricky Goodwin.

1985
• *Jornal do Brasil*, *Revista Domingo*, "Rock in Rio – roteiro", janeiro.
• Revista *Isto é*, "Pro dia nascer feliz", 23 de janeiro.
• Revista *Afinal*, "O Barão sem sua voz – Cazuza, o vocalista e poeta do Barão, deixa o grupo", 06 de agosto.
• *O Globo*, "Segundo Caderno", "Cazuza lança seu primeiro elepê solo".

1987
• *O Globo*, "Segundo Caderno", "Cazuza, o bom poeta do rock", Mauro Dias, 05 de agosto.

1988
• Jornal *Folha de S.Paulo*, "Cazuza de volta à estrada", Fernando Gabeira, 12 de agosto.

1989
• Revista *Amiga*, "A saudável irreverência na luta pela vida", Eli Halfoun.

1990
• *Jornal do Brasil*, "Homenagem", Caio Fernando Abreu, julho.

índices

dos poemas e das canções

onomástico

616. Cazuza, 1987

Índice dos poemas e das canções

Quarta-feira [trecho] – 76
(Cazuza/Zé Luis, 1986)

Jogo de futebol – 78
(Cazuza, 1980)

Rita – 107
(Cazuza, 1988)
dedicado à Rita Matos

17 anos [original] – 109
(Cazuza, 1975/Roberto Frejat, 1983)

Poema [original] – 110
(Cazuza, 1975/Roberto Frejat, 1998)
dedicado à avó paterna, Maria José

Cineac Trianon [original] – 142
(Cazuza, 1989)

Bilhetinho azul – 151
(Cazuza/Roberto Frejat, 1982)

Moço lindo [original] – 203
(Ledusha Spinardi, 1981)
dedicado a Cazuza

Rock da Noviça – 210
(Cazuza/Ruiz Bellenda/Leo Jaime, 1981)

Lady Chatterley [original] – 215
(Cazuza, 1981)
dedicado à Katia Bronstein

Yara Neiva não me leve à mal [original] – 224
(Cazuza, 1981)
dedicado à Yara Neiva

Você tem tanta dobrinha [original] – 227
(Cazuza, 1984)
dedicado a Sergio Dias Maciel, Serginho

Pobreza – 232
(Cazuza/Leo Jaime, 1980)

Mulher Vermelha – 292
(Cazuza/Graça Motta, 1984)
dedicado à Denise Dummont

Cazuza azul e zil – 320
(Bernardo Vilhena, 1990)
dedicado a Cazuza

Codinome Beija-Flor – 342
(Cazuza/Ezequiel Neves/Reinaldo Arias, 1985)

Balada de um vagabundo – 349
(Waly Salomão, 1985)

Preciso dizer que te amo [original] – 414
(Cazuza/Dé Palmeira/Bebel Gilberto, 1987)

Canção do Anjo [original] – 430
(Bruna Lombardi, 1988)
dedicado a Cazuza

Instantes [original] – 479
(Lulu Santos, 1990)
dedicado a Cazuza

O poeta está vivo – 482
(Dulce Quental/Roberto Frejat, 1990)

Jovem [original] – 486
(Cazuza/Arnaldo Brandão, 1989)

Certo dia na cidade [trecho] – 568
(Cazuza/Guto Goffi/Maurício Barros, 1982)

Índice onomástico

A

A Banda dos Poetas – 291
Abdon Issa (médico de Cazuza no Brasil) – 340, 384, 385, 400 e 408
AC/DC – 330
Adriana (prima de Cazuza) – 174 e 175
Adriano Reys – 25
Agenor de Miranda Araujo (vovô Agenor) – 27, 29, 33, 54 e 106
Agenor de Miranda Araujo Filho – 27
Aguinaldo Silva – 524
Al Pacino – 118
Alberto Carvalho – 384
Alceu Valença – 388
Alessandra Poggi – 525
Alexandre Agra – 270 e 271
Alexandre Castilho – 526
Alexandre Macieira – 548
Alexandre Sant'Anna – 548
Alfredo Sirkis – 377
Allen Ginsberg – 99, 154, 189, 367, 492 e 519
Alice da Costa Torres (vovó Alice) – 27, 35, 57, 58, 66, 75, 86, 89, 103, 104, 106, 355 e 519
Alice de Andrade – 207, 214, 220, 221, 252 e 549
Alice Pink Pank – 290
Alcides Nogueira – 525
Alicinha Cavalcante – 449 e 477
Almério – 524
Almir Chediak – 442, 463, 549 e 550
Alvim Hélio – 387
Ana Arantes – 437, 477 e 526
Ana Carolina (filha de Lig, primo de Cazuza) – 87
Ana Carolina Fernandes – 548
Ana Gaio – 377
Ana Lucia (prima de Cazuza) – 67
Anderson Milfont – 464 e 548
André de Biase – 524
André Camara – 547
André Douek – 547
André Freitas – 548
André Roveri – 547
Andréa (filha de Ari Almeida) – 57
Andréa Maltarolli – 525
Adriana Lorete – 548

Anette Porfirio – 335
Angela (prima de Cazuza) – 36
Angela Chaves – 525
Angela Ro Ro – 148, 245, 256, 257, 467, 502, 519, 521 e 523
Ângelo Antônio – 525
Anna Bella – 293
Anna Lima – 503
Andréa Beltrão – 303 e 368
Andy P. Mills – 275
Amâncio Cardoso – 523
Antônio Carlos Miguel – 291 e 551
Antônio Ladeira – 525
Antônio Maria – 521
Armando Borges – 547
Armando Gonçalves – 547
Armando Nogueira – 77 e 551
Arnaldo Antunes – 399, 438, 467, 519, 521 e 523
Arnaldo Brandão – 406, 486, 519, 521, 523 e 549
Antônio Calmon – 525
Antonio Cicero – 334 e 384
Antônio Nery – 547
Ari Almeida – 57
Ariel Coelho – 214, 217 e 221
Arthur Ashe – 530 e 531
Arthur Mühlenberg – 485, 549 e 550
Ary Barroso – 487
As Absurdettes – 291

B

Baby Consuelo (Baby do Brasil) – 286, 496 e 523
Bahie Banchik – 383
Banda Harmadilha – 523
Barão Vermelho – 10, 12, 16, 123, 154, 156, 158, 188, 206, 207, 217, 231, 233, 234, 235, 236, 238, 240, 246, 247, 248, 249, 250, 252, 253, 254, 255, 256, 257, 258, 259, 260, 261, 262, 263, 264, 266, 271, 273, 274, 275, 276, 277, 278, 280, 282, 284, 293, 295, 296, 297, 298, 299, 300, 301, 302, 303, 304, 305, 309, 310, 311, 312, 313, 315, 316, 317, 318, 319, 321, 326, 327, 328, 329, 330, 331, 332, 333, 338, 339, 340, 346, 348,

366, 372, 375, 394, 420, 440, 471, 474, 490, 507, 519, 520, 522, 523, 524, 525, 526, 550, 551, 557 e 562
Bárbara Coimbra – 526
Baster Barros – 290
Betinho (Herbert de Sousa) – 464, 513, 529, 530, 531 e 536
Beatriz (prima de Cazuza) – 67
Bebel Gilberto – 207, 213, 214, 216, 220, 226, 270, 271, 275, 277, 293, 362, 378, 413, 414, 439, 474, 496, 549 e 554
Bernardo Vilhena – 320 e 554
Bernardo Magalhães (Nem de Tal) – 547
Bené – 207, 293, 449 e 468
Bessie Smith – 247 e 455
Beth Ladeira (Elizabeth Ladeira) – 374, 383 e 392
Beth Carvalho – 373
Beth Goulart – 524
Betty Faria – 395
Bianca Byington – 222
Big Mama Thornton – 153 e 245
Billie Holiday – 117, 189, 226, 398, 449 e 489
Bineco Marinho – 293, 440, 447, 449, 477, 478, 485, 489 e 526
Blitz – 249, 309, 311, 330 e 551
Bloco Exagerado – 524
Bob Marley – 247
Bola (Antônio Carlos Siqueira Harres) – 200, 201, 540 e 549
Boninho – 526
Botika – 523
Braguinha – 73
Branco Mello – 337
Breno Moroni – 213
Brizola – 266 e 541
Bruna Lombardi – 275, 277, 430 e 554
Bruno Cosentino – 523
Bruno Duarte – 526
Bruno Gagliasso – 525
Bruno Veiga – 548
Brunno Monteiro – 523
Bryan Behr – 524
Bukassa Kabengele – 523
B–52s – 330

índice onomástico

C

Cao Albuquerque – 309
Cacá Diegues – 16, 125, 395 e 549
Cacaia – 393
Caetano Veloso – 11, 16, 17, 70, 73, 147, 150, 152, 158, 163, 164, 189, 208, 209, 226, 256, 278, 279, 280, 293, 308, 315, 321, 327, 335, 345, 373, 420, 425, 439, 440, 442, 445, 471, 489, 496, 521, 522, 523, 539, 540, 549 e 551
Céu – 524
Caco Perdigão – 108
Caio Fernando Abreu – 12, 14, 231, 488, 489, 513, 531, 537 e 551
Camila Queiroz – 525
Camille Pissarro – 119
Capinam – 73
Carla Mourão (Carlinha/Carla Brooke) – 126, 128, 130, 131 e 143
Carla Camurati – 207, 214 e 549
Carlinhos Brown – 526
Carlos Alberto Riccelli – 275
Carlos Alberto Sion – 437
Carlos Drummond de Andrade – 99, 189 e 519
Carlos Castañeda – 420
Carlos Horcades – 547
Carlos Magalhães – 526
Carlos Minc – 377
Carlos Stein – 522
Carmo Dalla Vecchia – 525
Carol Biazin – 524
Cartola – 53, 70, 139, 147, 164, 165, 188, 281, 420, 519, 521, 523, 525 e 526
Cassandra Rios – 99
Cássia Eller – 248, 414, 504, 522, 525 e 526
Cássio Gabus Mendes – 524
Catarina Dee Jah – 523
Cauby Peixoto – 343
Cedália (babá de Cazuza) – 47
Celma da Silva (Pselma) – 143
Celso Blues Boy – 374
César Filho – 526
Cida (funcionária da família de Cazuza) – 75

Chacal – 217 e 247
Chacrinha (José Abelardo Barbosa) – 323, 332, 333 e 355
Chagas Freitas – 252
Charles Baudelaire – 218 e 492
Charles Bukowski – 231 e 290
Chet Baker – 449
Chico Buarque – 73, 373 e 389
Chico Mário – 530
Chico Mendes – 492
China – 523
Christiaan Oyens – 427
Christina Moreira da Costa – 406, 506, 550, 558 e 564
Christina Motta – 503 e 514
Cida Moreira – 506
Clara Gavilan – 526
Clara Davis – 408 e 452
Clara Maria Fernandes (Clarinha) – 27
Clara Nunes – 487
Clarice (caseira da casa em Angra dos Reis) – 477
Clarice Lispector – 99, 139, 189, 281, 322, 323, 519 e 538
Claudia Dantas – 547
Claudia Otero – 207, 213, 216, 217, 220 e 549
Claudia Raia – 525
Cláudia Von Bock – 327
Cláudia Wonder – 488
Cláudio Heinrich – 525
Conceição Rios – 220
Corpo Cênico Nossa Senhora dos Navegantes – 207, 209, 211, 212, 214, 218, 220, 228 e 252
Cristiana Oliveira – 525
Cristina Granato – 286, 547 e 548
Creuza Francisca dos Santos – 165

D

D.H. Lawrence – 215
Daniel Filho – 357 e 524
Daniel de Oliveira – 505 e 506
Dante Longo – 326 e 547
Dalton Vigh – 525
Dalva de Oliveira – 144, 147, 157, 158, 211, 492 e 519
Dario – 143 e 184

Davi Moraes – 383
David Lynch – 492
Dé Palmeira – 233, 234, 256, 266, 271, 276, 277, 284, 285, 300, 301, 302, 378, 392, 393, 412, 413, 414, 427, 439, 485, 519, 520, 521, 525, 526, 548, 549 e 554
Debora Bloch – 302, 303, 304, 305, 306, 496 e 549
Débora Reis – 523
Décio Crispim – 346
Dellamare – 87
Denise Barroso – 270, 271, 393 e 520
Denise Dummont – 286, 293, 294, 382 e 547
Diogo Vilela – 303 e 306
Dirceu Rabelo – 526
Dircinha Batista – 73
DJ Zé Pedro – 523
Do Amor – 523
Dolores Duran – 147, 188, 519 e 546
Domenico Lancellotti – 523
Dori Caymmi – 73
Dorival Caymmi – 413 e 465
Douglas Canjani – 155, 156, 546 e 549
Djavan – 73 e 521
Duda Ordunha – 375
Dulce Quental – 482, 483, 496, 554 e 549
Duse Nacaratti – 303
Durval Ferreira – 127
Dzi Croquettes – 222

E

Ed Motta (apelido da enfermeira de Cazuza) – 485
Edu Lobo – 73
Eduardo Dussek – 330
Eduardo Tornaghi – 524
Eduardo Viveiros – 546
Elaine Feinstein – 455
Elaine Macedo – 512
Eleanor H. Porter – 525
Eli Halfoun – 484 e 551
Eliana Assumpção – 547
Eliane Brito – 135 e 143
Elis Regina – 70
Elvira (dona Elvira) – 25

índice onomástico

Elton John – 176
Elton Medeiros – 70
Elymar Santos – 523
Elza Soares – 372, 523, 525 e 526
Emanuel Jacobina – 525
Emílio Dantas – 505 e 524
Emílio Santiago – 73, 257, 282, 343, 496 e 522
Engenheiros do Hawaii – 523
Eraldo – 335
Eumir Deodato – 73
Eurico Dantas – 546
Ernesto Piccollo – 496
Evandro Mesquita – 207, 254, 392, 393 e 523
Ezequiel Neves (Zeca Jagger) – 188, 202, 226, 234, 246, 247, 258, 261, 262, 263, 271, 274, 275, 285, 286, 295, 296, 297, 322, 323, 327, 331, 339, 341, 342, 346, 350, 354, 377, 378, 385, 393, 395, 406, 408, 424, 437, 524, 474, 475, 477, 485, 492, 502, 504, 507, 519, 520, 521, 539, 549, 551 e 554

F

Fabiana Araujo – 14, 106, 355, 511, 548 e 549
Fabio Lima Duarte (Fabinho) – 81
Fabio Motta – 584
Fafá Giordano – 512
Fafy Siqueira – 189 e 382
Fausto Fawcett – 395
Felipe Cordeiro – 523
Felipe Martins – 222
Felipe Panfili – 548
Felipe Taborda – 298
Fernanda Dias – 548
Fernanda Montenegro – 432 e 463
Fernanda Rodrigues – 525
Fernando Arellano – 548
Fernando Bicudo – 392
Fernando Gabeira – 12, 377, 420, 421, 549 e 551
Fernando Gomes – 547
Fernando Henrique Cardoso – 531
Fernando Lobo – 521
Fernando Moraes – 391 e 521

Fernando Pessoa – 99, 139, 141, 281, 519 e 546
Fernando Pimentel – 547
Fernando Prata – 523
Fernando Seixas – 576
Flavio Colker – 417, 439, 387, 547, 548 e 549
Flora Gil – 10, 14, 512, 548 e 549
Flora Süssekind – 219 e 551
Florbela Espanca – 218
Francis Hime – 73
Francisca Botelho (Francis) – 449, 477 e 549
Francisco Gil – 440
Francisco Alves – 487
Francisco Cuoco – 525
Fred Israel – 523
Freddie Mercury – 530 e 513
Frederico Mendes – 259, 262, 298, 299, 547, 548 e 549
Frida Kahlo – 489

G

Gabriel O Pensador – 523
Gabriel Thomaz – 523
Gabriel Trupin – 513
Gaëtan Dugas – 529
Gal Costa – 226, 413, 437, 438, 465, 524, 526 e 549
Gary Snyder – 296
George Israel – 383, 384, 465, 473, 520, 521, 522 e 523
George Luis (primo de Cazuza) – 67
Georgia Bonisson – 383
Georgiana Góes – 525
Gilberto Braga – 217, 438, 440, 493, 524, 525, 526 e 549
Gilberto Gil – 12, 16, 73, 330, 356, 395, 425, 457, 479, 512, 521, 523 e 526
Gilda Mattoso – 393 e 549
Giovanna Antonelli – 525
Giovanna Gold – 222
Gloria Perez – 256, 524 e 525
Glória Pires – 334, 474, 496 e 524
Glória Maria – 270 e 271
Goga (Glória Pato Gonçalves) – 107, 108, 128, 143, 169, 173, 475, 485, 546 e 549

Gonzaguinha – 413
Graça Motta – 292 e 554
Grande Otelo – 308
Gringo Cardia – 507
Guarabyra – 337
Guilherme Arantes – 73
Guilherme Fontes – 16, 395 e 526
Guilherme Leme – 496
Guilherme Pinto – 548
Gustavo Henrique de Paula Lopes – 547
Gustavo Leão – 525
Guto Goffi – 233, 234, 256, 257, 276, 384, 285, 300, 301, 302, 392, 485, 503, 507, 519, 520, 526, 549 e 554
Guto Graça Mello – 126, 181, 188, 234, 258, 261, 263 e 354

H

Hamilton Vaz Pereira – 207 e 252
Hanói–Hanói – 406 e 496
Helena Gastal – 73
Helena Salem – 280 e 551
Hélio Oiticica – 154
Helio Pellegrino – 501
Heleno de Oliveira – 297
Henfil – 444 e 530
Herb Ritts – 513
Heróis da Resistência – 496
Henri de Toulouse-Lautrec – 119
Henrique Alqualo – 548
Herbert Daniel – 13, 15, 377, 464 e 529
Herbert Richers Jr. – 526
Herbert Vianna – 308 e 521
Hermeto Pascoal – 413
Herva Doce – 264 e 374
Hildegard Angel – 256 e 257
Howlin'Wolf – 153 e 245
Hugo Carvana – 303
Humberto Barros – 526
Humberto Gessinger – 526

I

Ignácio Coqueiro – 526
Irineu Barreto Filho – 547
Íris Abravanel – 525
Isaac Karabtchevsky – 309 e 313
Isabel Ferreira – 408

Índice onomástico

Isabela Garcia – 524
Israel Rebouças (afilhado de Cazuza) – 383
Ivani Ribeiro – 524
Ivanildo Nunes – 207

J
J. Leiber – 75
J. R. Duran – 547
Jack Dupree – 153 e 245
Jack Kerouac – 99, 139, 154, 189, 267, 281, 296 e 367
Jaguar – 317
Jaime Sampaio – 500
Jair Rodrigues – 70
Jalusa Barcellos – 308
James Dean – 539 e 492
Jamari França – 275, 375, 522, 550 e 551
Jandira Negrão Lima – 73
Janduari Simões – 546
Janete Clair – 91
Janis Joplin – 70, 117, 144, 189, 211, 227, 230, 236 e 519
Jão – 508
Jay – 375
Jay Vaquer – 524
Jimi Hendrix – 117 e 211
João Araujo (João Alfredo Rangel de Araujo) – 11, 12, 15, 16, 18, 19, 24, 25, 26, 27, 28, 29, 31, 32, 33, 34, 35, 36, 41, 49, 57, 68, 69, 70, 71, 72, 73, 76, 77, 79, 85, 86, 88, 91, 98, 103, 104, 105, 107, 118, 119, 124, 126, 127, 136, 137, 150, 152, 156, 158, 159, 167, 169, 170, 178, 179, 180, 181, 182, 183, 187, 188, 189, 194, 195, 209, 216, 242, 243, 258, 261, 262, 272, 307, 357, 362, 364, 366, 393, 408, 413, 449, 450, 460, 465, 477, 519 e 558
João Cabral de Melo Neto – 262
João Emanuel Carneiro – 525
João Fonseca – 505
João Gilberto – 362
João Penca e Seus Miquinhos Amestrados – 496
João Rebouças – 383, 391, 393, 427, 468, 469, 519, 520, 521 e 549

João Ximenes Braga – 525
Jonas Cunha – 548
Joana – 218
Joanna – 382, 488, 257 e 372
Joaquim Nabuco – 547
John Fante – 231
John Lee Hooker – 245
John Neschling – 377
Jorge Arthur Graça (Sirica) – 57
Jorge BenJor – 126
Jorge Barrão – 417
Jorge de Sá – 383
Jorge Gordo Guimarães – 346
Jorge Gorgen – 326 e 547
Jorge Peter – 546
Jorge Rosenberg – 547
Jorge Salomão – 271, 334 e 551
José Castello – 492, 538, 539, 540, 541 e 542
José Daniel – 523
José Emilio Rondeau – 526
José Eugênio Müller Filho – 35
José Geraldo Azevedo Costa – 415
José Pereira de Araujo – 27
José Ramos Tinhorão – 546
José Wilker – 395
Júlio Coutinho – 252
Jurandir Costa – 491
Jurema Lourenço – 427 e 428
Jussara Lourenço – 427 e 428

K
Kadu Moliterno – 524
Karen Acioly – 222
Kassin – 523
Katia Bronstein – 207, 208, 209, 212, 213, 214, 215, 220, 547, 549 e 554
Keith Haring – 513
Kenneth Kaunda – 529
Kid Abelha – 330, 522 e 496

L
Lael Rodrigues – 275, 303 e 306
Laura Finocchiaro – 319 e 521
Lauro César Muniz – 525
Lauro Corona – 14, 303, 304, 306 e 382
Lautrec – 119

Leadbelly – 247
Led Zeppelin – 91, 234 e 519
Ledusha Spinardi – 203, 204, 205, 547 e 554
Leina Krespi – 496
Leila Pinheiro – 496, 522 e 524
Legião Urbana – 14, 440, 487 e 550
Leo Israel – 523
Leo Jaime – 75, 123, 210, 211, 218, 230, 231, 232, 234, 375, 496, 519, 522, 525, 549 e 554
Leonardo Netto – 261
Leoni – 346, 519, 520, 521, 523 e 549
Lenita Plocynska – 73
Letícia Sabatella – 525
Letícia Spiller – 525
Letuce – 523
Liah – 523
Liège Monteiro – 334 e 549
Lídia Brondi – 334 e 549
Lidoka – 286
Lilian Santos – 143 e 443
Lilibeth Monteiro de Carvalho – 479
Lita Cerqueira – 547
Lívio Campos – 548
Lobão – 286, 289, 290, 291, 317, 320, 346, 364, 365, 366, 375, 399, 420, 496, 519, 521, 522 e 548
Lobão e Os Ronaldos – 291
Lou Reed – 91, 258, 488 e 489
LS Jack – 523
Luc Montangnier – 529
Lucas Reis – 547 e 548
Lucélia Santos – 377
Lúcia Bittencourt – 27
Lúcia Veríssimo – 377
Luciano Maurício – 426
Luís Antônio Martinez Corrêa – 440
Luis Eça – 73
Luís Guilherme Araujo Muller (Lig) – 67, 87 e 549
Luis Paulo – 67
Luís Roberto Barroso – 54 e 55
Luiz Bonfá – 73
Luiz Caldas – 282
Luiz Carlos Barreto – 77
Luiz Carlos David – 547
Luiz Fernando Guimarães – 207 e 496

Índice onomástico

Luiz Melodia – 169, 245, 343, 371, 496 e 525
Luiz Toledo – 547
Luiz Zerbini – 417
Luiza Erundina – 444
Luizinho Coruja – 547
Lulo Scroback – 523
Lulu Santos – 73, 126, 264, 334, 382, 479, 496, 522 e 554
Lupicínio Rodrigues – 489

M
M. Stoller – 75
Madonna – 513 e 537
Madame Satã – 488
"Magic" Johnson – 530
Magno Pontes – 464 e 548
Mahmundi – 524
Maiz Ribas – 222
Makgatho Mandela – 533
Malu Mader – 496
Malu Morenah – 212, 218 e 549
Mané (mascote de Cazuza) – 75, 475 e 476
Manolo Camero – 181
Marcela Vigo – 548
Marcelo Meirelles – 383
Marcelo Arruda – 214
Marcelo D2 – 523
Marcelo da Costa Martins – 226
Marcello Ludwig Maia – 504
Marcelo Pies – 384
Marcelo Quintanilha – 523 e 525
Marcelo Secron Bessa – 13
Marcia Alvarez (Marcinha) – 321, 289, 411, 445, 471, 548 e 549
Márcia Rachid – 464, 537 e 549
Marco Antonio Cavalcanti – 547
Marco Rodrigues – 547
Marcos Bonisson – 75, 126, 128, 129, 130, 131, 132, 133, 134, 168, 196, 311, 383, 469, 474, 475, 546, 547 e 549
Marcos Leite – 248
Marcos Serra Lima – 548
Marcus Alvisi – 169
Marcus Preto – 524
Marçal – 427
Maria Antônia Costa – 27

Maria Amélia Rocha – 551
Maria Aparecida – 29
Maria Carmem Barbosa – 525
Maria Christina Torres Portella – 27
Maria Claudia – 29
Maria Eduarda (filha de Lig, primo de Cazuza) – 87
Maria Gladys – 496
Maria José Pontual Rangel (vovó Maria) – 27, 32, 67, 104, 105, 106, 109, 110, 111, 431 e 554
Maria Lucia Rangel – 460
Marina Pupo – 335
Maria Rita Botelho – 335 e 547
Maria Thereza Araujo Müller – 27 e 35
Maria Thereza – 29
Marieta Severo – 505
Marília Gabriela – 441
Marília Mattos – 383
Marília Pêra – 462
Mariana de Moraes – 392
Mariana Mesquita – 222
Mariano Marovatto – 523
Marina Lima – 91, 264, 275, 286, 289, 375, 412, 413, 418, 469, 522 e 525
Mario de Almeida – 335
Mario Dias Costa – 222
Mário Quintana – 457
Mário Sergio Rodrigues – 547
Mario Teixeira – 406
Mariozinho Rocha – 445
Markito (Marcos Vinícius Resende Gonçalves) – 529
Masaomi Mochizuki – 431
Marta Rocha – 25
Mart'nália – 471
Mary Ventura – 497
Maryse Müller – 124
Maurício Barros – 233, 234, 250, 256, 285, 300, 301, 519, 520, 526, 550 e 554
Maurício Kubrusly – 297 e 551
Mauro Dias – 388 e 551
Maysa – 79, 162, 164, 165 e 519
Melânia Sidorak – 323
Mick Jagger – 117, 287 e 344
Miguel Cariello – 526
Miguel Falabella – 524 e 525
Milton Gonçalves – 395

Mini Kerti – 507
Miriam Prado – 548
Miúcha – 362 e 496
Moira – 331 e 393
Monica Figueiredo – 281, 341, 353 e 551
Mombojó – 523
Momo – 523
Moraes Moreira – 126, 188 e 383
Murillo Raposo de Carvalho – 250 e 547

N
Naila Skorpio – 274 e 520
Nana Caymmi – 496
Nanã Gantois – 512
Nanda Garcia – 526
Nara Leão – 73
Nelson Cavaquinho – 160, 188, 373 e 523
Nelson Mandela – 533
Nelson Motta – 73, 125, 258, 261, 375, 523 e 550
Nelson Rodrigues – 99, 267, 391, 490 e 519
Ney Matogrosso – 89, 111, 138, 139, 141, 189, 224, 226, 274, 275, 281, 282, 286, 287, 357, 417, 420, 422, 423, 439, 445, 485, 504, 519, 522, 523, 524, 526, 549, 551 e 557
Nick Hopkins – 247
Nico Rezende – 361, 383 e 549
Nilo Romero – 390, 391, 393, 427, 442, 465, 466, 519, 521, 522 e 526
Nilton Ricardo – 548
Nina Hagen – 330
Noel Rosa – 147, 164, 165 e 519
Nonato Estrela – 222 e 290
Novos Baianos – 70, 73, 235, 245 e 279
Nuvem Cigana – 217, 231, 249 e 557

O
Odeid Pomerancblum – 291
Oberdan Magalhães – 274
Olivia Hime – 73
Omar Salomão – 523
Orlando Morais – 474, 496, 518, 522 e 549
Orlando Silva – 592
Orquestra Sinfônica Brasileira – 309

559

Índice onomástico

Orquestra Theatro Municipal do Rio de Janeiro – 309
Os Mutantes – 279
Oscar Hammerstein II – 209
Oswald de Andrade – 521
Otávio Müller – 440

P

Pablo Picasso – 119
Papa Léguas (Papinha) – 143
Paralamas do Sucesso – 249
Patricia Casé – 143, 152, 168, 169, 226 e 548
Patricia Terra – 207 e 220
Patricya Travassos – 207
Patrícia Werneck – 525
Paula (filha de Paulo Ricardo) – 424
Paula Lavigne – 256, 257, 425, 503 e 512
Paulo Araujo – 547
Paulo Coelho – 521
Paulo Leminski – 262
Paulo Lopes – 478
Paulo Marcos – 199, 547 e 550
Paulo Mendes Campos – 77
Paulo Miklos – 337
Paulo Ricardo – 393, 424, 496, 522, 523 e 549
Paulo Scheuenstuhl – 546
Paulo Trevisan – 372 e 526
Paulinho da Viola – 73
Paulinho Guitarra – 469
Paulinho Lima – 475
Paulinho Moska – 523
Paulinho Müller – 91, 114, 115, 116, 118, 119, 124, 400, 546 e 549
Paulo Scheuenstuhl – 546
Pedro Almodóvar – 492
Pedro Bial – 12, 48, 49, 60, 77, 80, 98, 81 e 549
Pedro Camargo Mariano – 522
Pedro de Moraes – 547
Pedro Martinelli – 547
Peninha – 337
Perfeito Fortuna – 12, 123, 206, 207, 209, 212, 214, 220, 226, 230, 248, 249, 262, 252, 254, 519 e 548
Peter Paul Rubens – 119

Pierre–Auguste Renoir – 119
Preta Gil – 523 e 440

Q

Qinhones – 523

R

Rafael Frejat – 523
Raimundo Fagner – 376, 547, 496 e 548
Raul Cortez – 496
Raul Seixas – 522
Reddy Allor – 524
Reinaldo Arias – 519
Regina Casé – 207 e 347
Regina Echeverria – 200, 261, 506, 523, 549, 550 e 558
Regina Restelli – 526
Rembrandt – 119
Renata Laviola – 383
Renato Ladeira – 346, 374, 520, 521 e 550
Renato Rocketh – 468, 519, 521, 522 e 549
Renato Russo – 14, 188, 398, 399, 496, 522, 531, 537, 550 e 557
Ricardo Chaves – 547
Ricardo Linhares – 525
Ricardo Nauenberg – 547
Ricardo Palmeira – 391, 293, 426 e 427
Ricardo Quintana (Kiki D'Orsay) – 96, 105, 135, 143 e 145
Richard Rodgers – 209
Ricky Goodwin – 551
Ritchie – 384 e 521
Rita (filha de Antonia) – 104
Rita de Cássia – 383
Rita Lee – 73, 144, 145, 146, 147, 164, 247, 279, 399, 467, 521, 526, 542 e 550
Rita Matos – 107, 108, 222, 293, 475, 548, 549 e 554
Roberto Berliner – 207 e 222
Roberto Carlos – 228 e 471
Roberto de Carvalho – 526
Roberto Frejat – 109, 110, 151, 152, 189, 223, 224, 233, 234, 235, 238,

244, 245, 254, 257, 265, 266, 271, 274, 275, 276, 277, 282, 284, 289, 300, 301, 302, 312, 330, 333, 338, 339, 346, 348, 353, 374, 292, 404, 405, 415, 436, 437, 439, 440, 456, 457, 458, 467, 43, 483, 485, 504, 519, 520, 521, 522, 523, 549 e 554
Roberto Menescal – 308 e 524
Roberto Talma – 373 e 437
Robertinho do Recife – 264
Robson de Freitas – 547
Rock Hudson – 529
Rodolfo Bottino – 440 e 496
Ricardo Garcia – 524
Rodrigo Petreca – 523
Rodrigo Pinto – 507
Rodrigo Pitta – 505 e 523
Rodrigo Santos – 523 e 524
Rodrigo Santoro – 525
Rogério Flausino – 503
Rogério Meanda – 346, 390, 519, 520, 521, 522, 523, 535 e 549
Rogério Reis – 547
Rolling Stones – 70, 91 398 e 519
Ronald Reagan – 530
Ronaldo Câmara – 547
Ronaldo Salgado – 547
Ronnie Von – 73
Rosa de Almeida – 331, 394 e 548
Rosana Pereira – 523
Rosane Gofman – 215, 217 e 549
Rosebaby – 143
Rudolf Nureyev – 531
Ruiz Bellenda – 207, 210, 211, 212, 214, 216, 220, 221, 226, 227, 230 e 554
Ruth Almeida Prado – 181
Ruy Cortez – 222
Ryan White – 529 e 530

S

Sá – 337
Sady Homrich – 522
Sandra de Sá – 109, 127, 226, 264, 265, 275, 277 e 496
Sandra Moreyra – 75
Sandra Werneck – 357, 406, 505 e 506
Sandro Moreyra – 76
Sangue da Cidade – 302

Índice onomástico

Santa Rita – 401
Scarlet Moon de Chevalier – 382 e 496
Scorpions – 330
Sergio Della Monica – 469
Sérgio de Souza – 547
Sergio Dias Maciel (Serginho) – 207,
212, 213, 214, 216, 217, 220, 222,
227, 228, 229 e 496
Sérgio Orset – 25
Sérgio Sanz – 504
Sérgio Serra – 266, 547 e 549
Sheldon Wolff (médico de Cazuza em
Boston) – 400, 415 e 478
Sidney Miller – 73
Sidney Oliveira – 333
Sidney Waismann – 208 e 547
Sigmund Freud – 491
Silva – 508, 523 e 524
Silvia Buarque – 377
Silvio Ferreira – 545
Simone – 343, 374, 436, 437, 549,
522, 523 e 525
Sophie Charlotte – 525
Stanley Kubrick – 118
Stefano Bianchetti – 546
Stray Cats – 234
Sunny (mascote de Cazuza) – 75
Sunny II (mascote de Cazuza) – 75
Supla – 472, 473 e 550
Susan Sontag – 491

T

Tamar – 331
Tancredo Neves – 522
Tânia Alves – 286
Tapete Mágico – 217
Tárik de Souza – 258, 493 e 550
Tato Gabus Mendes – 524
Taumaturgo Ferreira – 395
Técio Lins e Silva – 316
Telefone Gol – 522
Teresa Batista (funcionária de
Cazuza) – 101 e 102
Teresa Cristina – 503
Teresa Cristina Rodrigues – 117
Tereza Calicchio – 408
Tico Santa Cruz – 523
Timothy Ray Brown – 533

Tizuka Yamasaki – 306 e 550
Tom Hanks – 531
Tom Jobim – 73, 292 e 487
Tom Saga – 383
Toninho (irmão da Eliane Brito) – 143
Tono – 523
Tony Costa – 373
Tony Ramos – 525
Torcuato Mariano – 391
Torquato de Mendonça (Thor) – 128,
143 e 551
Torquato Neto – 73
Thabo Mbeki – 532
The Who – 116
Thedy Corrêa – 522
Thereza Eugênia – 546 e 547
Thiago de Mello – 77
Thiago Pantaleão – 508 e 524
Thiago Petit – 525
Thomaz Portella da Silva (vovô
Thomaz) – 27, 29, 37, 106 e 107
Titãs – 439 e 525
Titãs do lê–lê–lê – 302
Tuca – 73

U

Ultraje a Rigor – 302
Uri Geller – 244

V

Valentina Francisco – 526
Valéria Barcellos – 537
Valeska Pollo – 131
Vanessa Gerbelli – 523
Vania Toledo – 489, 546, 547 e 548
Vicente Celestino – 487
Victor Haim – 214
Vincent Van Gogh – 119
Vinicius de Moraes – 73, 80 e 81
Virginia Campos – 214
Virginia Casé – 222
Viviane (filha Isabel Ferreira) – 174 e
175

W

Wado – 523
Walcyr Carrasco – 525
Waldir Leite – 207

Walter Carvalho – 357
Walter Costa – 524
Walter Queiroz – 551
Waly Salomão – 154, 279, 334, 346,
348, 349 e 550
Wanderley Cardoso (mascote de
Cazuza) – 75, 222 e 225
Wania Corredo – 548
Widor Santiago – 427
William Blake – 99
William S. Burroughs – 367
Wilson José – 488

X

Xicão Alves – 130, 131, 143, 144, 169,
197, 214, 222, 546, 547 e 549

Y

Yara Neiva – 138, 139, 169, 222, 223,
224, 225, 226, 382, 383, 439, 473,
474, 475, 547, 549 e 554
Yes – 330

Z

Zaba Moreau – 521
Zé Celso Martinez Corrêa – 440
Zé da Gaita – 274
Zé Luis – 76, 290, 371, 373, 519, 520,
521 e 554
Zé Ketti – 73
Zeca Camargo – 441 e 519
Zélia Duncan – 522
Zezé Motta – 357
Zizi Possi – 308
Zoé Chagas Freitas – 252
Zuenir Ventura – 12, 490, 491, 492
e 550
Zuleica – 25

617.

617. Cazuza, jovem rebelde e poeta contestador

obras consultadas

ARAUJO, Lucinha; ECHEVERRIA, Regina. *Cazuza: Só as mães são felizes*. São Paulo: Editora Globo, 1997.

ARAUJO, Lucinha; ECHEVERRIA, Regina. *Preciso dizer que te amo: Todas as letras do poeta*. São Paulo: Editora Globo, 2001.

ARAUJO, Lucinha; COSTA, Christina Moreira da. *O tempo não para: Viva Cazuza*. São Paulo: Editora Globo, 2011.

BITTENCOURT, Jussara de Sá. *Cazuza no vídeo O tempo não para*. Santa Catarina: UniSul, 2006.

CHEDIAK, Almir (Org). *Songbook Cazuza, vol. 1*. Rio de Janeiro: Lumiar Editora, 1990.

CHEDIAK, Almir (Org). *Songbook Cazuza, vol. 2*. Rio de Janeiro: Lumiar Editora, 1990.

COHN, Sérgio. *Nuvem Cigana – poesia e delírio no Rio dos anos 70*. Rio de Janeiro: Azougue, 2007.

DAPIEVE, Arthur. *BRock: O rock brasileiro dos anos 80*. Rio de Janeiro: Editora 34, 1995.

DUÓ, Eduardo (pesquisa e redação); RENNÓ, Carlos (coordenação). *Vozes do Brasil: Cazuza*. São Paulo: Martin Claret Editores, 1990.

FAOUR, Rodrigo. *A história sexual da MPB*. Rio de Janeiro: Record, 2008.

FERRAZ, Eucanaã (Org.) *Veneno antimonotonia – os melhores poemas e canções contra o tédio*. Rio de Janeiro: Objetiva, 2005.

GRANGEIA, Mario Luis. *Brasil: Cazuza, Renato Russo e a transição democrática*. Rio de Janeiro: Civilização Brasileira, 2016.

JULIÃO, Rafael. *Cazuza: Segredos de liquidificador*. Rio de Janeiro: Editora Batel, 2019.

LISPECTOR, Clarice. *A descoberta do mundo*. Rio de Janeiro: Nova Fronteira, 1984.

MELLO, Ramon Nunes. *Ney Matogrosso: Vira-lata de raça*. São Paulo: Tordesilhas, 2018.

MÜLHENBERG, Arthur. *Projeto Cazuza* (catálogo), 1990.

NEVES, Ezequiel; GOFFI, Guto; PINTO, Rodrigo (Org.). *Barão Vermelho: Por que a gente é assim?* São Paulo: Editora Globo, 2007.

SILVEIRA, José Roberto. *Renato Russo e Cazuza – poética da travessia*. São João Del-Rei: Malta, 2008.

VELOSO, Caetano. *Letra só – Sobre as letras*; organização Eucanaã Ferraz. São Paulo: Companhia das Letras, 2003.

organizadores

618. Lucinha Araujo e Ramon Nunes Mello na Praça Cazuza, no Leblon, Rio de Janeiro, fevereiro de 2024

Maria Lúcia da Silva Araujo (Vassouras/RJ, 1936), mais conhecida como **Lucinha Araujo**, fundou com o marido, o produtor musical João Araujo, a Sociedade Viva Cazuza, criada após o falecimento do filho, vítima da aids. Em 1997, lançou a biografia *Cazuza: Só as mães são felizes* (Editora Globo), em parceria com Regina Echeverria. Em 2001, publicou o livro *Preciso dizer que te amo: Todas as letras do poeta* (Editora Globo), novamente com Regina Echeverria, em colaboração com o jornalista Mauro Ferreira. Em 2011, lançou *O tempo não para: Viva Cazuza* (Editora Globo), depoimento a Christina Moreira da Costa, reunião das histórias de crianças atendidas pela Sociedade Viva Cazuza. Lucinha também foi cantora e lançou o single "Como se fosse" (1978), e os álbuns *Do mesmo verão* (1980) e *Tal qual eu sou* (1982).

Ramon Nunes Mello (Araruama/RJ, 1984) é poeta, escritor e jornalista. Desde 2012, vive com hiv e é ativista de direitos humanos. Mestre em Poesia Brasileira (Universidade Federal do Rio de Janeiro – UFRJ, 2017) e doutorando em Ciência da Literatura pela mesma instituição. Autor dos livros *Vinis mofados* (Língua Geral, 2009), *Poemas tirados de notícias de jornal* (Móbile, 2011), *Há um mar no fundo de cada sonho* (Verso Brasil, 2016) e *A menina que queria ser árvore* (Quase Oito, 2018). Organizou *Escolhas: Uma autobiografia intelectual*, de Heloisa Buarque de Hollanda (Língua Geral/Carpe Diem, 2010), *Maria Bethânia – Guerreira Guerrilha*, de Reynaldo Jardim (Móbile/Debê, 2011, com Marcio Debellian), *Tente entender o que tento dizer: Poesia + hiv/aids* (Bazar do Tempo, 2018), *Ney Matogrosso: Vira-lata de raça – memórias* (Tordesilhas, 2018), *Do fim ao princípio – Adalgisa Nery – poesia completa* (José Olympio, 2022) e *Lowcura – poesia reunida de Rodrigo de Souza Leão* (Demônio Negro, 2023, com Silvana Guimarães e Jorge Lira). É curador da obra de Rodrigo de Souza Leão (1965-2009) e Adalgisa Nery (1905-1980).

agradecimentos

Abril Imagens, Acervo Vinicius de Moraes, Aderi Costa, Adriana Lorete, Alexandre Gullart, Alexandre Martins Fontes, Alexandre Sant'Anna, Alice de Andrade, Aline Barros da Cruz, Ana Carolina Fernandes, Ana Vitória V. Monteiro, André Camara, André Cortês, André Douek, André Freitas, André Roveri, André Vallias, Anita Mafra, Antônio Carlos Siqueira Harres (Bola), Antonio Kehl, Antônio Nery, Armando Gonçalves, Arnaldo Brandão, Arquivo Agência O Globo, Belinha Almendra, Bebel Gilberto, Bernardo Magalhães (Nem de Tal), Bianca Sack, Branco Mello, Bruno Veiga, Cacá Diegues, Caetano Veloso, Camila Scramingan, Carla Camurati, Carlos Horcades, Claudia Dantas, Claudia Mello, Cris Dória, Cristina Cazuza, Cristina Granato, Daniel Grazioni, Danielle Andrade, Dante Longo, Dé Palmeira, Debora Bloch, Denise Dummont, Diogo Pires Gonçalves, Douglas Canjani, Edsel Ferri, Eliana Assumpção, Estadão Conteúdo, Estevão Portela Nunes, Eurico Dantas, Fabiana Araujo, Fabio Motta, Fátima Alonge, Felipe Panfili, Fernanda Dias, Fernando Arellano, Fernando Gabeira, Fernando Pimentel, Fernando Seixas, Flavio Colker, Flora Gil, Folha de S.Paulo, Paulinho Müller, Francisca Botelho (Francis), Frederico Mendes, Galiana Brasil, George Israel, Gilberto Gil, Gilda Mattoso, Guilherme Pinto, Gustavo Henrique de Paula Lopes, Guto Goffi, Guto Graça Mello, Iara Paula, Yara Neiva, Ilma Araujo, Irineu Barreto Filho, Janduari Simões, João Pedro Nascimento Vitória, Jamari França, João Rebouças, Joaquim Nabuco, Jonas Cunha, Jorge Gorgen, Jorge Peter, Jorge Rosenberg, José Castello, J.R. Duran, Julia de Moraes, Juliano Toledo, Katia Bronstein, Ledusha Spinardi, Leilane Neubarth, Leo Jaime, Leona Cavalli, Leoni, Lobão, Lídice Xavier, Liège Monteiro, Lilian Santos, Lívio Campos, Lita Cerqueira, Lucas Reis, Lucia Riff, Luciana Veit, Luiz Carlos David, Luiz Guilherme Araujo Müller (Lig), Luiz Toledo, Luiz Zerbini, Luizinho Coruja, Mabel Arthou, Malú Morenah, Manoel Madeira, Marcela Vigo, Marcelo Rosa Campos, Marcia Alvarez, Marcia Rachid, Marcio Debellian, Marco Antonio Cavalcanti, Marco Rodrigues, Marcos Bonisson, Marcos Serra Lima, Marcos Lobão, Maria Edith Nunes, Maria da Glória Pato Gonçalves (Goga), Maria José Motta Gouvea, Maria Rita Botelho, Marina Lima, Mary Ventura, Maurício Barros, Masaomi Mochizuki, Miriam Prado, Nana Moraes, Nedir Nunes Mello, Nelci Frangipani, Nelson Motta, Ney Matogrosso, Nico Rezende, Nilo Romero, Nilton Ricardo, Orlando Morais, Otávio Müller, Patrícia Casé, Patrícia Munçone, Paula Lavigne, Paulinho Müller, Paulo Araujo, Paulo Lima, Paulo Marcos, Paulo Whitaker, Paulo Renato Pinto Mello, Paulo Renato Nunes Mello, Paulo Ricardo, Pedro Bial, Pedro Luis, Acervo Pedro de Moraes, Pedro Martinelli, Perfeito Fortuna, Raimundo Fagner, Reinaldo Arias, Renata Araujo, Renato Rocketh, Ricardo Chaves, Ricardo Nauenberg, Rita Matos, Roberto Frejat, Robson de Freitas, Rogério Meanda, Rogério Reis, Ronaldo Camara, Ronaldo Salgado, Rosa de Almeida, Rosane Gofman. Ruiz Bellenda, Sandra de Sá, Sérgio de Souza, Sergio Dias Maciel (Serginho), Sérgio Serra, Silviano Santiago, Silvio Ferreira, Simone, Som Livre, Sonia Viana, Thereza Eugênia, Thyago Mello, Universal Music, Vinicius Varella, Vik Muniz, Wagner Alonge Bonfim, Xicão Alves, Zé Luis e Zuenir Ventura.

sumário

10	**Apresentação**
	Lucinha Araujo
12	**Introdução**
	Ramon Nunes Mello
16	**Prefácio**
	Gilberto Gil
21	**Cadernos de imagens**
23	Anos 1950
43	Anos 1960
83	Anos 1970
191	Anos 1980
481	Anos 1990
	Artigos
188	Cazuza por seu pai
	[João Araujo]
420	Cazuza de volta à estrada
	[Fernando Gabeira]
488	Homenagem
	[Caio Fernando Abreu]
490	Da rebeldia à insurreição
	[Zuenir Ventura]

495	**Caderno de imagens**
	1990-2024
516	**Apêndices**
518	Sobre Cazuza
519	biografia
520	discografia
524	trilhas sonoras de novelas & séries
526	videoclipes
528	Cronologia do hiv/aids [1981–2024]
539	Entrevista | Cazuza, a força do sofrimento
	[José Castello]
544	**Créditos**
546	das imagens
549	dos depoimentos
551	das matérias e dos artigos de imprensa
552	**Índices**
554	dos poemas e das canções
555	onomástico
563	**Obras consultadas**
564	**Organizadores**
565	**Agradecimentos**

619. Cazuza, abridor de horizontes

Tchau, mãezinha, fui beijar o céu
A vida não tem tamanho
Tchau, paizinho, eu vou levando fé
É tudo luz e sonho
É tudo luz e sonho